beck**I**sche reihe

W0060663

b**sr**

Rainer Vollkommer, Klassischer Archäologe und Leiter des Landesmuseums für Vorgeschichte in Dresden, lädt ein zu einer Expedition zu Denkmälern und Stätten lange versunkener Kulturen. Die Reise beginnt am rätselhaften Heiligtum der Steinzeitjäger am Göbekli Tepe, das im 10. Jahrtausend v. Chr. entstand und vermutlich Zentrum eines Totenkultes war. Sie führt weiter über die altägyptische Hochkultur, ihre wunderbaren Pyramiden und staunenswerten Hieroglyphen, zu den Städten der vorderasiatischen Großreiche der Hethiter, Assyrer und Babylonier. Ein Fund ganz besonderer Art führt in den Osten Deutschlands, wo unter obskuren Umständen die Himmelsscheibe von Nebra auftauchte. Von dort geht es weiter zu den Palästen der Minoer auf Kreta und schließlich zum Haupttempel der Azteken in Tenochtitlan, der Schauplatz grausiger Menschenopfer war. Rainer Vollkommer vermittelt auch in seinem neuen Buch anschaulich, kompetent und anhand zahlreicher Bilder sein Wissen über einzigartige Zeugnisse der Menschheitskultur und ihre Entdeckungsgeschichten.

Rainer Vollkommer, Jahrgang 1959, studierte Klassische Archäologie, Ur- und Frühgeschichte, Kunstgeschichte, Ägyptologie und Vorderasiatische Archäologie in München, Paris und Oxford. Er arbeitete an den Universitäten Fribourg (Schweiz) und Leipzig; zuletzt lehrte er an den Universitäten von Freiburg im Breisgau und Hamburg. Nach einer mehrjährigen Tätigkeit im internationalen Kunsthandel leitet er das Landesmuseum für Vorgeschichte in Dresden.

Rainer Vollkommer

Neue Sternstunden der Archäologie

Verlag C. H. Beck

Mit 36 Abbildungen im Text

Originalausgabe

© Verlag C. H. Beck oHG, München 2006
Gesamtherstellung: Druckerei C. H. Beck, Nördlingen
Umschlagmotiv: Himmelsscheibe von Nebra,
© Landesamt für Denkmalpflege und Archäologie Sachsen-Anhalt,
Photo: Juraj Lipták
Umschlagentwurf: +malsy, Bremen
ISBN-10: 3 406 55058 4
ISBN-13: 978 3 406 55058 4

www.beck.de

Für Doris und Céline Hélène Vollkommer

Inhalt

Einleitung

Die Resonanz, die mein Buch «Sternstunden der Archäologie» gefunden hat, hat mir Mut gemacht, einen Band mit weiteren Höhepunkten dieser Wissenschaft folgen zu lassen. Es freut mich sehr, daß so viele Menschen das Interesse, ja die Begeisterung für das materielle Erbe unserer Vorfahren teilen. Wer sich professionell mit Archäologie auseinandersetzt, tut gut daran, sich immer wieder die Frage zu stellen, worin das Faszinosum dieser Forschungsrichtung liegt: Mal sind es bedeutende Ausgrabungen, wie sie seit einigen Jahren im Südosten der Türkei stattfinden, wo man am Göbekli Tepe die ältesten Sakralbauten der Menschheit freilegt, die uns Anlaß geben, über die Welt der Alten nachzudenken. Dann wieder können es die staunenswerten Leistungen jener Wissenschaften sein, die der Enträtselung uralter Texte gewidmet sind, wie dies bei der Entschlüsselung der ägyptischen Hieroglyphen der Fall war, die unseren Blick auf eine längst versunkene Kultur lenken. Doch es kann auch einmal jene skurrile Mischung aus falsch verstandener Leidenschaft für das Altertum und unerlaubtem Handeln sein, die den Fokus der öffentlichen Wahrnehmung auf Zeugnisse der Frühzeit richtet, wie wir es beim Auftauchen der Himmelsscheibe von Nebra erleben konnten.

Doch wenn man länger darüber nachdenkt, wird einem bald bewußt, daß es nicht alleine die mediale Übersteigerung dieser Ereignisse ist, die stets auf die Sensation zielt, welche so viele Menschen aller Alters- und Bildungsschichten sich mit einer weit entfernten Vergangenheit beschäftigen läßt. Die Aufbereitung in Zeitungs- und Bildberichten funktioniert letztlich nur als Katalysator jenes Grundbedürfnisses im Menschen als einem Kulturwesen, sich seiner Ursprünge zu vergewissern und der Frage nachzugehen, woher er gekommen ist und welche wirkungsmächtigen Faktoren der Menschheitsgeschichte auch ihn geprägt haben.

Der Philosoph Friedrich Nietzsche (1844–1900) hat es in seinem Werk «Menschliches, Allzumenschliches» so formuliert: «Es hat große Vorteile, seiner Zeit sich einmal in stärkerem Maße zu entfremden und gleichsam von ihrem Ufer zurück in den Ozean der vergangenen Weltbetrachtungen getrieben zu werden. Von dort aus nach der Küste blickend, überschaut man wohl zum ersten Male ihre gesamte Gestaltung und hat, wenn man sich ihr wieder nähert, den Vorteil, sie besser im ganzen zu verstehen, als die, welche sie nie verlassen haben.» (Bd. 1, Nr. 616) Freilich gilt dieser Gedanke für alle Auseinandersetzungen mit Geschichte, doch wird die angestrebte Entfremdung um so größer ausfallen – und mithin die daraus resultierende Erkenntnismöglichkeit im Rahmen der eigenen Standortbestimmung wachsen –, je weiter wir uns vom sicheren Ufer der eigenen Epoche ins Meer der Vergangenheit hinauswagen.

Jeder von uns wird seine eigenen Fragen im Dialog mit den Zeugen unserer Vergangenheit stellen. Und gerade weil diese uns keine Antworten aufdrängen, fordern sie uns auf, uns selbst Gedanken zu machen über die Epoche und die Kulturen, aus denen sie stammen. Sie fordern heraus, das Gemeinsame zu suchen und den Unterschied zu erkennen zwischen den Menschen, die sie geschaffen haben, und uns Heutigen. Die Voraussetzung dafür, diesen Dialog mit der Vergangenheit mit Gewinn führen zu können, ist neben der Bereitschaft zum Staunen und zum Fragen stets die Achtung vor dem Fremden, vor der anderen Kultur – und wenn diese Bereitschaft bei meinen Leserinnen und Lesern zu wecken das Ergebnis der Lektüre meines Buches sein sollte, so habe ich es nicht vergeblich geschrieben.

Nach Fertigstellung der «Sternstunden» gilt mein herzlichster Dank meinem Lektor, Herrn Dr. Stefan von der Lahr vom Verlag C.H. Beck, der den Entstehungsprozeß dieses Buches mit viel Engagement begleitet hat. Gewidmet sei auch dieser Band meiner Frau Doris und meiner Tochter Céline Hélène.

Reigoldswil, im Frühjahr 2006
Rainer Vollkommer

I

Der heilige Berg der Steinzeitjäger – Göbekli Tepe

Vorgeschichte – in einem Dorf am Göbekli Tepe ...

Eine Ewigkeit ist ins Land gegangen, ohne daß sich jemand für die Geschichte dieses kalten, steinigen Hügels interessiert hätte, den wir Göbekli Tepe nennen – den gebauchten Berg. Immerhin wächst ein einzelner Maulbeerbaum auf der Hügelkuppe, und der ist schon wichtig für uns, die Bauern der Gegend. Der Baum macht daraus ein Ziyaret, eine Wallfahrtsstätte; unsere Väter und Großväter sind schon dort hinaufgezogen und haben ihm ihre geheimsten Wünsche anvertraut, damit der Wind sie mitnehmen soll – dorthin, wo die Kraft ist, Wünsche wahr werden zu lassen. Ansonsten aber ist der Göbekli Tepe stets eher ein steiniges Ärgernis gewesen, denn die vielen Steine, die auf ihm und um ihn herum liegen, erschweren uns den Ackerbau, wenn wir versuchen, der ohnehin kargen Erde den Lebensunterhalt für unsere Familien abzuringen. Ein paar der dicksten Brocken haben wir mit dem Vorschlaghammer kleingekriegt, andere haben wir aufgesammelt und zu einer Mauer geschichtet. Sicher, einige waren so seltsam geformt, wie es Wind und Wetter nicht schaffen, und manche sahen aus wie Figuren, aber was hilft uns das bei unserer Arbeit? Das füllt keine hungrigen Mägen.

Einmal in den 6oer Jahren kam ein Amerikaner, ein richtiger Wissenschaftler, ein Archäologe namens Benedict. Und der kam tatsächlich nur wegen der Steine in unsere Gegend. Na ja, wie gesagt, Steine gibt es genug. Was sollte uns das damals bedeuten, ob sie alt oder jung sind. Der Amerikaner blieb auch nicht lange. Und dann vergingen wieder Jahrzehnte, bis dieser junge Deutsche kam mit seinem Freund ... fragten auch nach Steinen, Feuersteinen. Unser Dorfältester, Şavak Yildiz, hat sie zum Göbekli Tepe geschickt, und weil man bei Fremden ja nie weiß, ob sie sich nicht verlaufen, hat er ihnen einen Jungen aus dem Dorf als Führer mitgegeben. Abends kamen sie zurück und waren ganz aufgeregt. Und am nächsten Tag waren sie sogar zu viert – drei Archäologen und ein Taxifahrer. Und seit damals kommen sie jedes Jahr, und der junge Deutsche, der schon am ersten Tag dort war, Klaus Schmidt, ist immer dabei. Sie graben den ganzen Hügel um, und viele Männer aus dem Dorf helfen ihnen und werden dafür bezahlt. Sie pachten Grundstücke, wo sie graben; das ist für uns leichter verdientes Geld, als den steinigen Acker zu bewirtschaften. Und sogar das Fernsehen war schon hier, seit sie dort graben. Wir werden wohl noch alle berühmt, denn so etwas habe die Welt noch nicht gesehen, sagen sie.

*

Der Göbekli Tepe, den der Prähistoriker Klaus Schmidt 1994 entdeckte – genauer gesagt: wiederentdeckte –, ist in der Tat bislang einzigartig auf der Welt. Hatte Peter Benedict im Rahmen einer Oberflächenbegehung, eines Survey, im Jahr 1963 den Hügel als steinzeitliche Stätte auch identifiziert, so war ihm doch offenbar die Einmaligkeit dieses Ortes entgangen. Schmidt hatte sich in die Region im äußersten Südosten der Türkei nahe der syrischen Grenze aufgemacht, um Vorarbeiten für eine akademische Qualifikationsarbeit zu erledigen. Als einer von mehreren Plätzen stand auch der Göbekli Tepe auf seinem Besuchsprogramm, und er ahnte nicht, daß diese Gegend nicht nur seine Forschungsagenda für die nächste Zeit,

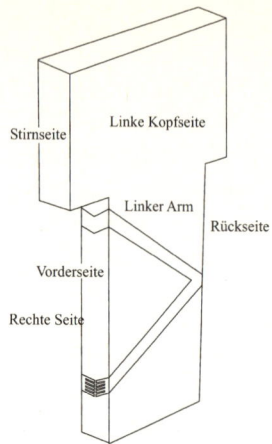

Abb. 1: Schematische Skizze eines Pfeilers.

sondern sein ganzes Leben grundlegend verändern sollte. Ein Junge aus dem Dorf hatte ihn und einen Kommilitonen aus Heidelberg, Michael Morsch, zu dem Berg geführt, und bald stolperten sie von einem Fundstück zum nächsten. Die riesige Fläche war übersät mit von Menschen bearbeiteten Steinen. Und ein besonders großer Brocken zeigte gar eine Form, die ihn als Kopfstück der für einige steinzeitliche Fundplätze dieser Region charakteristischen T-Kopf-Pfeiler auswies (Abb. 1).

Sowenig wie dieser Stein von der Natur geformt worden war, sowenig hatten Wind und Wetter den Hügel gestaltet. Die Prähistoriker Schmidt und Morsch standen auf einem riesigen, von Menschen gestalteten Areal, das ganz offensichtlich in der Jungsteinzeit, dem Neolithikum (10./9. Jahrtausend v. Chr.), entstanden war. Rasch stieg in ihnen das Glücksgefühl auf, eine wirklich große archäologische Entdeckung gemacht zu haben – wie groß, das sollte erst bei künftigen Besuchen langsam klarwerden. Denn fortan war es mit der Stille am Göbekli Tepe vorbei. Noch zweimal kehrte Klaus Schmidt 1994 an diesen Ort zurück, stets mit weiteren Begleitern, und noch im selben

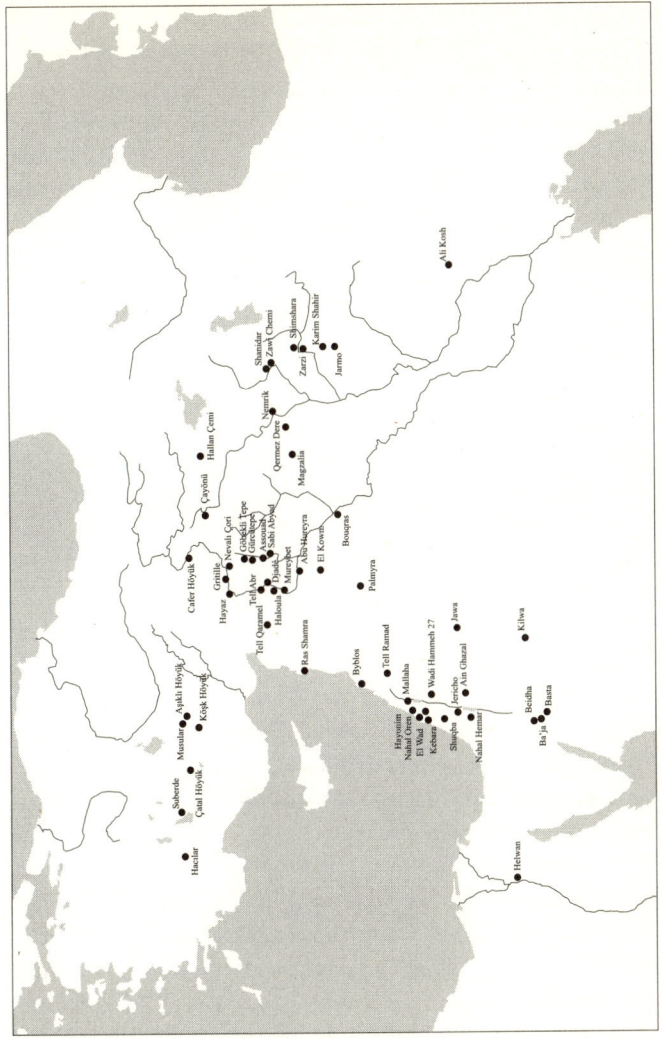

Abb. 2: Wichtige Fundplätze des 10. bis 7. Jahrtausends v. Chr.
im Vorderen Orient.

Herbst wurde im Beisein seines akademischen Lehrers Harald Hauptmann, der damals Erster Direktor der Abteilung Istanbul des Deutschen Archäologischen Instituts (DAI) geworden war, das archäologische Grabungsprojekt Göbekli Tepe beschlossen, das Schmidt seit damals leitet; es hat ihn bis heute viele Male zu dem alten Wunschbaum geführt, in dessen Schatten sein Berufswunsch in Erfüllung gegangen ist – Ausgräber auf den Spuren unserer Vorfahren zu werden.

Die Art der ersten Funde, die in den nun Jahr für Jahr durchgeführten Ausgrabungen um wahrhaft monumentale Baubefunde und zahlreiche steinerne Stelen in der Art der T-Kopf-Pfeiler sowie um vollplastische Kunstwerke aus Stein vermehrt werden sollten, und die Region, in der die Entdeckung gemacht wurde, sprachen für die Archäologen eine klare Sprache. Sie wußten bald, daß sie in einem Kulturhorizont gruben, der in Beziehung mit so bedeutenden Fundstätten wie Jericho, Çatal Höyuk, Nevalı Çori und einigen anderen uralten Stätten der Menschheit stand (Abb. 2).

Eine Besonderheit dieses Gebietes, das zum sogenannten Fruchtbaren Halbmond gehört – einem Gebiet, das den namengebenden Bogen beschreibt: vom Jordantal nach Nordsyrien und der Südosttürkei und über Euphrat und Tigris bis zum Persischen Golf –, besteht darin, daß man hier die Anfänge jener grundstürzenden menschheitsgeschichtlichen Entwicklung vermutet, die der australische Archäologe Vere Gordon Childe (1892–1957) 1936 erstmals als *neolithische Revolution* bezeichnet hat. Damit ist der Übergang der nomadischen Kultur der Jäger und Sammler zur seßhaft-ackerbäuerlichen Kultur gemeint. Sie fand im 10./9. Jahrtausend v. Chr. statt. Im Zuge dieses Wandels waren also nicht länger das Wildbeutertum, sondern der Anbau und die Kultivierung von Pflanzen, insbesondere von Getreideformen, sowie die Domestikation von Wildtieren, d. h. Haltung und Zucht von Haustieren, die Nah-

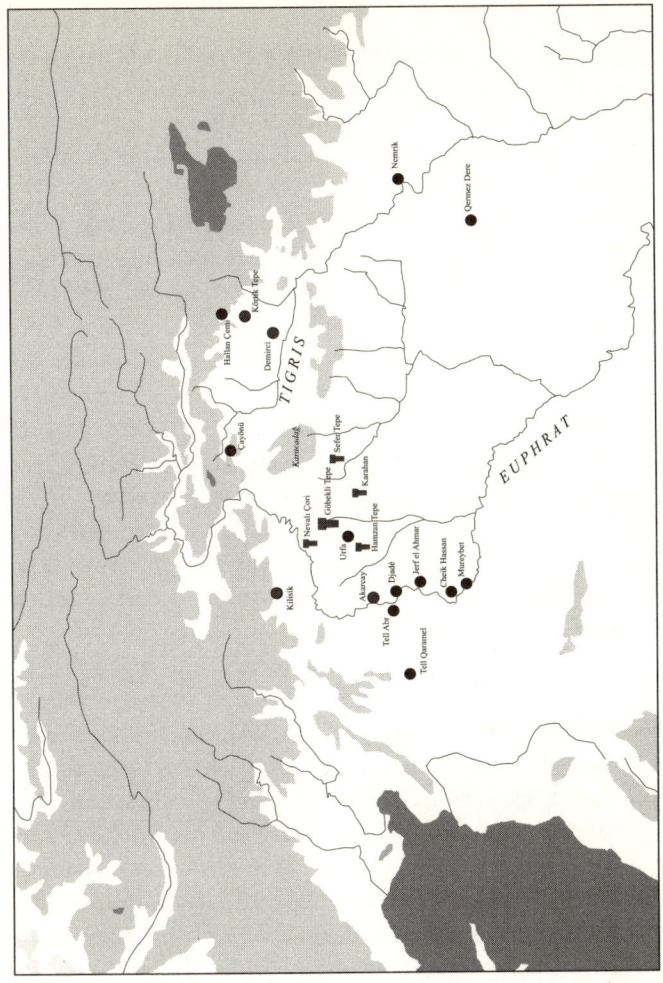

*Abb. 3: Wichtige Fundplätze des 10. bis 9. Jahrtausends v. Chr.
in Obermesopotamien.*

rungs- und Lebensgrundlage unserer Vorfahren. Nun läßt sich das weitere Umfeld des Göbekli Tepe in der Tat als mögliches Ursprungsgebiet unserer modernen Getreideformen mittels DNA-Analysen bestimmen, so daß die Hypothese erlaubt ist, in diesem Gebiet die Anfänge der Seßhaftwerdung des Menschen zu vermuten.

Doch war denn der Göbekli Tepe überhaupt eine frühe Siedlung? Je länger die Ausgräber forschten, um so klarer wurde ihnen, daß das, was sie zutage förderten, eine ganz andere Sprache sprach: Im Laufe aufwendiger wissenschaftlicher Verfahren zur Altersbestimmung der Funde – der sogenannten C_{14}-Analyse (Erklärung der Methode im Kapitel über die Himmelsscheibe von Nebra auf Seite 138) – gelang es ihnen, das Alter der Anlage bis ins 10. Jahrtausend v. Chr. hinauf zu datieren. Damals aber gab es noch keine Ackerbauern, auch keine Dörfer, keine Städte, und man hatte bislang auch nicht erwartet, daß es bereits so früh menschliche Gesellschaftsformen geben sollte, die solche Bauwerke hätten hervorbringen können.

Mit jeder Ausgrabung kamen neue mehr oder weniger ringförmige Anlagen zum Vorschein mit bis zu 30 Metern Durchmesser; bis heute sind es insgesamt fünf, doch erlauben geomagnetische Untersuchungen der Oberfläche des Göbekli Tepe die Vorhersage, daß noch deutlich mehr im Boden ruhen und auf den Spaten der Archäologen warten. Die Mauern dieser Anlage sind mehrere Meter hoch, und es ist unklar, ob die Räume, die sie umschließen, jemals überdacht waren oder unter freiem Himmel lagen. In diesen Räumen aber finden sich gewaltige steinerne Pfeiler. Sie erheben sich bis zu ca. 4 Meter über dem Boden und sind bis zu 10 Tonnen schwer. Doch findet sich in einem neolithischen Steinbruch am Göbekli Tepe ein zerbrochener Pfeiler, der 7 Meter groß und 50 Tonnen schwer ist. Alle diese Pfeiler haben eine auffallende T-Form, die sie – in gera-

Abb. 4: Bild mit Steinkreis.

dezu verwandtschaftlichen Beziehungen zu anderen steinzeit-
lichen Fundplätzen der Region mit ähnlichen Pfeilern – als
menschengestaltig erkennen lassen.

Die Anordnung der Pfeiler in den verschiedenen Anlagen
scheint stets dem gleichen Prinzip zu folgen: Zwei Pfeiler stehen im Zentrum, mit einigem Abstand parallel zueinander aufgerichtet, während die übrigen Pfeiler sie etwa ringförmig umschließen (Abb. 4). Viele der Pfeiler sind mit Reliefs versehen,
die – abgesehen von einigen abstrakten, kaum zu deutenden
Zeichen – Tierdarstellungen zeigen: Schlangen, Füchse, Wild-
esel, Wildschweine, Kraniche, Spinnen, Insekten, aber auch je
einen Stier, einen Löwen sowie eine Gazelle und vielleicht noch
einen Hasen (Abb. 5). Auf einem Bildpfeiler erscheinen konkrete und abstrakte Reliefs in solcher Fülle und Dichte, daß
man unwillkürlich an eine Art Hieroglyphenschrift denken
muß. Hatten unsere Vorfahren bereits vor 12 000 Jahren eine
Art Piktogrammschrift entwickelt, eine Symbolschrift, die da-

Abb. 5: Pfeiler 33.

mals verstanden wurde, auch wenn wir ihre Botschaften nicht
mehr verstehen?

Insgesamt hat man inzwischen über 40 Pfeiler in allen Anlagen zusammen ausgegraben, doch Voruntersuchungen lassen
vermuten, daß der Boden insgesamt über 200 Pfeiler birgt.

Noch weiß man nicht, welche Bewandtnis genau es mit diesen Steinpfeilern oder Monolithen auf sich hat, doch gibt es
Indizien, die darauf schließen lassen, daß am Göbekli Tepe ein
Totenkult beheimatet war. So fällt beispielsweise auf, daß Figuren aus Ton fehlen – jenem Werkstoff also, aus dem bevorzugt
weibliche Gestalten gefertigt wurden. Und während männliche
Symbole wie etwa der Stier oder andere Tiere, die am erigier-
ten Penis eindeutig als männlich zu identifizieren sind – auch

gibt es einen entsprechenden Torso eines Mannes –, in großer Zahl auftreten, fehlt das Element der Weiblichkeit bislang
vollkommen. Dafür erscheinen aber mit zahlreichen Schlan-
gendarstellungen Lebewesen, die todbringend oder zumindest
unheilverheißend erscheinen. (Noch heute ist übrigens am Göbekli Tepe eine bestimmte hochgiftige Schlangenart anzutreffen.) Ein Relief eines auf dem Rücken liegenden, offenbar toten
Wildschweins deutet ebenfalls auf einen Interpretationskontext,
der zu einem Totenkult passen würde.

Grundsätzlich muß man äußerst vorsichtig bei der Deutung
der Bilder und Befunde am Göbekli Tepe sein. Möglicherweise
erzählen die Reliefs uralte Mythen, die wir aber nicht mehr
kennen und wahrscheinlich auch niemals verstehen werden. So
stehen alle Deutungsversuche unter diesem Vorbehalt, und es
bleibt die Hoffnung, daß die geplante Fortsetzung der Grabungen Jahr für Jahr unser Verständnis der Welt der Steinzeitjäger vertiefen helfen.

Und Fragen gibt es mehr als genug: Eine interessante Überlegung kreist um einige Kranichreliefs (Abb. 6). Der Kranich
hatte für unsere Vorfahren am Göbekli Tepe gewiß besondere
Bedeutung. Er ist in der Gegend nicht heimisch, sondern
kommt nur während des Vogelzugs in diese Region – d. h., er
ist der Vorbote der Vegetationsperiode bzw. des nahenden
Winters.

So überrascht es nicht, daß er ins Relief gesetzt wurde. Doch
betrachtet man seine seltsam geformten Beine, dann entdeckt
man, daß er nach vorne gebogene Kniegelenke hat, während sie
in der Natur nach hinten geknickt sind. Ganz sicher war das
kein Versehen des Künstlers – Menschen, die so elementar mit
der Natur verbunden sind und bei anderen Tierdarstellungen
hinreichend unter Beweis gestellt haben, daß sie naturgetreu
abzubilden in der Lage sind, unterläuft solch ein Irrtum nicht
einfach. Nein, hier deutet vieles darauf hin, daß eine schamani-

Abb. 6: Stier, Fuchs und Kranich.

stische Szene dargestellt wurde: Der Tanz der Kraniche fasziniert auch heute noch den Betrachter, und es scheint, als hätten
die Menschen in der Umgebung des Göbekli Tepe diesen Tanz
nachvollzogen – zumindest aber eine bestimmte Gruppe von
ihnen, von deren «Standesgenossen» wir reiche Zeugnisse aus
vielen Weltgegenden haben, nämlich die Schamanen. Diese anverwandeln sich im Tanz dem Tier, mit dessen Welt sie dann
Kontakt aufnehmen. So wäre es durchaus nicht überraschend,
in der jägerreichen Gesellschaft am Göbekli Tepe Spuren von
Schamanismus anzutreffen.

Alle diese Einzelphänomene, die sich in der ältesten Schicht
des Göbekli Tepe beobachten lassen, fügen sich zu einem Bild,

das in einen kultisch-rituellen Lebenszusammenhang gehört. Dort hatte man keine Siedlung errichtet, sondern ein Heiligtum. Was aber bedeutet das? Eine jägerreiche, nicht seßhafte Gesellschaft formt mit einfachsten Werkzeugen einen riesigen Kultplatz, der aus zahlreichen Kultanlagen und einer Unzahl von Kultstelen besteht. Dieser Vorgang muß Jahre und Jahrzehnte in Anspruch genommen haben. Auch kann ein solches Bauvorhaben nicht von ein oder zwei Sippen ins Werk gesetzt worden sein. Hier haben viele, Hunderte von Menschen tagaus, tagein gearbeitet. Dies geschieht nur, wenn ein für die Gemeinschaft überragend wichtiges Ziel verfolgt wird. Man kann davon ausgehen, daß dieses Ziel im wesentlichen religiös definiert war – es ging um etwas für die Menschen Heiliges, etwas, das der Alltagssphäre entrückt und durch entsprechende Handlungen, Rituale, gewürdigt werden sollte.

Die Schaffung dieser Kultstätte verlangte aber mit Sicherheit, daß die meisten Jäger fortan eben nicht mehr jagten, weil sie als Steinbrecher, als Transporteure, als Steinmetze, als Maurer usw. arbeiten mußten. Die Schöpfer dieses Heiligtums waren also gezwungen, neue Nahrungsquellen aufzutun und sich – um den Ansprüchen eines solchen Großvorhabens gerecht zu werden – arbeitsteilig zu organisieren: Sie kamen nicht umhin, die Kultivierung von Wildgetreide und die Domestikation von Wildtieren in Angriff zu nehmen, wenn sie die Existenz aller am Göbekli Tepe engagierten Personen erhalten wollten. Sie mußten also seßhaft werden und ihre Versorgungsstrategie vom Wildbeutertum zum Ackerbau umstellen. Dies meint aber nichts anderes, als was der Begriff *neolithische Revolution* bezeichnet. Noch war die Technik des Brennens von Tongefäßen nicht ersonnen, doch das religiöse Streben der Menschen ließ sie bereits Großarchitektur schaffen und den Schritt zur Seßhaftwerdung und zur ackerbäuerlichen Kultur vollziehen. Auf dieser Kulturstufe entwickelte sich dann eine neuartige Gesellschafts- und Siedlungsform, die viele Jahrtausende später in derselben Region in die frühen Hochkulturen Vorderasiens mündete.

Doch wie ging es am Göbekli Tepe weiter? Um die Mitte des 9. Jahrtausends läßt sich eine neue Schicht nachweisen, die über der alten liegt. Diese ältere Schicht war meterdick zugefüllt worden, und nur diesem Vorgang ist es zu verdanken, daß heute Anlagen und Pfeiler in einem einzigartigen Erhaltungszustand ergraben und bewundert werden können. Auch in diesem jüngeren Bau gibt es noch Pfeiler, doch sind diese nur noch 1 bis 2 Meter hoch, mithin deutlich kleiner als die Kolosse der älteren Schicht. Immer noch scheint die Kultfunktion das Wesen der Anlage zu dominieren. Es gibt eindrucksvolle Löwenreliefs, aber auch eine seltsame Frauenritzzeichnung, die heute obszön anmutet (Abb. 7).

Das Weibliche hatte Einzug gehalten am Göbekli Tepe, die neue Kultur der ackerbäuerlichen Welt hatte erste Spuren in dem alten Heiligtum hinterlassen. Die große Zeit der Jäger ging ihrem Ende entgegen. Schließlich wurde dann auch diese Schicht von den Zeitgenossen verfüllt, als sie sich von der Kultstätte ihrer Vorfahren abwandten, die jene vor einem anderen geistigen Hintergrund geschaffen hatten, der ihnen fremd geworden war. Schließlich erloschen die Feuer, in deren Schein einst wohl die Schamanen getanzt hatten, auf immer am Göbekli Tepe. Eine Welt versank in Schweigen und Vergessenheit, bis sie zehntausend Jahre später von einem jungen Archäologen wiederentdeckt, ausgegraben und den staunenden Zeitgenossen zur Kenntnis gebracht wurde.

Die Region des Fruchtbaren Halbmondes ist riesig. Wer weiß, wie viele vergleichbare Orte sich in diesem Gebiet befinden mögen, das einst unseren Vorfahren Nahrung verhieß und Nahrung spendete? Klaus Schmidt aber hat mit seiner Entdeckung den Spaten in eines jener Zentren gesteckt, an dem

Abb. 7: Frauenzeichnung.

einer der bedeutendsten menschheitsgeschichtlichen Vorgänge
begann – die Seßhaftwerdung des Menschen. Vieles deutet
nun darauf hin, daß es damals nicht die materiellen Existenz-
grundlagen waren, die das Bewußtsein der Alten bestimmten,
sondern daß es das religiöse Denken war, das die neolithische
Revolution einleitete und eine neue Welt entstehen ließ.

Monumente der Ewigkeit –
Die Pyramiden von Gizeh

«Der Gesamteindruck dieser Denkmäler vermittelt eine frappierende Erkenntnis: Aus der Ferne haben ihre Spitzen die gleiche Wirkung wie die Gipfel hoher Berge von pyramidaler Form, die in den Himmel ragen und deren Umrisse sich klar gegen den Himmel abzeichnen. Je näher man aber kommt, desto mehr schwindet dieser Eindruck. Aus der Nähe betrachtet, vermitteln diese regelmäßig aufgetürmten Massen eine ganz neue Empfindung: Überraschung übermannt einen. Steigt man zu ihnen hinauf, wandeln sich die Gedanken urplötzlich. Unmittelbar zu Füßen der Großen Pyramide aber wird man von mächtigen Gefühlen ergriffen, die nur gemildert werden von einer Art Betäubung, ja Ermattung. Spitze und Kanten entgleiten den Blicken. Das, was man empfindet, hat nichts mit der Bewunderung für ein Meisterwerk der Kunst zu tun, sondern geht tiefer. Die Wirkung liegt in der Größe und Einfachheit der Formen, im Kontrast und dem Mißverhältnis von menschlicher Statur zum Umfang des Werkes, das aus der Hand des Menschen hervorgegangen ist: Das Auge kann es nicht fassen, selbst der Verstand vermag es kaum zu begreifen. Schließlich beginnt man allmählich eine Vorstellung zu bekommen von diesem riesigen Berg aus behauenen Steinen, ordentlich aufgetürmt zu unerhörter Höhe. Man sieht und berührt Hunderte von Steinlagen im Umfang von 200 Kubikfuß mit einem Gewicht von Tausenden von Tonnen. Und man versucht zu begreifen, welche Kraft diese Zahl kolossaler Steinquader bewegt, geschleppt und auf-

einandergeschichtet hat, wie viele Menschen daran wohl gearbeitet haben, wieviel Zeit sie dazu gebraucht haben mögen,
welche Werkzeuge ihnen zur Verfügung gestanden haben mögen; und je weniger man sich all dies erklären kann, um so mehr
bewundert man die Macht, die diese Hindernisse überwand.

Bald aber greift ein anderes Gefühl um sich. Betrachtet man
das Ausmaß der Beschädigungen im Innern, dann wird einem
klar, daß die Menschen mehr als die Zeit an der Zerstörung
gearbeitet haben. Wenn sie auch wohl die äußerste Spitze angegriffen hat, so waren es doch jene, die die Steine hinabstürzten,
so daß der Aufprall die Steinlagen beschädigte. Auch die Basis
wurde als Steinbruch benutzt, schließlich verschwand die gesamte Verkleidung unter den Händen von Barbaren. Mag man
die Gewalt bedauern, so halte man diese nutzlosen Angriffe
doch gegen das Massiv der Pyramide, und man wird feststellen,
daß es nicht gelungen ist, es auch nur um ein hundertstel Teil zu
mindern. Dann wird man dem Dichter zustimmen müssen, der
sagt: Ihre unzerstörbare Masse hat die Zeit müde gemacht ...»
(Edme-François Jomard [1777–1862], *Beschreibung oder Sammlung der Beobachtungen und der Forschungen, die in Ägypten
während der Expedition der französischen Armee unternommen worden sind, veröffentlicht auf Anweisung seiner Majestät, Kaiser Napoleon*, 2. Ausgabe von Charles Louis Fleury
Panckocke, Band V, Paris, 1829, S. 597–598.

✻

In ähnlicher Weise faszinierten die Pyramiden von Gizeh wohl
schon die alten Griechen und Römer, die – als sie der Bauwerke ansichtig wurden – bereits über 2000 Jahre zuvor die
Pyramiden von Gizeh zu einem der Sieben Weltwunder erko-
ren. Die Cheopspyramide mit einer ursprünglichen Höhe von
146,59 Metern blieb bis ins 19. Jahrhundert n. Chr. das höchste

Abb. 8: Die Pyramiden von Gizeh. Im Vordergrund
Pyramide des Mykerinos, in der Mitte Pyramide des Chephren,
im Hintergrund Pyramide des Cheops.

Bauwerk der Welt. Erst 1889 übertraf der Eiffelturm die Höhe der Cheopspyramide.

Der Stolz der Zeitgenossen auf ihre Herrscher, auf die Erbauer der großartigen Pyramiden von Gizeh – Cheops (2604–2581 v. Chr.), Chephren (2572–2546 v. Chr.) und Mykerinos (2539–2511 v. Chr.) – in der Blütezeit des Pyramidenbaus, drückt sich durch eine eigene Namengebung für die Pyramiden bereits zur Zeit ihrer Errichtung aus. So hießen die Pyramiden von Gizeh «Horizontisch (gemeint war der westliche Horizont, wo die Sonne untergeht) ist Cheops», «Groß (der Größte) ist Chephren» und «Göttlich ist Mykerinos».

Die beeindruckende Monumentalität der Pyramiden konnten sich – 2000 Jahre später – die Griechen des 5. Jahrhunderts v. Chr. nur dadurch erklären, daß die Erbauer furchtbare Despoten gewesen sein mußten. So mutmaßt der griechische Historiker Herodot (um 485–425 v. Chr.), nachdem er die Pyra-

miden von Gizeh um 460/455 v. Chr. besucht hatte, König
Cheops habe alle Tempel schließen lassen, um Hunderttausende
für sein Grabmal arbeiten zu lassen. Nach Herodot bauten sie
allein zehn Jahre an einer Straße, bis sie dann in weiteren zwanzig Jahren die Pyramide errichten konnten (Herodot, *Historien*,
II 124). Um die Kosten für den Bau zu senken, habe Cheops
seine eigene Tochter zur Prostitution gezwungen: Sie sollte,
zusätzlich zu ihrem Lohn, von jedem Freier einen Steinblock
verlangen. Aus diesen sei dann ihre eigene, kleinere Pyramide
an der Ostseite der Cheopspyramide erbaut worden.

Der griechische Historiker Diodor von Sizilien (80–
29 v. Chr.), der zwischen 60 und 57 v. Chr. in Ägypten lebte,
griff in seinem Werk *Historische Bibliothek* (I. Buch, 63) auf
die Aussagen des Herodot zurück und spann sie weiter: Wegen
der Fronarbeiten, die er seinem Volke abverlangte, sei König
Cheops so verhaßt gewesen, daß er sich unter der Pyramide
an einem geheimen Ort bestatten lassen mußte, um vor später
Rache sicher zu sein.

Heute können wir mit Sicherheit sagen, daß diese Pyramiden
nicht durch Sklavenarbeit, sondern von zum Teil hochqualifi-
zierten ägyptischen Arbeitern freiwillig errichtet worden sind.
Der Pyramidenbau war für die Ägypter «nicht nur die Errichtung eines gigantischen Königsgrabes, sondern religiöses
Staatsprojekt» (P. Jánosi, *Die Pyramiden. Mythos und Archäologie*, München 2004, S. 43). Indem sie ihren König ehrten, der
sich nach seinem Tod mit den anderen Göttern vereinte, sorgten sie dafür, daß die göttliche Weltordnung erhalten blieb. Von
dem Wohl des Königs hing das Wohl seines Volkes ab – denken
wir in diesem Zusammenhang auch einmal an den Bau der großen Kathedralen im Mittelalter.

Auch waren – selbst bei dem größten Pyramidenbau, der
Cheopspyramide – längst nicht 100 000 Menschen zugleich
tätig. Die Nachwelt staunte und neigte daher zu Superlativen.

Wahrscheinlich ist, daß höchstens 20 000 Arbeiter beschäftigt waren, davon nur etwa 5000 direkt an der Pyramide. Sie hätten sich einander sonst nur gegenseitig bei der Arbeit behindert. Wie auch bei heutigen Großbaustellen, waren viele Personen für die logistische Zuarbeit zuständig – wie etwa die Beschaffung und Anlieferung des Baumaterials, die Koordinierung der Arbeiten und die Unterbringung und Verpflegung der Beteiligten.

Den Begriff Pyramide haben wir von den alten Griechen übernommen. Seine ursprüngliche Bedeutung ist jedoch umstritten. Vielleicht leiteten sie dieses Wort von *pyramous* ab, der Bezeichnung für einen spitzen Weizenkuchen. Vielleicht haben sie es aber auch von dem ägyptischen *pa-mer* hergeleitet, das soviel wie Grabmal bedeutet. Auch andere Ursprünge wurden erwogen.

Doch auch oder gerade nachdem die antike Welt und das letzte Wissen über die Pyramiden untergegangen waren und das Mittelalter seinen Einzug hielt, blieben die Pyramiden eine Attraktion. Im Laufe des Mittelalters erschienen sie allein wegen ihrer unglaublichen Monumentalität immer geheimnisvoller und lieferten Stoff für die abenteuerlichsten Spekulationen.

Arabische Schriftsteller wie Abul Hasan Ibn Husain Ibn Ali al-Masudi (ca. 888–957) im 10. Jahrhundert und Abd ar-Rahin al-Kaisi im 12. Jahrhundert berichten, daß der Kalif Abd al-Mamun (813–833) im Jahre 831 an der Nordseite der Cheopspyramide einen Stollen brechen ließ, um die dort vermuteten Geheimnisse und Schätze zutage zu fördern. Er entdeckte zwei Gänge und Räume. Im oberen Raum fand man einen verschlossenen Sarkophag, in dem die Mumie eines Menschen lag. Diese Mumie trug – so heißt es – einen goldenen, mit Edelsteinen geschmückten Panzer und war mit einem Schwert gerüstet. Neben ihrem Kopf leuchtete rot ein hühnereigroßer Hyazinthstein. Der menschengestaltige Sarkophagdeckel wurde zur Pfor-

te des Palastes von Misr gebracht, wo ihn 1117/1118 n. Chr.
Abd ar-Rahin al-Kaisi sah.

Der arabische Historiker Ahmad Ibn Ali Ibn Abdalkadir al-
Makrizi (1364–1442), der sich auf eine koptische Quelle beruft,
erzählte in dem Pyramidenkapitel seines Buches *Hitat*, daß der
legendäre König Saurid, der 300 Jahre vor der großen Sintflut
lebte, auf Grund eines Traumes die Pyramiden errichten ließ.
Er habe sie versehen «mit Talismanen, Wundern, Schätzen, Göt-
zenbildern … (außerdem) wurden an den Pyramiden und an
ihren Decken, Wänden und Säulen alle Geheimwissenschaften,
die die Ägypter für sich in Anspruch nehmen, aufgezeich-
net und die Bilder aller Gestirne aufgemalt, auch wurden die
Namen der Heilmittel verzeichnet, sowie deren Nutzen und
Schaden, dazu die Wissenschaft der Talismane – die der Arith-
metik und der Geometrie und überhaupt ihre sämtlichen Wissenschaften, deutbar für den, der ihre Schrift und ihre Sprache
kennt.» Dieser Bericht, der ganz in das Reich der arabischen
Märchen gehört, führt leider noch heute oft zu Mutmaßungen
darüber, daß die Pyramiden geheimnisvolle Wissensspeicher
seien, deren Botschaften enträtselt werden müßten.

Bei den christlichen Pilgern aus dem Abendland regten die
Pyramiden zu ganz eigenen Deutungen an. Benjamin von Tu-
dela im Jahre 1173, William of Baldensele im Jahre 1336 oder
Sigoli, der in den Jahren 1384–1385 Ägypten bereiste, sahen
in den Pyramiden jene Kornspeicher, in denen der biblische
Joseph das Korn der sieben fetten für die sieben mageren Jahre
gespeichert hatte (1. Buch Mose, 41). Auf einem Mosaik in einer der Kuppeln der Markuskirche von Venedig sehen wir daher eine Pyramide als Kornspeicher. Auch diese Deutung findet
sich noch heute immer wieder in der Literatur.

Der Herr von Anglure, der 1395 die Pyramiden besichtigte,
berichtete als erster, daß die Pyramiden als Steinbruch benutzt
wurden. Als er vor den Pyramiden stand, war er zunächst irri-

tiert, als er gewaltigen Lärm vernahm. Er schaute hinauf und sah, daß Arbeiter weit oben auf einer Pyramide Steine gelokkert hatten und diese hinunterstießen. Bald weiß er zu berichten: «Aus jenen Steinen sind fast alle schönen Bauten, die man in Kairo und Babylon (dem heutigen Alt-Kairo) sieht, errichtet, und das geht schon lange so. Unser Führer und andere haben geschworen und versichert, daß man schon vor tausend Jahren damit begonnen hat, diese Kornspeicher abzuschälen und zu entkleiden, so daß sie nur noch zur Hälfte bedeckt sind.» Um 1548 erfahren wir von dem französischen Delegierten Jean Chesneau in seinem Buch *Die Reise des Herrn d'Aramon im Auftrag des Königs in die Levante* (*Le voyage de Monsieur d'Aramon pour le roy en Levant*), daß bis dahin nur die Cheopspyramide als Steinbruch gedient hatte, die beiden anderen großen Pyramiden hingegen noch ihre glatten Seitenwände besaßen, was zugleich den Steinraub verhinderte.

Der Mainzer Domherr Bernhard von Breydenbach (um 1440–1497), der Ägypten während einer Pilgerfahrt nach Jerusalem kennenlernte, spricht in seinem 1486 erschienenen Buch *Pilgerfahrt ins Heilige Land* (*Peregrinatio in terram sanctam*), dem ersten gedruckten und illustrierten Reiseführer der Welt, die Pyramiden erstmals wieder als Grabbauten der ägyptischen Könige an. Andere folgen ihm in dieser Ansicht. Der Franziskaner Jehan Thenaud von Angoulême, der die griechischen und lateinischen Schriften ausführlich studiert hatte und die Beschreibung seiner Reise in den Orient in dem in Florenz 1512 gedruckten Buch *Die Überseereise* (*Ägypten, Berg Sinai, Palästina*) (*Le voyage d'Outremer [Egypte, Mont Sinay, Palestine]*) niederlegte, erkannte in ihnen ein Bauwerk der Sieben Weltwunder und schrieb die größte Pyramide zutreffend dem König Cheops zu.

Die erste wissenschaftliche Untersuchung veröffentlichte der Oxforder Astronomieprofessor John Greaves (1605–1652), der 1638 und 1639 Ägypten bereiste. Sein Buch *Pyramido-graphia oder eine Beschreibung der Pyramiden in Ägypten* (*Pyramidographia: or, a Description of the Pyramids in Egypt*) erschien 1646 in London und 1663 sowie 1696 in französischer Übersetzung und war also äußerst einflußreich. Nach einer ausführlichen Auseinandersetzung mit den antiken Quellen folgert Greaves dann richtig, daß die größte Pyramide von Cheops, die zweitgrößte von Chephren und die dritte von Mykerinos errichtet worden war. Da er in der obersten ost-westlich orientierten und mit Granit verkleideten Kammer der Cheopspyramide den unteren Teil des Sarkophages aus Granit gesehen hatte, waren für ihn die Pyramiden Gräber und diese Kammer folgerichtig die Grabkammer.

Greaves war auch der erste Forscher, der die Pyramiden konsequent vermaß. Die Höhen der Pyramiden berechnete er jedoch im Vergleich zu den Seitenlängen viel zu hoch. Da man seinen Angaben vielfach folgte, ragen die Pyramiden auf Darstellungen des 17. und 18. Jahrhunderts zu steil auf.

Greaves beschrieb auch die damals sichtbaren inneren Räume der Cheopspyramide: den Eingangsschacht, die sogenannte Königinnenkammer, die Große Galerie und die Grabkammer, in der zwei ca. 22 x 22 Zentimeter große Schächte, die sogenannten «Luftschächte», endeten (Abb. 9).

Weiterhin entdeckte er am Fuß der Cheopspyramide Fundamente aus Basalt, die er zutreffend als Reste des Totentempels des Cheops deutete.

Der Jesuit Athanasius Kircher (1602–1680), eines der letzten Universalgenies und der anerkannteste Ägyptenexperte seiner Zeit (siehe Weiteres zu seiner Person im Kapitel über die Entzifferung der Hieroglyphen auf den Seiten 63–64), schrieb 1666 in seiner *Abhandlung über die ägyptischen Obelisken, Hieroglyphen und Pyramiden*, daß die Obelisken und Pyramiden die Geheimnisse und Weisheiten der alten Ägypter

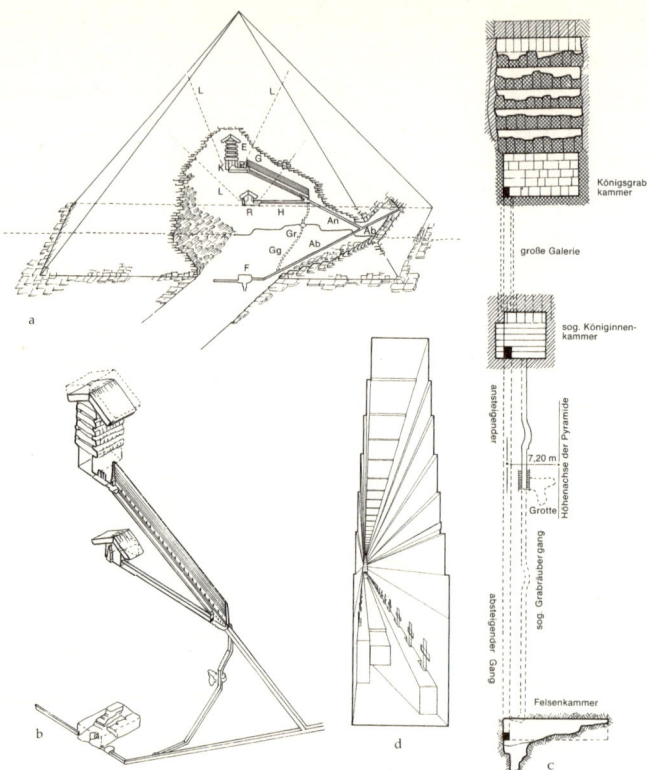

a Schnitt N–S durch die Pyramide Ab absteigender Gang An ansteigender Gang
G Große Galerie H horizontaler Gang L Luftschächte K Königsgrab E Entlastungskammern über K R sog. Königinnenkammer Gg sog. Grabräubergang, Entlüftungs-
und Arbeitsschacht F Felsenkammer Gr Grotte
b Kammersystem der Cheopspyramide c Höhenschnitt durch die Pyramide von N
gesehen d Große Galerie (nach Maragioglio und Rinaldi)

Abb. 9: Die Pyramide des Cheops.

bergen würden. Da seine Bücher im 17. und lange im 18. Jahrhundert viel gelesen wurden, setzte damals eine große Welle
von Veröffentlichungen ein, deren Autoren diesen Geheimnissen auf die Spur kommen wollten.

Benoît de Maillet (1656–1738), zwischen 1692 und 1708 Konsul in Ägypten, war der erste Franzose, der ein wissenschaftliches Buch über die Große Pyramide (*Abbé Le Mascrier, Description de l'Égypte, composée sur les Mémoires de M. de Maillet*, Paris 1735) verfaßte. Auch in seinen Angaben war die Höhe der Pyramiden im Verhältnis zu den Seitenlängen viel zu groß. Richtig war jedoch seine Vermutung, daß die beiden anderen großen Pyramiden wie die Cheopspyramide Gänge und Kammern und einen Eingang an der Nordseite haben müßten.

Der Engländer Thomas Shaw (1692–1751), der 1721 Ägypten bereiste und 1738 sein Buch *Reisen oder Beobachtungen, die mit mehreren Teilen barbarischer Länder und der Levante verbunden sind (Travels or Observations Relating to Several Parts of Barbary and the Levant)* veröffentlichte, interpretierte die Pyramiden als rituelle Kultstätten für die Feiern der Osiris-Mysterien. Der Sarkophag sei ein heiliger Behälter gewesen, in dem Bilder, Kultgeräte und -gewänder sowie das heilige Wasser aufbewahrt worden seien. Das Grab des Cheops befinde sich hingegen in unterirdischen Höhlen.

Frederik Ludvig (Friedrich Ludwig) Norden (1708–1742), ein dänischer Marinearchitekt, untersuchte 1738 im Auftrag des dänischen Königs Christian VI. (1730–1746) viele Denkmäler Ägyptens, darunter auch die Pyramiden. Seine *Ägypten- und Nubienreise (Voyage d'Égypte et de Nubie)* erschien 1755 auf dänisch, wurde 1757 ins Englische und dann ins Französische übersetzt. In der Cheopspyramide hatte er Rillen im Granit festgestellt, die das Gleiten der Verschlußsteine ermöglicht hatten. An der Ostseite der Chephren- und Mykerinospyramide hatte er «Steinquader von kolossaler Größe» erkannt, von denen er richtig auf Tempelbauten schloß. Die gleiche Zuweisung erfolgte 1743 durch Richard Pococke in *Eine Beschreibung des Ostens und einiger anderer Länder (A Description of the East and Some other Countries*), der 1737–1738 Ägypten bereist hatte.

Der Geograph und Kartograph Karsten Niebuhr (1733–1815) aus Lüdingworth-Westerende bei Cuxhaven suchte auf seiner berühmten Arabienreise im Auftrag des dänischen Königs Friedrich V. (1746–1766) im Jahre 1762 die Pyramiden von Gizeh auf. Er berechnete erstmals die Höhe der Cheopspyramide annähernd genau mit 138,09 Metern.

1765 entdeckte der englische Diplomat Nathaniel Davison eine Entlastungskammer über der Königskammer der Cheopspyramide. Sie wurde nach ihm benannt.

Der französische Philosoph Constantin François de Chasseboeuf-Volney (1757–1820), der den Orient zwischen 1783 und 1785 bereiste, legte in seinem 1787 in Paris veröffentlichten Buch *Reise nach Syrien und Ägypten während der Jahre 1783, 1784 und 1785* (*Voyage en Syrie et en Égypte, pendant les années 1783, 1784 et 1785*) als erster richtig dar, daß bei der Cheopspyramide die Seitenlänge nicht der Höhe entspreche, also der Neigungswinkel viel flacher sei.

Ab 1798 eroberte ein französisches Heer unter Führung von Napoleon Bonaparte (1769–1821) Ägypten, um den Briten den kürzeren Weg nach Indien abzuschneiden. Am 21. Juli 1798 standen Napoleons Truppen vor den Pyramiden von Gizeh, um dort eine Schlacht gegen den Mameluken Murad Bey (1775–1801) zu schlagen. Napoleon soll seine Männer mit den Worten ins Gefecht geschickt haben: «Soldaten! Vierzig Jahrhunderte blicken auf euch herab!» Allein die Cheopspyramide konnte die damals fünf größten Kirchen der Welt beherbergen, und Napoleon soll blitzschnell berechnet haben, daß die Steine der Cheopspyramide eine 3 Meter hohe und 0,50 Meter breite Mauer um ganz Frankreich hätten bilden können. Nach ihrem Sieg zogen die Franzosen am 25. Juli in Kairo ein. Doch schon am 7. August 1798 vernichteten die Engländer unter Führung von Horatio Nelson (1758–1805) in der Schlacht von Abukir die französische Flotte. Die Franzosen waren nun ihrerseits vom Mutterland abgeschnitten, konnten zwar noch die Mameluken besiegen, mußten aber ohne Nachschub 1801 vor den Engländern kapitulieren. Die französische Armee war auf diesem Feldzug von einer großen Zahl von Forschern aller Disziplinen begleitet worden. Diese Gelehrten sammelten Erkenntnisse über das ganze Land. Die Frucht ihrer Arbeit wurde zwischen 1809 und 1822 in neun großen, luxuriös ausgestatteten Text- und elf Tafelbänden als *Beschreibung oder Sammlung der Beobachtungen und der Forschungen, die in Ägypten während der Expedition der französischen Armee unternommen worden sind, veröffentlicht auf Anweisung seiner Majestät, Kaiser Napoleon des Großen* zusammengestellt und veröffentlicht. Der Ingenieur und Geograph Edme-François Jomard (1777–1862) war mit der Redaktion betraut und formulierte die für die Forschung folgenschweren Sätze: «Es läßt sich durchaus begründen, daß der Gedanke des Grabes beim Bau der Pyramiden ganz allgemein eine Rolle gespielt hat. Ich möchte nur mit Nachdruck vertreten, daß die großen Pyramiden in ihrer Bauweise Sonderbedingungen unterworfen waren. Die Wissenschaft hatte sich ihrer bemächtigt und dort vielleicht sogar wichtige Erkenntnisse in ihnen verschlüsselt, die heute abgedeckt werden. In diesen Bauwerken, ganz besonders aber bei der ersten Pyramide (der Cheopspyramide), war die funeräre Bestimmung, wenn sie überhaupt eine Rolle gespielt hat, sicher nicht der wichtigste Zweck, und es ist nicht einmal bewiesen, daß dort je ein König nach seinem Tode beigesetzt war.» Noch heute verschließen solche Gedanken den wahren Zugang zur Bedeutung der Pyramiden als wunderbare Grablegen der Könige und als kollektive Meisterleistung eines Volkes, das zu Ehren ihres Gott-Königs ein Grabmonument für die Ewigkeit errichtete.

Am 8. Februar 1801 begannen der Ingenieur Coutelle und der Architekt Le Père mit 100 Mann Wachpersonal und 150 Arbeitern, die Basis der Cheopspyramide zu erforschen, eine der kleinen Pyramiden abzutragen, die «Große Galerie» der Cheopspyramide und den Sphinx – mit dem Haupt des Königs und Löwenkörper sind die ägyptischen Sphingen (auf ägyptisch «schesep-anch» [= «lebendes Abbild» des Pharaos]) maskulin – von Schutt und Sand zu befreien (Abb. 10). Dabei stellte Coutelle als erster fest, daß der Raum über der Königskammer zur Entlastung diente und die Vorkammer vor der Königskammer «auf beiden Seiten drei Führungsrillen aufweist, die wohl für die Granitblöcke, die den Eingang zur Grabkammer verschließen sollten, gedacht waren». Doch nach kurzer Zeit mußte Coutelle seine Untersuchungen beenden, weil die napoleonischen Soldaten wegen anderer Aufgaben abrücken mußten.

Im Januar 1817 nahm der ehemalige Kapitän Giovanni-Battista Caviglia (1770–1845) die Arbeiten von Coutelle wieder auf, legte die 46,71 Meter lange und bis zu 8,74 Meter hohe «Große Galerie» der Cheopspyramide, den 105,34 Meter langen absteigenden Gang und den 8,91 Meter langen waagrechten Gang bis zur unterirdischen unfertigen Felsenkammer frei, deren genaue Funktion auch heute noch unklar ist (Abb. 9). Weiterhin befreite er den Rest der ost-west-orientierten Königinnenkammer mit Giebeldach von Schutt und Sand. Sie besitzt an der Ostseite eine Nische, in der später der Archäologe Sir William Matthew Flinders Petrie (1853–1942) eine Statue des Königs vermutete und damit diesen Raum als Statuenraum für Kultzwecke deutete. Wegen des Vorhandenseins von zwei nach oben, nach Süden und Norden führender Schächte (wie diejenigen in der Königskammer) interpretieren heute Wissenschaftler wie Rainer Stadelmann den Raum als symbolischen Ort, in dem nach den Vorstellungen der alten Ägypter die Seele des verstorbenen Königs zum Himmel aufsteigen konnte.

*Abb. 10: Der Sphinx, dahinter rechts die Pyramide des Chephren
und links die Pyramide des Mykerinos. Aquarell aus dem Jahre 1887
von Ernst Körner.*

Caviglia reinigte bereits 1816 auch Teile des Sphinx vom Wüstensand. Am Großen Sphinx und der Chephrenpyramide fand Caviglia Spuren der Farbe Rot. Caviglia stellte die These auf, daß einst die Pyramiden und der Sphinx rot bemalt waren. Doch ist anzunehmen, daß die Oberfläche des Kalksteins unter der Lufteinwirkung Eisen- und Mangansalze abscheidet und rötlich erscheint.

1815 kam ein besonders bemerkenswerter Mann nach Ägypten, der Paduaner Giovanni Battista Belzoni (1778–1823). Mit 1,98 Metern von stattlicher Größe, war er von 1803 an in England in der Zirkusmanege zu einigem Ruhm gekommen, indem er bis zu 22 Mann zugleich auf seinen Schultern trug. Mit der Gage für solche Auftritte finanzierte er sein Ingenieurstudium. In Ägypten wollte er dem Vize-König Mohammed Ali (1769–1849) eine selbsterfundene hydraulische Turbine zur Bewässerung von Feldern verkaufen. Als der Herrscher nicht interessiert war, stand Belzoni zunächst mittellos da. Doch schon bald sehen wir ihn als Antikenbeschaffer und -sammler, meist im Auftrag des britischen Konsuls Henry Salt. So kam es, daß Belzoni Anfang des Jahres 1818 begann, die Grabkammer der Chephrenpyramide ausfindig zu machen. Chaefre (griech. Chephren), der jüngere Halbbruder des Djedefre (2581–2572 v. Chr.), dem er auf dem Thron folgte, konnte seine Pyramide wieder in Gizeh errichten, weil im Alten Reich anscheinend die Tradition herrschte, daß ein König niemals seine Pyramide neben der seines Vorgängers baute (daher befand sich die Pyramide des Djedefre in Abu Roasch, 8 Kilometer nördlich von Gizeh).

Auch wenn die Chephrenpyramide mit einer ursprünglichen Höhe von 143,50 Metern etwa 3 Meter niedriger als die seines Vaters Cheops ausgefallen war, scheint sie die höchste der drei großen Pyramiden von Gizeh zu sein, weil sie auf einem etwa 10 Meter hohen Plateau errichtet wurde (Abb. 8).

Belzoni bemerkte nach genauer Beobachtung des Terrains eine auffällig lockere Anhäufung von Blöcken und Schutt in der Mitte der Nordseite, die eine Seitenlänge von 215,25 Metern besaß. Belzonis Interesse war geweckt, er wollte dort mit seinen Ausgrabungen beginnen. Zunächst besorgte er sich die Erlaubnis dazu in Kairo. Er engagierte etwa 40 Einheimische, um mit seinen bescheidenen Mitteln gleichwohl zügig den Schutt in der Mitte der Nordseite entfernen zu können und den Eingang ins Innere zu finden. Nach 16 Tagen stieß er auf einen Gang. Tagelang arbeitete man daran, ihn von Schutt und Steinen zu befreien, bis Belzoni feststellte, daß es sich um einen alten Grabräubergang handelte, der nicht ins Innere der Pyramide führte. Belzoni folgerte, daß der Eingang vielleicht wie bei der Cheopspyramide etwa 10 Meter östlich der Mitte liegen könnte. Am 28. Februar fand er drei große Granitblöcke, die einen hinabführenden Gang verschlossen. Nach drei Tagen war der nur 1,25 Meter hohe und 1 Meter breite Gang bis zu einer Biegung, die nach etwa 30 Metern einsetzte, vom Schutt befreit. Dort versperrte ein Fallstein teilweise den Durchgang. Belzoni mußte voller Ungeduld warten, bis der Fallstein höher gehievt worden war. Inzwischen hatten der griechische Abenteurer Giovanni d'Athanasi (1798–1854) und ein Mitarbeiter Belzonis die ost-westlich orientierte Grabkammer erreicht. Sie fanden dort einen Granitsarkophag mit zerbrochenem Deckel. An der Westseite der Kammer hatte sich ein früherer Eindringling bereits mit einer arabischen Inschrift verewigt. An die Südwand setzte Belzoni in großen Buchstaben seinen eigenen Namen und das Datum der Entdeckung, den 2. März 1818. In den folgenden Tagen legte er auch den zweiten, tiefer angelegten Gang mit der unterirdischen Kammer frei, der etwa in der Mitte des oberen Ganges nach unten abzweigt und zu einem zweiten, wiederum tiefer gelegenen Eingang auf der Nordseite führt.

Während Belzoni noch den Eingang zur Chephrenpyramide suchte, ließ er seine Mitarbeiter die Grabungen an der Ostseite fortsetzen. Dort stieß er dann auf die Reste eines Tempels. Es sollte noch knapp einhundert Jahre dauern, bis man erkannte, daß es sich hierbei um den Totentempel des Chephren handelte.

Nachdem Belzoni also erfolgreich die Grabkammer des Chephren gesucht hatte, suchte er auf gleiche Weise an der Nordseite der Mykerinospyramide den Eingang, doch mußte er schon bald die Grabungen einstellen, weil zu viele der monumentalen Granitblöcke der ehemaligen Verkleidung die Zugänge versperrten.

Seine Entdeckungen veröffentlichte Belzoni 1820 in London unter dem Titel *Bericht über die Tätigkeiten und neuen Entdeckungen in Pyramiden, Tempeln, Gräbern und Ausgrabungen in Ägypten und Nubien (Narrative of the Operations and*

Recent Discoveries Within the Pyramids, Temples, Tombs and Excavations, in Egypt and Nubia). Wichtig für die weitere Forschung war seine Feststellung: «Da die eine wie die andere Kammer einen Sarkophag enthielten (...), die sicher als Begräbnis einer hochgestellten Persönlichkeit gedacht waren, bleibt wohl kein Zweifel daran, daß beide als Grabbauten gedient haben.»

Im November 1836 begann der englische Oberst Richard William Howard Vyse (1784–1853), unterstützt von Caviglia und seit 1837 auch gemeinsam mit dem Ingenieur John Shae Perring (1813–1869), die drei Pyramiden systematisch zu erforschen. Zunächst suchten sie den Ausgang des sogenannten Luftschachtes von der Nordseite der Grabkammer der Cheopspyramide (Abb. 9). Der Ausgang war durch Schutt verschlossen, die Forscher konnten sich nur mühsam Zugang verschaffen. Als dies gelungen war, zeigte sich, daß sie vergeblich gehofft hatten, durch den Schacht zu verborgenen Kammern zu gelangen.

In der Cheopspyramide trieb Vyse über der ersten Entlastungskammer der Grabkammer einen Stollen ins Gestein und entdeckte am 29. März eine zweite Entlastungskammer, die er nach General Arthur Wellesley, dem ersten Herzog von Wellington (1769–1852), benannte. Im April und Mai entdeckte er drei weitere Kammern, die nach Admiral Nelson, Lady Ann Arbuthnot (+ 1882) und Oberst Patrick Campbell (1779–1857), dem englischen Generalkonsul, der die Grabungen mitfinanziert hatte, benannt wurden. Die Deckplatte der obersten Kammer war giebelförmig; es handelte sich bei diesen Hohlräumen also definitiv um Entlastungskammern für die Königskammer. Einige Blöcke trugen auch Inschriften in Hieroglyphen, die mehrmals Chuefui-Chnum («[der Schöpfergott] Chnum schützt mich») den ägyptischen Namen für Cheops, erwähnen. Vyse konnte somit endgültig belegen, daß der Bau die von Herodot erwähnte Cheopspyramide war.

Etwa zeitgleich entdeckte Vyse den Ausgang des südlichen Luftschachtes in der Höhe der 102. Blocklage, der sich damit fast auf gleicher Höhe wie der des nördlichen Schachtes befindet, der seinen Ausgang in der 101. Blocklage hat. Da die Grabkammer nicht im Zentrum, sondern im südlichen Bereich der Pyramide lag, war der südliche Schacht nicht so lang und wesentlich steiler angelegt worden als der nördliche und konnte so schneller von Schutt befreit werden. Die Luftzirkulation war in Gang gesetzt, und damit war klar, daß die Schächte zu keinen weiteren verborgenen Kammern führten. Heute vermutet man, daß die sogenannten Luftschächte der Fahrt des Ba dienten – der Seele des verstorbenen Königs, die sich nach dem Glauben der Ägypter als eine Art Seelenvogel von der sterblichen Hülle lösen konnte, um frei ins Jenseits zu fliegen und sich dann wieder mit dem Körper zu vereinen. Die Seele konnte sich im Norden auf die Tagesbarke und im Süden auf die Nachtbarke des Sonnengottes Re begeben und mit ihm gemeinsam den Horizont überfliegen.

Vyse setzte seine Arbeit fort. Ende Mai legte er an der Ostseite der Cheopspyramide Reste eines Basaltpflasters und Teile des Totentempels des Cheops frei.

Seit Anfang Juni suchte Vyse nach den Eingängen zur Mykerinospyramide und den dazugehörigen kleineren Pyramiden. Zunächst entdeckte man an der Nordseite einen herabführenden Gang, der jedoch zu keiner Kammer leitete. Nun entschloß sich Vyse, die Nordseite doch von den monumentalen, von der Verkleidung herabgefallenen Steinblöcken zu befreien, in der Hoffnung, den Eingang zu finden, wie er es zuerst angenommen hatte.

Bei den drei kleineren Pyramiden (Abb. 8) legte Vyse an der Nord- und Südseite je einen Schacht zur Mitte an, ohne jedoch auf eine Kammer zu stoßen. Daraufhin ließ Vyse verschiedene Schächte in unterschiedliche Richtungen treiben. Am 30. Juni fand man den Eingang der östlichsten Pyramide in der Basis der Verkleidung auf der Nordseite. Der fast vollständig aus dem Fels gehauene absteigende Gang, der mit einem Fallstein aus Granit versehen und daher von Grabräubern umgangen werden mußte, führte zu einer unterirdischen, ost-westlich ausgerichteten Grabkammer. Ein Sarkophag aus Granit, dem des Chephren ähnlich, aber etwas kleiner, war in die Bodenplatten eingelassen. Der Deckel war bereits von Grabräubern geöffnet worden, von diesen mit ein paar Zeilen der 112. Koransure und der Anweisung eines Kalifen versehen, den Sarg zu öffnen.

Am 4. Juli stieß Vyse auf den Eingang der mittleren Pyramide, der nach Westen aus der Achse verschoben ist. Der Abstieg und die Kammern waren aus dem Fels gehauen worden. Nach einer Vorkammer gelangte Vyse über einen kurzen Gang zu einer nord-südlich ausgerichteten Grabkammer, in der sich ein Sarkophag, wiederum aus Granit, befand. Sein Deckel ruhte auf dem Boden. Im Innern des Sarkophages lagen noch Knochen, darunter ein weiblicher Unterkiefer mit sehr schönen Zähnen, wie die Ausgräber berichteten.

Kurz danach gelang es Vyse, auch den Eingang der westlichsten Pyramide freizulegen. Der Gang führte nach unten zu einer Vorkammer, danach zu einem kurzen Gang und schließlich zur nord-südlich ausgerichteten Grabkammer, die unvollendet war und keinen Sarkophag enthielt.

Am 27. Juli wandte sich Vyse den drei kleinen Pyramiden an der Ostseite der Cheopspyramide zu und fand schon am folgenden Tag die Eingänge der zwei äußeren Pyramiden, den der mittleren Pyramide fünf Tage später (Abb. 11). Alle hatten eine Seitenlänge von etwa 47,25 Metern und ursprünglich die Höhe von 29 Metern und besaßen ihre Eingänge im Norden, ferner je einen absteigenden Gang und eine Vorkammer mit einem kurzen Gang, der nach Westen zur Grabkammer führte. Nur in der sogenannten siebten Pyramide entdeckte Vyse Reste eines Sarkophags aus schwarzem Basalt. Heute geht man davon aus, daß die drei Pyramiden die Grabstätten von Henutsen, der Mutter des späteren Pharaos Chephren, von Meritetes – der ältesten Hauptgemahlin des Cheops und wahrscheinlich Mutter des Kawab sowie des späteren Pharaos Djedefre – und von der Königsmutter Hetepheres waren.

Am 29. Juli 1837 kam schließlich der Eingang der drittgrößten Pyramide von Gizeh zutage, der aber bereits vor langer Zeit geöffnet worden war. In der Grabkammer, zu der Vyse durch mehrere Kammern und Gänge gelangte, stand ein geplünderter Sarkophag aus Basalt, der mit einer Palastfassade dekoriert war. Der Deckel war zerstört, Fragmente fanden sich am Ende der Vorkammer und in dem Gang, der zur Grabkammer führte. Dort entdeckte Vyse auch Reste von Stoffen, menschlichen Knochen – und Teile eines hölzernen menschengestaltigen Sarges, auf denen der Name Menkaure (Mykerinos) zu lesen war. Die Gestalt dieses hölzernen Sarkophags und die Inschrift lassen darauf schließen, daß die Mumie des Pharaos nach einer ersten Plünderung in der Ramessidenzeit (1292– 1070 v. Chr.) von Priestern in diesen Sarg umgebettet worden war, der dann aber ebenfalls von Grabräubern geplündert wurde.

Während Vyse am 27. August 1837 die Fragmente des Holzsarges nach England transportierte, um sie dem British Museum in London zu übergeben, brachten seine Mitarbeiter noch die Grabungen und vor allem die Dokumentation mit Zeichnungen zum Abschluß. Sie organisierten auch den Transport des Sarkophags des Mykerinos, der ebenfalls für das British Museum bestimmt war, doch ging das Schiff vor der nordspanischen Küste unter. Vier Jahre später legte Vyse seine ausführliche Publikation über die Ausgrabungen vor (*Operations carried on at the Pyramids of Gizeh in 1837*, London 1841).

1872 entdeckte der Ingenieur Wayman Dixon (1844–1930), der die Wände der sogenannten «Königinnenkammer» der Cheopspyramide (Abb. 9) abklopfte, daß sich auch in diesem Raum auf der Nord- und Südseite zwei Hohlräume hinter den Wänden befinden mußten. Nachdem diese Verkleidungen geöffnet waren, fand er die sogenannten «Luftschächte» – deren Erforschung noch bis heute andauert.

Erste geodätische Vermessungen unternahm 1874 der Astronom Sir David Gill (1843–1914), der die Basislängen der Pyramiden erstmalig genau vermaß. Zwischen 1880 und 1882 untersuchte Sir William Matthew Flinders Petrie (1853–1942) die Pyramiden und deren Umgebung. Seine Ergebnisse veröffentlichte er 1883 in London ausführlich unter dem Titel *Die Pyramiden und Tempel von Gizeh* (*The Pyramids and Temples of Gizeh*).

Zwischen 1902 und 1908 legte die Deutsche Orientgesellschaft unter der Leitung von Ludwig Borchardt (1863–1938) die Pyramiden und Totentempel der Pharaonen Sahure (2496–2483 v. Chr.), Neferirkare (2483–2463 v. Chr.) und Niuserre (2445–2414 v. Chr.) in Abusir, südlich von Gizeh, frei. Im Zuge dieser Forschungen wurde klar, daß im Alten Reich (2707–2170 v. Chr.) jede Pyramide einen Taltempel besaß, der mit Reliefs und Statuen des Königs geschmückt war. Ein eigens ausgehobener Kanal mit einer Anlagestelle für Schiffe am Fruchtlandrand führte zum Taltempel. Auf der Ostseite jeder Pyramide stand weiterhin ein oberer Tempel, der Totentempel, der durch einen oft über mehrere hundert Meter langen, überdeckten und reliefgeschmückten Aufweg mit dem Taltempel verbunden war. Die Pyramide selbst war von einer Umfassungsmauer geschützt, die teilweise in den oberen Tempel hineinreichte. Außerhalb der Umfassungsmauer standen häufig auf der Südseite kleinere Pyramiden für die Königinnen. An die Pyramidenanlage schlossen in der Regel die einfacheren Gräber

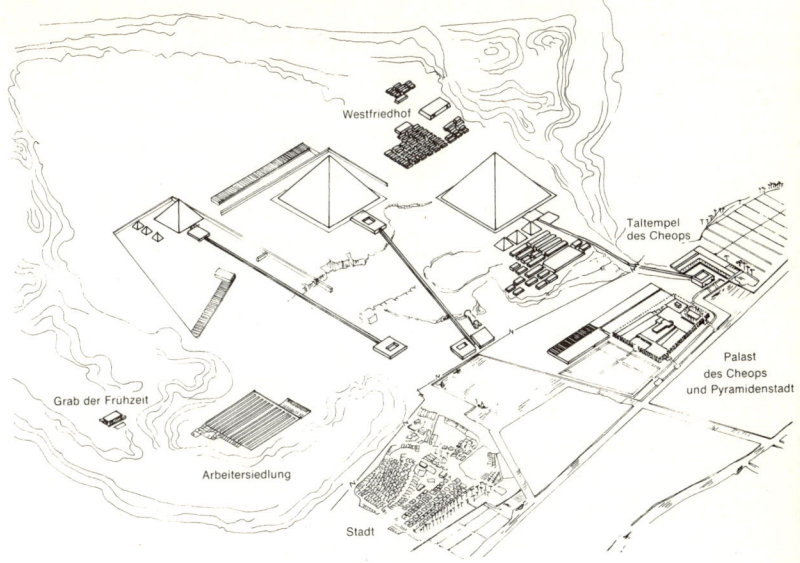

Abb. 11: Die Pyramiden und ihre Anlagen in Gizeh.

der königlichen Verwandtschaft, der Aristokratie und des Beamtenapparates an.

Zwischen 1906 und 1927 grub die Harvard Boston Expedition unter der Leitung von George Andrew Reisner (1867–1942) große Teile der Nekropole von Gizeh aus, den Grabbezirk des Mykerinos mit dem Totentempel, den Taltempel, den Aufweg und drei Königinnenpyramiden. Reisner entdeckte viele Statuen, die meisten verewigen König Mykerinos. Ein herausragender Fund ist die 1,42 Meter hohe Doppelstatue aus Schiefer, die Mykerinos und seine Frau Chamerernebti zeigt, die sich zärtlich umfassen. Sie ist eine der schönsten Skulpturen des Alten Reichs und zählt heute zu den Glanzstücken des Museum of Fine Arts in Boston.

Zwischen 1909 und 1910 förderte die deutsche Ernst-von-Sieglin-Expedition den 56 Meter breiten und 111 Meter langen Totentempel des Chephren an der Ostseite seiner Pyramide zutage. Die Kernmauer war aus bis zu 400 Tonnen schweren Blöcken aus rosafarbenem Granit errichtet. Der Fußboden war größtenteils mit prächtigen Alabasterplatten ausgelegt. Der östliche Teil der Anlage war eine Art Vortempel mit einem Empfangssaal, zwei Hallen und einem offenen Hof mit Opferaltar. Der westliche Teil bildete das Herzstück des Totentempels mit fünf Statuenkapellen und dem Totenopferraum mit Scheintür. In der von einer Scheintür verschlossenen und damit unbetretbaren Totenkapelle wohnte nach dem Glauben der Ägypter der verstorbene König den zweimal täglich für ihn stattfindenden Speisungen bei.

Der Architekt Uvo Hölscher (1878–1963) konnte in seinem 1912 erschienenen Buch *Das Grabdenkmal des Königs Chephren* nachweisen, daß der Totentempel durch einen überdeckten Aufweg mit dem Granittempel verbunden war, dem Taltempel des Chephren, neben dem der monumentale, 75 Meter lange Sphinx wachte. Dieser Taltempel des Chephren, der mit Rosengranitplatten verkleidet war, besaß im Osten zwei Eingänge, die über zwei kleinere Vorräume und einen größeren Raum zu einem T-förmigen Pfeilersaal führten. In diesem Saal standen einst 23 überlebensgroße Statuen des Chephren, die den Herrscher auf seinem Thron zeigten. Die schönste dieser Statuen ist heute im Ägyptischen Museum in Kairo zu bewundern. Der Franzose François Auguste Ferdinand Mariette (1821–1881) hatte sie bereits 1860 entdeckt, als er einfach ein Loch in die Ruinen bohrte und dabei auf diese wundervolle überlebensgroße Statue aus Diorit stieß. Chephren sitzt auf einem Thron mit Löwenbeinen, zwischen denen das Zeichen für Ober- und Unterägypten steht. Seine linke Hand liegt auf dem Knie, in der rechten hält er ein Tuch. Sein Kopf ist bedeckt mit der königlichen Haube und hinten geschützt durch den Falken des Gottes Horus, der seine Flügel ausbreitet.

In dem Taltempel vollzog man wahrscheinlich die Mumifizierung des Verstorbenen mit allen dazugehörigen Reinigungsriten. Die Zugehörigkeit des monumentalen Sphinx zur Anlage des Chephren oder Cheops ist bis heute umstritten. Zuletzt verband man ihn bisweilen wieder mit der Anlage des Cheops, d. h. dem daran anschließenden ost-westlich orientierten Tempel des Sonnengottes Re. In diesem Falle sollte der Sphinx mit Löwenleib als «lebendes Abbild» des vergöttlichten Pharaos die Nekropole des Cheops schützen.

Eine überraschende Entdeckung erfolgte 1954 an der Südseite der Cheopspyramide. Nachdem sie einen Teil der Umfassungsmauer hatten entfernen lassen, stießen die ägyptischen Archäologen Kamal Mallach und Zaki Iskander auf zwei lange, noch intakte Gruben. Als man die östliche Grube öffnete, zeigte es sich, daß deren Deckblöcke den Namen des Königs Djedefre trugen, der die Bestattung seines Vaters Cheops ausgerichtet hatte. In der Grube selbst lagen über 1200 Teile eines Schiffs, die man in 18monatiger Arbeit barg. Über mehrere Jahre dauerten die Restaurierungsarbeiten, bis Mitarbeiter des Ägyptischen Museums in Kairo und des British Museum in London die 43,30 Meter lange, 5,90 Meter breite Barke zusammengesetzt hatten. Heute ist das Schiff in einem eigens errichteten Bau an der Südseite der Pyramide zu besichtigen. Weitere derartige Boote waren ehemals auch an anderen Stellen der Anlage zu finden. Sie symbolisierten die Morgen- und Abendbarke des Sonnengottes.

Erst 1992 entdeckte der ägyptische Forscher Zahi Hawass an der Südostecke der Cheopspyramide die Ausschachtung der ehemals 21,75 Meter langen und etwa 13,80 Meter hohen Kultpyramide und das dazugehörige Pyramidion, den pyramidenförmigen spitzen Abschlußstein. In der Regel wiesen alle Pyra-

midenanlagen eine solche kleinere Pyramide an ihrer Südost-
ecke auf. In einem unterirdischen Raum – zu klein für die
Bestattung eines Menschen – bestattete man wahrscheinlich die
königliche Lebenskraft, das Ka (im Grundgedanken unserem
Gen wohl ähnlich), das sich nach dem Tod im Jenseits wieder
mit den Ahnen vereinte und im Diesseits in den Sohn über-
ging.

Eine letzte Untersuchung an der Cheopspyramide unternahm in den Jahren 1992 und 1993 der deutsche Ingenieur
Rudolf Gantenbrink im Beisein von Rainer Stadelmann, dem
Direktor des Deutschen Archäologischen Instituts in Kairo.
Man hatte eigens für diese Aufgabe einen Roboter konstruiert
und hoffnungsvoll «Upuaut» getauft – also mit dem Namen
eines hundsgestaltigen ägyptischen Gottes, der soviel wie «Öff-
ner der Wege» bedeutet. Der Roboter war mit einer Kamera
und einem Laser-Leitsystem ausgestattet, die es ermöglichen
sollten, die sogenannten «Luftschächte» zu erforschen. Nachdem der Roboter etwa die Höhe von 59 Metern (zwischen der
74. und 75. Steinlage) erreicht hatte, stand er vor einem abge-
brochenen Metallstück auf dem Boden und vor einer Steintüre
mit zwei Metallbeschlägen, auf denen später Stadelmann vor
dem Journalisten Torsten Saase zwei Hieroglyphen sah, die Lo-
tusblüte als Zeichen des Südens und eine Art Sonnenschirm,
den man in Prozessionen hinter dem König trug. Stadelmann
wollte daraus erkennen, daß einst der Sonnenschirm dem Ba
(Seele) des Verstorbenen bei seiner Reise in den Südhimmel zur
Verfügung stand. Die Tür sei eine Scheintür, wie sie auch im
Pyramidentempel des Cheops als symbolischer (aber in Wirklichkeit nicht vorhandener) Eingang für den Verstorbenen vorhanden war.

Noch heute fasziniert die Präzision in der Ausführung
der Pyramiden, insbesondere der Cheopspyramide. So beträgt
die größte Höhendifferenz im Fundamentpflaster zwischen

der Nordseite und der Südost-Ecke nur 2,1 Zentimeter. Die vier Seiten weisen nur eine geringe Abweichung von dem Mittel von 230,336 Metern auf, auf der Südseite von 1,2 Zentimetern, auf der Nordseite von 3,2 Zentimetern. Der rechte Winkel an den Ecken weicht an der Nordwestseite nur 1", an der Südost-Ecke 29" und an der Südwest-Ecke 16" ab. Der Böschungswinkel betrug 51° 50' 40", aus der sich eine Höhe von 146,59 Metern ergibt. Heute hat die Pyramide noch eine Höhe von 138,75 Metern.

Die ehemalige Verkleidung aus feinem weißen Turakalkstein ist nur mehr in der untersten Lage erhalten. Die nicht sichtbaren Blöcke aus nummulitischem Kalkstein stammen vor allem aus Steinbrüchen im Südosten der Pyramide. Noch 201 Steinlagen sind erhalten, die Größe der Blöcke verringert sich nach oben. In der untersten Lage sind die Blöcke 1,50 Meter hoch, in der obersten noch erhaltenen Lage ca. 1,12 Meter dick und etwa 3 Tonnen schwer. Ca. 2 600 000 Blöcke, d. h. etwa 7 Millionen Tonnen Gestein sind verwendet worden. Bei einer Sechstagewoche mit je 10 Arbeitsstunden würde das bedeuten, daß bei einer 20 jährigen Bauzeit etwa alle 1,5 Minuten ein 2,5 Tonnen schwerer Block gesetzt wurde.

Noch erstaunlicher ist die Präzision angesichts der Monumentalität der Cheopspyramide, wenn wir bedenken, daß sie in der Steinzeit erbaut wurde. Die Werkzeuge waren nur aus Stein und Holz gefertigt, manchmal mit Kupferklingen versehen. Die Steinbearbeitung erfolgte vor allem mit Hämmern aus Dioritgestein, nur das Sägen und Bohren mit Kupfergeräten, die jedoch nicht sehr stabil waren und ständig wieder nachgearbeitet werden mußten. Große Kräne oder Flaschenzüge gab es noch nicht.

Inzwischen ist es gelungen, viele Etappen des Baus nachzuvollziehen: Man sorgte zunächst für einen angemessenen Ausbau der Transportwege zu Wasser und zu Lande und errichtete

Unterkünfte für die Architekten und Arbeiter. Um den Fels-
kern wurde ein ebenes Plateau geschaffen, auf dem die Basis
der Pyramide eingemessen wurde. Die exakte Ausrichtung erfolgte durch die genaue Beobachtung entweder eines polnahen
Sterns – etwa des α-Draconis – oder des Sonnenlaufs.

Umstritten bleibt noch heute, auf welche Weise die einzelnen
Blöcke ihr endgültiges Ziel erreichen. Eine einzige Rampe, die
direkt auf die Pyramide zuführte, kommt dafür nicht in Frage. Weil eine solche Rampe eine Steigung von maximal 8 Grad
hätte haben dürfen, da sonst die Blöcke abgerutscht wären,
hätte sie 2,6 Kilometer lang sein müssen, was schon wegen des
abfallenden Geländes nicht möglich war. Weiterhin hätte die
Rampe eine Erdaufschüttung mit dem sieben- bis achtfachen
Volumen der Pyramiden selbst erfordert. Am wahrscheinlich-
sten bleibt, daß es eine Rampe gab, die schneckenartig um die
Pyramide angelegt worden ist.

Doch hier ist, wie bei anderen Detailfragen, noch lange nicht
das letzte Wort gesprochen, und man kann also auch in Zukunft
auf die Lösung weiterer Rätsel gespannt sein, welche die Pyramiden immer noch umgeben.

3
Faszinierende Bilderschrift –
Champollion und die Entzifferung
der ägyptischen Hieroglyphen

«Rosette (in Ägypten), am 2. Fructidor des Jahres VII (= 19. Juli
1799). Während der Befestigungsarbeiten, die der Bürger
Dhautpoul, Kommandeur des Pionierbataillons, im ehemaligen
Fort von Rachid am linken Nilufer veranlaßt hat, wurde ein
sehr schöner schwarzer Granitstein gefunden, der sehr fein-
körnig und schwer mit dem Hammer zu bearbeiten ist. Er ist
36 Zoll (1,20 Meter) hoch, 28 Zoll (90 Zentimeter) breit und zwischen 9 und 10 Zoll (32 Zentimeter) dick. Auf einer einzigen
sehr schön polierten Seite finden sich drei Inschriften, die voneinander durch drei Abschnitte getrennt sind. Der erste und
oberste Abschnitt ist in Hieroglyphenzeichen geschrieben. Der
zweite, in der Mitte stehende Abschnitt, ist in Zeichen geschrieben, die man als Syrisch ansieht. Der dritte Abschnitt ist in
Griechisch geschrieben. Der General Menou hat bereits in Teilen die griechische Inschrift übersetzt. Dieser Stein ist von größter Bedeutung für das Studium der Hieroglyphen, vielleicht
wird er sogar zum Schlüssel für deren Entzifferung. Der Bürger
Bouchard, 27 jähriger Schüler der polytechnischen Hochschule,
wurde kurz nach seiner Entdeckung während der Arbeiten, die
er leitete, zum Kapitän befördert und beauftragt, diesen Stein
nach Kairo bringen zu lassen.»
Nachricht in Nummer 37 der französischen Zeitung von
Ägypten *Der Kurier von Ägypten* vom 15. September 1799.

*

Der «Stein von Rosette», wie man ihn nach seinem Fundort nannte, tatsächlich schwarzer Basalt, wurde zum Hoff-
nungsträger für die Entzifferung der ägyptischen Hieroglyphen.
Hieroglyphen, das beschreibt in der griechischen Wortzusam-
mensetzung soviel wie heilige (hiera), in den Stein eingetiefte
(glyphein) Schrift. Seit der Renaissance bemühten sich Forscher
um die Entzifferung der Bildzeichen. Viele Wege wurden be-
gangen, viel Forschergeist wurde aufgewendet, doch die Hieroglyphen blieben rätselhaft. Erst am 27. September 1822 ver-
kündete der Franzose Jean-François Champollion (1790–1832),
daß er die Schrift entziffert habe – sein Lebenswerk.

Der Stein von Rosette, dem wichtige Erkenntnisse auf dem
Weg zum Verständnis der altägyptischen Schrift zu verdanken
sind, diente nicht nur der Wissenschaft (Abb. 12). Zunächst
wurde er zu einem Politikum in den Machtkämpfen zwischen
Frankreich und Großbritannien. Napoleon Bonaparte (1769–
1821) hatte sich angeschickt, Ägypten zu erobern, und wollte
damit den Weg zwischen Mittelmeer und Rotem Meer, zwischen Europa und Indien unter Kontrolle bekommen. Wie
Alexander der Große (336–323 v. Chr.) auf seinem Weg nach
Indien, war Napoleon mit etwa 38 000 Soldaten aufgebrochen.
Am 19. Mai 1798 stachen die 328 Schiffe von Toulon aus in See,
um über Malta nach Ägypten zu segeln. Nach sechswöchiger
Fahrt landete Napoleon am 2. Juli bei Alexandria und stand
bereits am 21. Juli vor den Pyramiden von Gizeh. Dort entbrannte die große Entscheidungsschlacht gegen den über Ägypten herrschenden Mameluken Murad Bey (1775–1801). Vor der
Schlacht soll Napoleon – im Angesicht der Pyramiden – den
berühmten Ausspruch getan haben: «Soldaten! Vierzig Jahrhunderte blicken auf euch herab!» Nachdem er die 10 000 Reiter
des Bey nach kurzer Schlacht besiegt hatte, zog Napoleon am
25. Juli in Kairo ein. Doch sein Triumph fand ein jähes Ende.
Am 7. August vernichtete der Brite Horatio Nelson (1758–

Abb. 12: Der Stein von Rosette. London, British Museum.

1805) in der Seeschlacht von Abukir die französische Flotte. Ohne Schiffe waren Napoleons Truppen von Frankreich abgeschnitten, saßen fest, gefangen im eroberten Land. Am 25. August 1799 gelang Napoleon auf der Fregatte «Murin» die Flucht nach Frankreich. Das Heer jedoch mußte noch zwei Jahre – bis zum Waffenstillstand am 2. September 1801 – in Ägypten bleiben. Nur 60% der Franzosen, die mit Napoleon nach Ägypten gezogen waren, hatten überlebt. Sie wurden auf englischen Schiffen nach Frankreich zurückgebracht.

Mit Napoleon waren aber nicht nur Soldaten, sondern auch viele Wissenschaftler, Künstler, Literaten und Musiker nach Ägypten gekommen. So hatten es bereits die großen Feldherrn und Herrscher der Antike auf ihren Eroberungszügen, in deren Tradition sich Napoleon verstand, gehalten. Allein 167 Mitglieder des Institut de France, das die bedeutendsten französischen Forscher der Zeit versammelte, sollten mit ihrer Arbeit den Ruhm Napoleons mehren. Sie erforschten, dokumentierten und sammelten in seinem Auftrag alles für ihr jeweiliges Fachgebiet Interessante, das sie während «ihrer Gefangenschaft auf ägyptischem Boden», wie es hieß, erreichen konnten.

Das Abkommen zwischen Frankreich und Großbritannien besagte, daß die Wissenschaftler ihre Aufzeichnungen und persönlichen Sammlungen behalten durften. Die für Frankreich gesammelten ägyptischen Altertümer, insbesondere jenen Stein von Rosette, erhielten jedoch die Briten. Zähneknirschend soll der General (Abdallah) Jacques-François Boussay, Baron de Menou (1750–1810), dem General John Hely Hutchinson (1757–1832) bei der Übergabe des Steins von Rosette gesagt haben: «Sie wollen ihn haben, Herr General? Sie können das, weil sie der Stärkere sind.» So gelangte der Stein von Rosette mit den übrigen Funden Ende 1802 ins British Museum in London. Diese Stücke bildeten den Grundstock der Ägyptischen Sammlung des Museums, der ersten großen Sammlung ägyptischer Altertümer in Europa. Der Stein von Rosette trägt noch heute auf der Rückseite den Vermerk: «1801 in Ägypten durch die Britische Armee in Besitz genommen». Der britische Generalleutnant Sir Tomkyns Hilgrove Turner (1766–1843), der damals auf Anweisung des Diplomaten William Richard Hamilton (1777–1859) den Stein von Rosette mit den anderen Altertümern auf einem Schiff von Alexandria nach Portsmouth überführte, schrieb in seinem Bericht: «Ruhmvolle Trophäe der britannischen Armeen, die eine Bevölkerung (die ägyptische) ohne Verteidigung nicht bezaubert hat, sondern die ehrenvoll gemäß den Gesetzen des Krieges erobert worden ist.» Nach damaligen Ansichten galt es als das Recht des Siegers, sich Kunst als Beute anzueignen; erst im 20. Jahrhundert entstanden Gesetze, die solche Raubzüge unterbinden sollten – nicht zuletzt die Ereignisse der jüngeren Geschichte zeigen, was sie wert sind.

Militärisch hatten die Franzosen in Ägypten verloren. Die bereits von ihnen geraubten Kunstschätze hatten sie dem neuen Sieger übergeben müssen. Die Erkenntnisse, welche die Forscher während der Okkupationszeit gewonnen hatten, konnten ihnen die Engländer freilich nicht wegnehmen. So begannen die Wissenschaftler im Sinne Napoleons und mit dessen aktiver Unterstützung, die militärische Schlappe in einen Sieg der Wissenschaft umzumünzen. Von 1809 bis 1822 erschien in neun großen Text- und elf Tafelbänden die *Beschreibung oder Sammlung der Beobachtungen und der Forschungen, die in Ägypten während der Expedition der französischen Armee unternommen worden sind, veröffentlicht auf Anweisung seiner Majestät, Kaiser Napoleons des Großen.* So imposant wie ihr Titel formuliert war, waren die Bücher auch ausgestattet. Es waren luxuriöse Prachtbände, ganz im Sinne der napoleonischen Propaganda, in denen das bis dahin weitgehend unbekannte Ägypten in seiner ganzen Vielfalt dem staunenden Europa präsentiert wurde. Tiere, Pflanzen, Mineralien, die unterschiedlichen Stämme und sozialen Schichten, ihre Tätigkeiten sowie Werkzeuge und technischen Geräte wurden vorgestellt. Der größte und wichtigste Teil der Publikationen galt aber den Bauten und Funden, die von dem Alten Ägypten kündeten. Diese Zeichnungen waren vor allem von Dominique Vivant Denon (1747–1825) angefertigt worden.

Denon war Künstler, Schriftsteller, Diplomat – und nicht zuletzt als großer Frauenheld bekannt. Schon unter Ludwig XV. (1715–1774) hatte er die Gunst von Jeanne Antoinette Poisson, besser bekannt unter dem Namen Madame de Pompadour (1721–1764), gewonnen, der berühmten Mätresse des Königs. Als Sekretär an der französischen Botschaft in St. Petersburg warf die russische Zarin Katharina II. die Große (1762–1796) ein Auge auf ihn. Beziehungen anderer Art pflegte er in der Schweiz, wo er häufig den Philosophen François-Marie Voltaire (1694–1778) besuchte und das berühmte *Essen in Ferney* malte. Bei Ausbruch der Französischen Revolution 1789 weilte er in Florenz. Sein Vermögen wurde beschlagnahmt, er stand auf einer Emigrantenliste. Heimlich nach Frankreich zurückgekehrt, wurde er Gehilfe des in der Revolutionszeit beliebten Malers Jacques-Louis David (1748–1825). Daraufhin begnadigte ihn der jakobinische Diktator Maximilien de Robespierre (1758–1794). 1793 veröffentlichte Denon erotische Radierungen, die ihrem vielversprechenden Titel *Priapische Werke* ganz und gar entsprachen. Josephine Beauharnais (1763–1814), Geliebte und spätere Gattin Napoleons, lernte Denon in ihrem Salon kennen. Salons waren damals literarische Zirkel, in denen sich führende Persönlichkeiten der Gesellschaft, Schriftsteller und Künstler trafen und dilettierten. Denon erregte die Aufmerksamkeit der Gastgeberin, als er wettete, daß man einen «echten» Liebesroman ohne obszöne Passagen in kurzer Zeit verfassen könne. Schon 24 Stunden später legte er *Nur diese Nacht* vor. Josephine Beauharnais war beeindruckt und stellte ihn Napoleon vor. So kam es, daß Denon Napoleon nach Ägypten begleitete.

Und so befand sich Denon auch am 25. August 1798 im Gefolge des Generals Louis Desaix (1768–1800), der den flüch-

tenden Mameluken und ihrem König Murad nachsetzte. Die
Mameluken zogen in den Süden, nach Oberägypten. Der 51 jährige Denon nutzte jede Gelegenheit, um Zeichnungen anzufertigen. Er war sich bewußt, daß er daraus Kapital schlagen
konnte. Und so zeichnete er und zeichnete, während er mit den
Soldaten an den wunderbarsten Denkmälern vorbeizog. Alles
mußte immer sehr schnell geschehen, denn die Mameluken
führten einen Guerillakrieg. Sie tauchten überraschend und
immer in kleinen Scharen auf und verschwanden nach der At-
tacke wieder in der ihnen vertrauten Wüste. Und die französische Armee setzte hinterher. So mußte Denon, wie er selbst
berichtet, ein Jahr lang seine Zeichnungen «auf Knien, stehend
oder selbst auf dem Pferd sitzend fertigen». Und Denon fährt
fort: «Keine einzige Zeichnung konnte ich je zu meiner Zu-
friedenheit vollkommen abschließen. Nie hatte ich einen richtigen Tisch zur Verfügung, um ein Lineal anzusetzen.» Doch
haben uns seine Zeichnungen viele Kunstdenkmäler erhalten:
In Elephantine etwa zeichnete er die Kapelle des Königs Amen-
ophis III. (1388–1351/1350 v. Chr.). Sie wurde 1822 zerstört
und ist seither nur dank Denons Werk bekannt. In Medinet
Habou zeichnete er eine Mumie, die in der Hand noch eine
Papyrusrolle hielt. Er schlief mit seiner Zeichenmappe unter
dem Kissen und sammelte auch kleine Zeugnisse der altägyptischen Kultur. Der Fuß einer weiblichen Mumie inspirierte
1840 Théophile Gautier (1811–1872) zu dem *Roman der Mumie*, einem der ersten Horrorromane. Mit diesem hielt auch die
Mumienthematik Einzug in die Weltliteratur.

Einen Teil seiner Zeichnungen publizierte Denon 1802 in
seinem Buch *Reise nach Unter- und Oberägypten während der
Feldzüge des Generals Bonaparte*. Der erste Band enthielt einen
Reisebericht und 141 Tafeln. Das Buch wurde über vierzigmal
aufgelegt und in viele Sprachen übersetzt. Diese erste Veröffentlichung – gefolgt von den Prachtbänden Napoleons – inspirierte

die Architekten, Künstler und Möbelhersteller und führte zu einer regelrechten Ägyptomanie in Europa. Napoleon schien zumindest kulturell die Schlacht um Ägypten gewonnen zu haben.

Doch wer würde als erster die Hieroglyphen entziffern? Die europäische Elite war gefordert. Mit der Entdeckung des Steins von Rosette und den zusammenfassenden Publikationen über Ägypten hatte ein unerbittliches geistiges Wettrennen begonnen.

Um die Leistungen dieser Zeit besser würdigen zu können, werfen wir einen Blick auf die Vorgeschichte: Wie weit war man mit der Entzifferung der Hieroglyphen bis dahin bereits gekommen? Auf welche Erkenntnisse konnte man sich stützen?

Als man im 15. Jahrhundert, am Beginn der Renaissance, die Antike wiederentdeckte und in großer Begeisterung aufleben ließ, durchstöberten die Gelehrten die mittelalterlichen Klosterbibliotheken. Sie stießen auf die griechischen und lateinischen Schriftsteller und begannen, deren Werke neu zu edieren und zu übersetzen. Darunter gab es auch Berichte über die ägyptischen Hieroglyphen.

So fand der Humanist Gian Francesco Poggio (1380–1459) im Jahre 1417 in Fulda die Schriften von Ammianus Marcellinus, der in der 2. Hälfte des 4. Jahrhunderts n. Chr. geschrieben hatte und überlieferte, daß die alten Ägypter nicht in Buchstaben, sondern in Bildzeichen schrieben, die ganze Worte oder Gedanken ausdrückten.

Zwei Jahre später, 1419, entdeckte Cristoforo Buondelmonte (etwa 1385–etwa 1430) auf der Insel Andros in der Ägäis das Buch des Horapollo *Über die Hieroglyphen*, das zwischen dem 3. und 5. Jahrhundert n. Chr. verfaßt worden war. Daß man in jener Zeit selbst in Ägypten der Hieroglyphenschrift nicht mehr mächtig war, war dem Renaissancegelehrten nicht bewußt. Das Werk des Horapollo sollte daher für die Forscher vor 1800 zum wichtigsten Buch über die Hieroglyphen werden – und viele in die Irre führen. Horapollo sagt, ähnlich wie Ammianus Marcellinus, daß die Hieroglyphen Gedanken in Bildzeichen ausdrücken. Nach Horapollo symbolisiert zum Beispiel das Ohr des Stiers die «Schärfe des Hörens». Seine Begründung lautet folgendermaßen: Wenn eine Kuh empfangen kann, muht sie. Sie muß dann innerhalb der nächsten drei Stunden geschwängert werden, denn danach schließt sie ihre Vagina wieder. Der Stier muß daher ihr Muhen auch aus größter Entfernung wahrnehmen können, um sich rechtzeitig mit der Kuh zu vereinigen. Daher muß der Stier ein außergewöhnlich gutes Gehör besitzen, weshalb sein Ohr als Hieroglyphenzeichen für gutes Gehör stehe.

Ein Freund von Poggio, der Historiker Flavio Biondo (1392 bis 1463), führte Plotin an, der im 3. Jahrhundert n. Chr. gelebt hat. Dieser Philosoph hatte davon gesprochen, daß die weisen Männer Ägyptens ihre Gedanken in ihren heiligen Schriften durch Bilder kundtaten. So hätten sie eine Idee an die andere reihen können, ohne daß es – wie in der Buchstabenschrift – vieler Zeichen bedurfte.

Bei dem italienischen Arzt und Philosophen Marsilio Ficino (1433–1499), der 1492 Plotin ins Lateinische übersetzte, liest sich das so: «Unsere Gedanken über die Zeit sind sehr komplex und flüchtig. Diese schwierigen Ideen konnten die Ägypter in einem einzigen Bild zeigen, nämlich dem einer geflügelten Schlange, die ihren Schwanz im Maul hatte.»

1499 ließ dann der Dominikaner Francesco Colonna (1433 bis 1527) in seinem Buch *Poliphilus Erzählung vom Krieg zwischen Licht und Schlaf* (*Hypnerotomachia Poliphili*) die ersten Hieroglyphen abdrucken. Das Buch erzählt die Geschichte des Poliphilus, der die Ursprünge der Natur und des Seins entdecken wollte. Um zu seinem Ziel zu gelangen, muß der Held die

Stadt der Vergangenheit durchschreiten. Dort trifft er auf Werke der Ägypter, Griechen und Römer: auf merkwürdige Monumente, wie beispielsweise einen Elefanten, der von einem Obelisken durchbohrt war, vor allem aber viele Inschriften, die in Latein, Griechisch, Hebräisch, Chaldäisch oder Arabisch verfaßt waren – und eben auch in Hieroglyphenschrift. Poliphilus mußte die Bedeutung der Zeichen selbst entschlüsseln, um zur Wahrheit zu gelangen. Nach langem Sinnen wurde er allwissend. Diese Erzählung läßt uns ahnen, welche Faszination Schriften und ihre Entzifferung auf die Zeitgenossen ausgeübt haben müssen. Die Hieroglyphen, die der Leser in diesem Band findet, sind allerdings reine Erfindungen des Autors.

Das erste wissenschaftlich fundierte Buch über *Die Hieroglyphen* legte Giovanni Piero Valeriano Bolzani (1477–1558?) im Jahre 1556 vor. Er versuchte, die Hieroglyphen thematisch in Tiere, Pflanzen, Körperteile und Werkzeuge zu untergliedern, und versah sie mit einer Deutung. Die vorgestellten Hieroglyphen beruhten auf Angaben, die Bolzani in Reiseberichten gefunden hatte und auf den wenigen ägyptischen Denkmälern, die in Italien zugänglich waren. Darunter zählte der sogenannte Bembinische Tisch, den man um 1527 in den Ruinen des Isis-Heiligtums in Rom fand. Er gelangte in den Besitz des Kardinals Pietro Bembo (1470–1547), nach dem diese in die Zeit des Kaisers Claudius (41–54 n.Chr.) datierte bronzene Platte benannt wurde.

Ansonsten kannte man die in Rom sichtbaren Obelisken. Sie waren vor etwa 2000 Jahren aus Ägypten nach Rom transportiert oder in Anlehnung an ihre ägyptischen Vorbilder hergestellt worden. Zwischen 1582 und 1589 wurden mehrere der Obelisken in Rom wieder aufgerichtet, darunter auf Veranlassung von Papst Sixtus V. (1585–1590) 1586 der Obelisk vor St. Peter und 1589 die Flaminischen Obelisken vor S. Maria Maggiore, dem Lateran-Palast und auf der Piazza del Popolo.

Diese erste Welle der Ägypten-Begeisterung erfaßte auch Frankreich. Gilles Corrozet (1510–1568) zeigte auf, daß die Kirche Saint-Germain-des-Prés in Paris über einem römischen Heiligtum der ägyptischen Göttin Isis errichtet worden war, der Name des Pariser Vorortes Issy von Isis herzuleiten sei und die Stadt Melun einst Iseus hieß. Selbst im Namen Paris wollte man eine Verwandtschaft zu Isis erkennen.

Die nächsten großen Studien über Hieroglyphen betrieb der letzte große Gelehrte im Geist der Renaissance, der bei Fulda geborene Athanasius Kircher (1602–1680). Der Jesuit hatte zunächst Mathematik, Musik, Philosophie und Astronomie in Würzburg unterrichtet. Im Dreißigjährigen Krieg floh er vor den schwedischen Truppen unter König Gustav II. Adolf (1611–1632) nach Avignon, wo er dem Juristen Nicolas-Claude Fabri de Peiresc (1580–1637) begegnete, der ein umfassend gebildeter Mann war. Peiresc beherrschte Hebräisch, Griechisch, Latein, Italienisch und Englisch, entdeckte als Astronom den Orionnebel und die Topographie des Mondes und war ein leidenschaftlicher Sammler. Er baute ein bedeutendes Kuriositätenkabinett auf, in dem sich neben Pflanzen und Tieren vor allem griechische, römische und ägyptische Altertümer, wie Mumien, Uschebtis und Papyrus-Buchrollen befanden. Er besaß auch eine große Bibliothek mit Handschriften aus dem Orient in Syrisch, Äthiopisch und Koptisch. Daß das Koptische als die von den Christen in Ägypten gesprochene Sprache sich direkt aus dem Altägyptischen entwickelt hatte, wußte man damals noch nicht. Doch wurde Kircher schon durch Peiresc belehrt, daß die koptische Sprache wichtig sei, wollte man die Hieroglyphen verstehen.

Mit diesem Wissen ging Kircher nach Rom, wo er philologische Studien betrieb. Das Universalgenie untersuchte auch unter medizinischen Gesichtspunkten die Pest, lehrte dem später berühmten Maler Nicolas Poussin (1594–1665) die Perspektivendarstellung, stieg in den Krater des Vesuvs bei Neapel, um einem Teilausbruch näher zu sein. Mit dem berühmten Philosophen Gottfried Wilhelm Leibniz (1646–1716) korrespondierte er über Fragen der Philosophie, entwickelte mit dem Naturwissenschaftler William Gascoigne (1612?-1644) ein astronomisches Fernrohr, verfaßte ein Buch über Musikwissenschaften und eröffnete das erste öffentliche Museum der Welt, das später nach ihm benannte Kircherianum. Andere Priester, seine Amtskollegen, brachte er mit der Erfindung eines Megaphons gegen sich auf, mit dessen Hilfe er von seiner Kapelle von Mentorella die Gläubigen aus einem Umkreis von fünf Kilometern zu sich rief.

Doch die große Leidenschaft des vielseitigen Kircher war Ägypten. Er bewegte Papst Innozenz X. (1644–1655) dazu, im Jahre 1651 einen Obelisken auf der Piazza Navona aufzustellen, und Papst Alexander VII. (1655–1667) errichtete auf sein Drängen hin im Jahre 1666 einen weiteren Obelisken auf der Piazza della Minerva. Letzterer wurde von dem berühmten Baumeister und Bildhauer des italienischen Barocks, Lorenzo Bernini (1598–1680), ausgeschmückt. Auf Anraten von Kircher ließ er den Obelisken von einem steinernen Elefanten tragen und mit einer Inschrift versehen, die zugleich auf eine Auslegung von Horapollo durch Kircher hinwies. Das mächtigste der Tiere sollte die Stärke des Willens ausdrücken, indem es die ganze Schwere der Weisheit trägt, die durch den Obelisken mit seinen Hieroglyphen symbolisiert wird.

Kircher verfaßte mehrere Bücher über die Hieroglyphen, in denen er auch seitenweise Übersetzungen vorstellte, die er anfertigte, indem er schlicht versuchte, die Bilderzeichen mit Gedanken zu füllen. Seine Werke wurden stark rezipiert, und er galt lange Zeit als die maßgebliche Autorität auf diesem Gebiet. Seine umfassenden Kenntnisse des Koptischen hatte Kircher bei seinen Phantasie-Übersetzungen jedoch nicht eingesetzt.

Von Kirchers Deutungen inspiriert, errichtete Johann Christoph Volkamer (1644–1720) 1709 in seinem mit wertvollen Zitronenbäumen geschmückten berühmten «Hesperidengarten» in Nürnberg eine maßstabsgetreue Kopie des Obelisken mit seinen Hieroglyphen von Thutmosis III. (1479–1425 v. Chr.), der in Konstantinopel aufgestellt war. Die Kopie maß ein Drittel der Originalgröße (sie befindet sich heute im Gut Hammer in Laufamholz bei Nürnberg). Den damals wenig bekannten Obelisken hatte Volkamer wohl auf einer seiner Geschäftsfahrten in die Hauptstadt des Osmanischen Reiches erstmals gesehen, wo er seine in Nürnberg hergestellten, vergoldeten Messingbleche für die Kuppeln der großen Moscheen im ganzen Orient erfolgreich verkaufte. Volkamer stellte 1713 in seinem Buch *OBELISCVS CONSTANTINOPOLITANVS oder Kurze Erklärung des zu Konstantinopol auf der Renn-Bahn stehenden nun aber auch in der Nürnbergischen Vorstadt Gostenhof nachgehauenen und aufgerichteten OBELSICI zu einem Anhang der schon vorhin herausgegebenen Nürnbergischen HESPRIDVM* in Anlehnung an Kircher eine «erweiterte Lesung» der Hieroglyhen vor, die so beliebt war, daß Volkamer diese Abhandlung auch als ein Kapitel in sein sehr verbreitetes zweites Buch über die Hesperidengärten im Jahre 1714 aufnahm.

Als ein Beispiel für Volkamers Vorgehensweise sei seine Deutung jener Zeichen angeführt, die – wie wir heute wissen – den Namen des Königs Thutmosis III. wiedergeben: «Es ist dieses eine Oval-Tafel, die unter Gestalt eines Eyes die gantze obere und untere Welt bedeutet. Darinnen erscheinet zu oberst, eine Kugel, die den höchsten Gott anzeiget, hernach, eine Mauer mit sieben Spitzen, die sieben Planeten bedeutend, zu unterst, ein flüssendes Wasser, das Element des Wassers vorstellend. Diese heilige Tafel war nichts anders, als ein gewisser Innhalt der fürnehmsten und heiligsten Sinnbilder, darein gemeiniglich diejenige Figuren gesetzt worden, welche sie vor die allerheiligste und größte hielten. Wie sie nun mit diesen auf die geheime Würckung des Göttlichen Wesens sahen, so glaubten sie auch, daß diese Tafeln grosse Krafft hatten, solche Göttliche Würckungen herunter und zu sich zu ziehen. Darum setzten sie selbige an die Obeliscos besonders, liessen sie in die Mauern ihrer Tempel graben, und pflegtens auch, auf gewisse Steine gegraben, an den Hals zu hängen und bey sich zu tragen.» Eine derartige phantasievolle Auslegung ist typisch für die meisten Deutungen der Hieroglyphen im 18. Jahrhundert.

Im Jahre 1692 wickelte man in Kairo eine Mumie im Beisein von Benoît de Maillet (1656–1738) aus, der von 1692–1708 französischer Konsul in Ägypten war. Dabei kam eine Papyrusrolle zutage. Sie besaß unbekannte Schriftzeichen und wurde, in sieben oder acht Teile zerstückelt, nach Frankreich gebracht. Als der Antikensammler Jean-Pierre Rigord (1656–1727) eines dieser Fragmente sah, verfaßte er 1704 ein kleines Memorandum, in dem er eine Hieroglypheninschrift dem Mumientext und einer aramäischen Inschrift gegenüberstellte. Er folgerte, daß die Hieroglyphen an öffentlichen Denkmälern angebracht waren und daher ihrem Wesen nach keine Geheimschrift gewesen sein konnten und daß der hieratische oder syriologische Mumientext aus Buchstaben bestehen müsse, in Anlehnung an den im 2. Jahrhundert n. Chr. in Ägypten lebenden Kirchenvater Clemens von Alexandria. Seine kleine Schrift fand indes keine Resonanz und geriet in Vergessenheit.

Obwohl auch weiterhin viele kleine Abhandlungen erschienen, sind in den folgenden fünfzig Jahren ausnahmslos phantasievolle Deutungen entstanden, die sich an Kircher orientierten.

Eine nennenswerte Überlegung findet sich in der siebenbändigen *Sammlung ägyptischer, etruskischer, griechischer und römischer Antiken des Grafen de Caylus*, die zwischen 1752 und 1760 in Paris gedruckt wurde. Anne Claude Philippe de Tubières-Grimoard de Pestel de Lévis Caylus (1692–1765) schlägt darin vor, in den auf den ägyptischen Denkmälern in «Ovalen» stehenden Hieroglyphen die Namen von Königen oder Göttern zu sehen. Er sollte später Recht bekommen, doch seine Arbeitshypothese für diese Annahme war falsch. Er glaubte nämlich, daß die in den «Ovalen» stehenden Hieroglyphen sich von den Zeichen außerhalb der «Ovale» unterscheiden würden.

Erst der Abt Jean-Jacques Barthélemy (1716–1795) konnte substantiell Neues zur Erforschung der Hieroglyphen beitragen. Barthélemy sprach fließend zehn orientalische Sprachen, entdeckte das Aramäische anhand von Inschriften der syrischen Wüstenstadt Palmyra, machte dank einer zweisprachigen Inschrift aus Malta das phönizische Alphabet ausfindig und war der größte Numismatiker seiner Zeit; zudem verfaßte er den historischen «Bestseller» *Reise des jungen Anacharsis in Griechenland um die Mitte des 4. Jahrhunderts v. Chr.* Barthélemy machte eine wichtige Entdeckung zu den erwähnten «Ovalen», die er in dem Artikel «Alphabeth» für die berühmte *Encyclopedie* veröffentlichte. Er nahm an, daß die auf einer Mumienrolle stehenden Zeichen kursiv seien und nur mit den Schriftzeichen in den Ovalen auf Denkmälern übereinstimmen würden. Die Schriftzeichen auf Mumienrollen waren jedoch weder in noch außerhalb der Schrift in den Ovalen auf Denkmälern identisch. Damit hatte er aber – wenngleich auch er eine falsche Begründung lieferte – richtig erkannt, daß die Schriftzeichen auf den Mumienrollen eine Kursivschrift darstellten, die sich von den Hieroglyphen auf den Denkmälern ableitete, eine Schrift, die wir heute als Hieratisch bezeichnen.

Ein weiterer Zeitgenosse, Joseph de Guignes (1721–1800), Professor für syrische Sprachen am «Königlichen Kollegium» in Paris, bestärkte Barthélemys Ansicht, daß die in den Ovalen stehenden Hieroglyphen Königsnamen seien. Doch auch seine Beweisführung für diese richtige Feststellung war grundlegend falsch. Er verglich nämlich diese Ovale mit solchen im Chinesischen, in der diese Zeichen Eigennamen wiedergaben. Seine Folgerung war, daß China von den Ägyptern besiedelt worden und das Chinesische identisch mit der ägyptischen Sprache sei.

Trotz einiger zum Teil richtiger Ansätze wird offenkundig, welche Irrwege die Forschung damals ging, zumal viele Abhandlungen ganz der Phantasie ihrer Verfasser entsprungen waren. Einig war man sich jedoch darin, daß die Mehrheit aller Schriftzeichen reine Gedanken der Weisheit und Erkenntnis ausdrückten. Die im Zeitalter der Aufklärung aufblühenden Freimaurerlogen, denen damals Herrscher und viele große Denker, Gelehrte und Künstler angehörten – beispielsweise Friedrich II. der Große (1740–1786), Johann Wolfgang von Goethe (1749–1832) und Wolfgang Amadeus Mozart (1756–1791) –, setzten sich ebenfalls intensiv mit den Geheimnissen der Hieroglyphen und der ägyptischen Weisheit auseinander und trugen das Ihre zu Begeisterung und Verwirrung bei.

Ein grundlegendes Problem, das die Entzifferung der Hieroglyphen erschwerte, war die Wiedergabe der Zeichen in den Büchern. Die meisten Forscher hatten keinen Zugang zu den ägyptischen Werken und konnten nur auf die wenigen in den Büchern abgebildeten Hieroglyphen zurückgreifen. Diese Hieroglyphen waren jedoch von mehr oder weniger begabten Künstlern mehr oder weniger phantasiereich von den Originalen abgezeichnet worden. Kurz: Die Abbildungen waren oft weit von der Realität entfernt.

Abhilfe schaffte erstmals der deutsche Geograph und Kartograph Karsten Niebuhr (1733–1815). Als Teilnehmer der berühmten siebenjährigen Arabienreise im Auftrag des dänischen Königs Friedrich V. (1746–1766) hielt er sich im Jahre 1762 in

Kairo auf und fertigte Tafeln, auf denen die Hieroglyphenzeichen akkurat wiedergegeben sind. Dieser neue Standard in der Genauigkeit der Abbildungen sollte die Erforschung der Hieroglyphen sehr befördern. Im Zuge seiner Arbeit machte Niebuhr zugleich die grundlegenden Beobachtungen, daß die Hieroglyphen sowohl von links nach rechts als auch von rechts nach links geschrieben sein können und daß es viel weniger Hieroglyphenzeichen gab als mögliche Worte oder Gedanken, ein Teil der Zeichen daher Buchstaben oder Silben wiedergeben mußte.

Der in Schleswig geborene Däne Georg Zoëga (1755–1809) folgte der vorbildlichen Arbeit Niebuhrs. Mit größter Genauigkeit veröffentlichte er 1797 in Rom die Obelisken Roms in dem Werk *Vom Ursprung und Gebrauch der Obelisken* (*De origine et usu obeliscorum*). Die intensive Auseinandersetzung mit den Hieroglypheninschriften fruchtete in wichtigen neuen Erkenntnissen: Die Hieroglyphen der Obelisken waren nicht für eine kleine Elite bestimmt, sondern für die Öffentlichkeit, d.h. die Hieroglyphen waren – wie schon Rigord erkannt hatte – keine Geheimschrift für Auserwählte. Zoëga lieferte auch eine Zusammenstellung aller ihm bekannten Hieroglyphenzeichen. Er kam auf 958 Zeichen und folgerte daraus, wie bereits Niebuhr, daß diese Anzahl niemals zur Wiedergabe von Worten und Gedanken reichen würde und daher ein Teil der Zeichen den Charakter von Buchstaben haben müßte. Weiterhin bemerkte Zoëga, daß die Inschriften immer in der Gegenrichtung zur Orientierung der Hieroglyphenzeichen zu lesen sind.

Dies war also der Stand der Erkenntnis über die Hieroglyphen, als der Stein von Rosette bei Aushubarbeiten französischer Soldaten in Ägypten wieder ans Licht der Sonne kam – und er sollte die Forschung schon bald ein gutes Stück voranbringen (Abb. 12).

Im Jahre 1802 erhielt der französische Orientalist Baron Antoine Isaac Silvestre de Sacy (1758–1838) ein Faksimile des Steins von Rosette. Er verglich den griechischen mit dem demotischen Text (der erst um 650 v. Chr. entwickelten [«Volks- oder vulgären»] Kursivschrift) auf dem Stein von Rosette. Seine Ergebnisse veröffentlichte er mit dem Titel *Brief an Herrn (Jean-Antoine) Chaptal* (1756–1832), der Innenminister war. Es war damals üblich, wenn man eine Veröffentlichung einer Person widmen wollte, die Publikation als Brief an den zu Ehrenden zu deklarieren. De Sacy fand erstmals Gruppen im demotischen Text heraus, die den Namen von Ptolemaios, Arsinoe, Alexander und Alexandria entsprachen. Weiter kam er in seinen Forschungen nicht.

Erste richtige Entzifferungen des Demotischen gelangen im gleichen Jahr 1802 und ebenfalls anhand des Steins von Rosette dem Schweden Johann David Åkerblad (1763–1819). Der ehemalige Sekretär im Befehlsstab des Königs Gustav IV. Adolf (1792–1809) hatte demissioniert, um sich 1801 in Rom niederzulassen und die Geschichte der Mittelmeerkulturen zu erforschen. Er fand die Lautbelegung von 16 Buchstaben im demotischen Text heraus, indem er die Herrschernamen Alexander, Ptolemaios, Arsinoe und Berenike auf dem Stein von Rosette und die Namen von Kleopatra, Diogenes, Antiochos und Antigonos auf verschiedenen Papyri herausarbeitete. Zusätzlich gelang es ihm, einige Wörter wie «Tempel», «ägyptisch» und «griechisch» zu entziffern. Weiterhin konnte Åkerblad anhand der Ähnlichkeit gewisser Wörter im Demotischen und im Koptischen den Nachweis führen, daß das Koptische auf das Altägyptische zurückgehen mußte.

Es war Thomas Young (1773–1829), dem es endlich gelang, die ersten Hieroglyphen zu entziffern. Er war am 13. Juni 1773 in Milverton in Somerset geboren und entstammte einer Quäkerfamilie. Schon mit zwei Jahren – so heißt es – konnte er lesen. Mit sieben lernte er Latein und Griechisch, mit zwölf Hebräisch und Persisch, mit vierzehn Arabisch, Französisch, Italienisch und Spanisch und darauf Syrisch und Chaldäisch. Er studierte Medizin und hielt im Alter von 20 Jahren vor der Royal Society einen aufsehenerregenden Vortrag über die Eigenschaften des Kristalls. Zwischen 1794 und 1799 setzte er seine Studien in Edinburgh, Göttingen und Cambridge fort und zeichnete sich dabei durch seine Beobachtungen über das Licht aus. Im Herbst 1801 arbeitete er erfolgreich als Arzt und lehrte zugleich als Professor für Naturphilosophie an der Royal Institution. Schon ein Jahr später war er Sekretär an der Royal Society of Science, wurde Mitglied des College of Physicians, untersuchte die Verbindungen zwischen den Tönen und dem Licht, beteiligte sich an der Einführung der Gasversorgung in London, beschäftigte sich mit den Möglichkeiten des Schiffbaus, beriet die Admiralität bei astronomischen Fragestellungen und setzte dabei kontinuierlich seine Untersuchungen über das Auge, die Struktur der Netzhaut, die Adaption und über den Astigmatismus fort, die ihn zum Begründer der physischen Optik werden ließen.

Im Juni 1814 präsentierte Sir William Edward Rouse Boughton (1788–1856) seinem so vielseitig veranlagten Freund Young einen Papyrus, um ihn bei seinem Besuch auf Boughtons Landsitz zu zerstreuen. Boughton hatte diesen Papyrus 1811 in einem Grab bei Theben gefunden. Beim Transport nach England war die Schriftrolle durch Seewasser stark beschädigt worden. Geblieben waren nur Fragmente mit demotischen Schriftzeichen. Der sprachenkundige Young stürzte sich auf diesen Text. Schon nach wenigen Monaten fand er heraus, daß manche Zeichen rein bildlich zu lesen sind, daß beispielsweise das Zeichen «Obelisk» Obelisk bedeutet. Die Bildung des Plurals – so sah es Young schon bald – wurde durch die Vervielfachung des gleichen Zeichens oder durch Quer- oder Längsstriche erreicht, wobei zwei Striche für die Mehrzahl und drei für die Vielzahl standen. Gerade Striche gaben die Anzahl von Einern und Striche mit runden oder eckigen Bogen die Anzahl von Zehnern an. Weiterhin erkannte Young, daß die Hieroglyphen in jeder Richtung geschrieben und gelesen werden können, von links nach rechts, von rechts nach links, von oben nach unten und von unten nach oben. Zu lesen waren sie immer entgegen der Blickrichtung der Zeichen. Schauten die Zeichen beispielsweise nach links, so mußte man die Zeichen von rechts nach links lesen.

Mit diesen neuen Erkenntnissen wandte sich Young dem Stein von Rosette zu (Abb. 12). Darauf machte er sechs sogenannte «Kartuschen» aus, eben jene «Ovale», von denen wir schon gehört haben. Die Bezeichnung Kartusche stammte übrigens von den französischen Soldaten der napoleonischen Expedition nach Ägypten. Dieses Zeichen zeigt ein Seil, das zu einem Kreis oder eben meist einem Oval geformt ist, und dessen Enden nach außen ragen. Die Soldaten sahen in dieser ovalen Form eine Patronenhülse im Profil, die auf französisch «cartouche» heißt. Young nun erkannte die besondere Bedeutung dieses Hieroglyphenzeichens, das soviel wie «alles, was die Sonne umkreist» bedeutet: Man hatte die Namen der Könige in diese Zeichen geschrieben, um damit auszudrücken, daß sie über alles herrschten, was die Sonne umkreiste. Gleichzeitig sollte das Zeichen den Namen, den es umgab, und damit die Person schützen.

In den sechs sogenannten Kartuschen des Steins von Rosette (Abb. 12) erkannte Young wie im griechischen Text den Namen des Königs von Ägypten, Ptolemaios, nämlich Ptolemaios V. Epiphanes (204–180 v. Chr.). Die acht Hieroglyphen, die verwendet wurden, um Ptolemaios zu identifizieren (Abb. 13 oben), entzifferte er als: das Zeichen für Hocker als P, das Zeichen für Brotlaib als T, das Zeichen für Lasso als ohne

Bedeutung, das Zeichen für den kauernden Löwen als OLE, ein weiteres, noch heute nicht bestimmtes Zeichen als MA, das Zeichen für zwei Schilfblätter als I und das Zeichen für den gefalteten Stoff als OS. Weiterhin erkannte Young den Namen der ptolemäischen Königin Berenike in einer Inschrift aus dem Heiligtum von Karnak. Seine Lesung der einzelnen Zeichen war bei diesem Namen noch phantasievoller als bei Ptolemaios. Wegen der größtenteils falschen Zuordnung der Zeichen zu den Lauten kam Young in seinen Entzifferungen nicht mehr weiter. Young hatte in Wirklichkeit nur 6 Zeichen richtig gelesen.

Ein anderer Forscher betrat nun die Bühne: Jean-François Champollion (1790–1832), der Mann, dem es endgültig gelingen sollte, die Hieroglyphen zu entziffern. Wie über Young, so wußte man auch über ihn Erstaunliches zu berichten. Er wurde in dem französischen Provinzstädtchen Figeac als Sohn eines kleinen Buchhändlers geboren, der von einem Ort zum nächsten zog, um seine Ware feilzubieten. Seine Mutter war sehr kränklich gewesen, und ihre Leiden hatten sich beständig verschlimmert. In dieser immer aussichtsloser werdenden Lage hatte sie einen Wunderheiler, Jacqou den Zauberer, herbeigerufen. Diesem gelang es nicht nur, ihre Schmerzen zu lindern; er sagte ihr auch die Geburt eines weiteren Sohnes voraus. Sehr berühmt solle dieser werden. Diese Weissagung schien indes kaum glaubhaft, weil Madame Champollion schon im 46. Lebensjahr war. Doch das Unglaubliche sollte geschehen. Ein Jahr später gebar sie in den Wirren der Französischen Revolution Jean-François.

Im Jahre 1796 wurde Jean-François eingeschult, konnte sich aber der geforderten Disziplin nicht unterordnen. Mathematik war für ihn ein Greuel, mit der Orthographie hatte er allergrößte Mühe. Da sein Vater meist unterwegs war, wurde sein älterer Bruder Jacques-Joseph Champollion-Figeac (1778–1867) für ihn zum Ersatzvater. Nach zwei unerfreulichen Jahren des Schulunterrichts besorgte Jacques-Joseph für Jean-François einen Privatlehrer, doch dieser gelangte schon nach kurzer Zeit an die Grenzen seines Wissens. Jean-François lernte nun sehr schnell das Lateinische, wohl auch Griechisch und Hebräisch, das ihm der Geistliche Jean-Joseph Calmels beibringen konnte. 1801 durfte Jean-François zu seinem Bruder Jacques-Joseph ziehen, der mittlerweile in Grenoble lebte und sich zielstrebig hocharbeitete.

Jacques-Joseph hatte schon als Kind jedes Buch, das er in seine Hände bekommen konnte, regelrecht verschlungen und hatte dann, dank dieses Buchwissens, Zugang zum Bildungsbürgertum von Grenoble gefunden. Im Dezember 1803 wurde Jacques-Joseph Mitglied und im Jahre 1806 Sekretär der Akademie für Wissenschaften und Kunst von Grenoble. 1805 übersetzte er – wir ahnen bereits, worauf das hinauslaufen sollte – die griechische Inschrift des Steins von Rosette, und 1806 publizierte er einen Artikel über eine griechische Inschrift des Tempels von Denderah in Ägypten. Am 27. Juli 1809 wurde er zum Professor für griechische Literatur an die Universität berufen.

In diesem Umfeld sollte Jean-François aufwachsen. Zunächst übernahm sein Bruder die schulische Erziehung. Er war es auch, der in Jean-François früh die Begeisterung für Bücher und für das Altertum entfachte. Am 1. September 1807 hatte Jean-François die Ehre, vor der Akademie der Wissenschaften und Künste in Grenoble seinen ersten Vortrag, *Versuch einer geographischen Beschreibung Ägyptens vor der Eroberung durch Kambyses*, zu halten. Schon sechs Monate später wurde er zum korrespondierenden Mitglied der Akademie ernannt.

Zur gleichen Zeit litt Jean-François neuerlich unter konventioneller Schulerziehung. Grund war abermals seine Disziplinlosigkeit. Im März 1804 war er als einer von 105 Schülern in das von Napoleon eingeführte Internat, das «lycée», aufgenommen

worden, das nur den Besten unter staatlicher Förderung offen-
stand. In diesem Internat war er im Sommer 1805 an einem
kleinen Aufruhr beteiligt, der ausbrach, als ein Lehrer, nach
Ansicht der Klasse ungerechtfertigt, Schüler geschlagen hatte.
Der Tumult konnte erst durch Soldaten zu einem Ende gebracht werden. Dieser Aufruhr blieb in Grenoble lange Tages-
gespräch. Seitdem nannte Jean-François die Schule die «mit
Schicksal belastete Ummauerung», in der er sich eingesperrt
fühlte. In einem Brief wandte er sich an seinen älteren Bruder:
«Willst Du mich in diesem infernalischen Aufenthaltsort ver-
rotten lassen?» Schließlich erbarmte sich Jacques-Joseph seines
Bruders. Am 31. August 1807 verließ Jean-François die Schule,
um nach Paris zu gehen.

Paris war zum geistigen Zentrum Europas geworden. Die
besten französischen Wissenschaftler versammelten sich dort.
Jean-François Champollion studierte bei den berühmten Orientalisten, von denen viele an der Expedition in Ägypten teilgenommen hatten. Er lernte Arabisch, Persisch, Hebräisch und
Türkisch. Im Antikenkabinett suchte er den Kustos Aubin-
Louis Millin (1759–1818) auf, einen der besten Antikenkenner.

Jean-François Champollions Liebe für den Orient nahm
weiter zu. Als Zoé, die sein Bruder geheiratet hatte, im Dezember 1807 einen Sohn bekam, setzte Jean-François ihnen den
Floh ins Ohr, ihn Ali zu nennen. Bei der Taufe bereitete die
Namenswahl einige Probleme, bis Jean-François in einer be-
geisternden Rede den Priester hinters Licht führte, daß es im
6. Jahrhundert einen heiligen Ali gegeben habe, der freilich
allein seiner Phantasie entsprungen war. Vielleicht spielte in
diese Groteske die tiefe Verachtung der beiden Brüder Champollion für den Klerus und die Kirche herein, die von ganzem
Herzen Republikaner waren.

Trotz seines kritischen Verhältnisses zur Kirche fühlte sich
Jean-François sehr dem Abt Charles Philippe Campion de Ter-

san (1736–1819) verbunden, der eine interessante Sammlung von etruskischen, phönizischen und ägyptischen Altertümern besaß – darunter auch einen der seltenen Abgüsse des Steins von Rosette. Jean-François begann, sich intensiv mit dem Stein zu beschäftigen (Abb. 12). Am 21. April 1809 schreibt er seinem Bruder: «Du empfiehlst mir die Inschrift des Steins von Rosette zu studieren. Gerade damit will ich beginnen.»

Gleichzeitig lernte er Koptisch und arbeitete an einer koptischen Grammatik. Bon-Joseph Dacier (1742–1833), der seit 1820 ständiger Sekretär der Akademie der Inschriften in Paris war, versuchte, Jean-François in jeder Weise zu unterstützen.

Am 20. Juli 1809 wurde Jean-François im Alter von nur 18 Jahren zum Professor für Alte Geschichte an die Universität von Grenoble berufen. Das Gehalt war jedoch sehr gering, und er sollte jahrelang an Geldnot leiden. Dennoch widmete sich Champollion mit ganzer Kraft seiner Aufgabe: Er war ein begnadeter Hochschullehrer. Weiterhin arbeitete er an einem Wörterbuch der koptischen Sprache. 1814 erschien sein zweibändiges Werk *Ägypten unter den Pharaonen oder Untersuchungen zur Geographie, Religion, Sprache und Geschichte Ägyptens vor der Invasion von Kambyses. Eine geographische Beschreibung*, in dem er 174 Ortsnamen in arabischer, koptischer und griechischer Sprache vorstellte.

Gegen Ende des Jahres 1812 erforschte er zwei Kanopengefäße aus Alabaster, die in dem kleinen Museum der Bibliothek von Grenoble lagen. Ihren Name haben diese Gefäße, deren Deckel in einer Kopfform endet, nach dem ersten wichtigen Fundort, dem Hafen Kanopus, heute Abukir in Ägypten. In Altägypten gab es ebenfalls viele Gefäße, deren Deckel der Kopf eines Mannes, eines Falkens, Schakals oder Pavians schmückte. Die Funktion dieser Gefäße war vergessen. Jean-François stellte nun fest, daß eines der Gefäße noch original verschlossen war. Als er es öffnete, klebte etwas Undefinierbares am Boden. Er warf – jedem Archäologen heute ist solches Vorgehen unfaßbar – das ganze Gefäß in kochendes Wasser und löste den Klumpen, den er zu einem Biologen nach Paris schickte. Jean-François Champollions Hypothese wurde bestätigt: Es handelte sich um ein menschliches Organ. Er folgerte richtig, daß die dargestellten Köpfe die Götter symbolisierten, die dem Mythos nach beim Totengericht anwesend waren und dem Verstorbenen zur Seite standen, damit dieser ins Elysium eingehen durfte. Heute wissen wir, daß es sich bei dem vermeintlichen Frauenkopf auf besagtem Gefäß um Imset handelt, den Schützer der Leber, der Schakal Duamutef den Schützer des Magens darstellt, der Pavian Hapi den Schützer der Lunge, und der Falke Kebechsenef den Schützer der Eingeweide. Alle vier waren die Söhne des Horos, Sohn des Osiris, des obersten Gottes der Unterwelt.

Als Napoleon während seiner abenteuerlichen Rückkehr aus seinem ersten Exilort, der Insel Elba, am 7. März triumphal in Grenoble einzog, sollte dies das Leben der Brüder Champollion auf ungeahnte Weise heftig durcheinanderwirbeln: Napoleon suchte einen kenntnisreichen Sekretär, der ihn begleiten sollte. Der Bürgermeister Charles Renauldon (1757–1824) empfahl ihm pfiffig Jacques-Joseph «Champoleon». Napoleon war sofort begeistert: «Das ist ein gutes Vorzeichen, er trägt die Hälfte meines Namens.» Nach einer kurzen Begegnung war Jacques-Joseph engagiert und folgte Napoleon nach Paris, wo er alsbald zum Mitglied der Ehrenlegion ernannt wurde. Er konnte auch erreichen, daß Napoleon das von Jean-François fertiggestellte Wörterbuch des Koptischen einer Kommission vorlegen ließ. Doch am 18. Juni 1815 wurde Napoleon in der Schlacht von Waterloo besiegt und bald darauf nach St. Helena verbannt.

Jean-François, der in Grenoble für seinen Bruder die Redaktion des Verwaltungsblattes *Annalen des Departements Isère* übernommen hatte, schrieb zwei politische Artikel, die fatale

Folgen für seine wissenschaftliche Arbeit haben sollten. Am 18. Juni sprach er sich gegen die erbliche Legitimität der Bourbonenkönige aus und befürwortete die Herrschaft Napoleons, die diesem durch das französische Volk anvertraut worden sei. Im Juli, als Grenoble bereits von den Österreichern eingenommen war, verfaßte Jean-François den zweiten Artikel: *Ein Prosit auf die Republik,* in dem er die Republik lobte und ein Königtum verwarf.

Die Kommission wies daraufhin am 17. Juli 1815 die Drucklegung des koptischen Wörterbuchs wegen angeblicher Mängel zurück. Diese Abweisung erbitterte Jean-François; er bemühte sich nicht weiter, das Wörterbuch zu veröffentlichen – was einen großen Verlust für unser Wissen über diese Sprache bedeutet, weil auch das Manuskript verlorengegangen ist. Jean-François war einer der letzten, der den gesamten Wortschatz des Koptischen kannte, und so geriet die Sprache im Laufe des 19. Jahrhunderts in Vergessenheit. Nur die Kirchensprache blieb bis heute erhalten.

Außerdem wurden die beiden Brüder nach Figeac verbannt. Damit begannen zwei bittere Jahre für die Champollions, bis Jacques-Joseph im April 1817 dank einflußreicher Freunde wieder in Paris arbeiten durfte. Schließlich konnte auch Jean-François Champollion im Oktober nach Grenoble zurückkehren.

Daß er sich über all die Jahre auch kontinuierlich weiter mit der Hieroglyphenschrift beschäftigt hatte, wurde jetzt offenkundig: Am 24. Juli 1818 hielt er vor der Gesellschaft für Wissenschaften und Künste den Vortrag *Erklärungen zu einem Fragment der Inschrift von Rosette.* Er berichtete über einige kleine Fortschritte in der Lesung einer Zeile der Inschrift. In einem Brief an seinen Bruder vom 19. April unterrichtet er diesen, daß er Artikel, die Pluralbildung und einige Bindewörter erkannt habe. Wahrscheinlich erkannte er zu diesem Zeitpunkt

auch die bildliche Bedeutung einer größeren Anzahl von Hieroglyphen, darunter die Zeichen für Wüste, Königreich, Tempel,
Statue und Götter.

Am 20. März 1821 mischte sich der aufmüpfige Jean-François wieder in die Politik ein. Mit einigen Gleichgesinnten zog
er zur Festung Rabot, wo er die Fahne der Bourbonen vom
Mast holte, um die Trikolore der Republik zu hissen. Er wurde
festgenommen und nur durch die Fürsprache einflußreicher
Freunde wieder auf freien Fuß gesetzt. Jacques-Joseph holte
ihn daraufhin am 20. Juli 1821 nach Paris. Dort konzentrierte er
sich – in einer kleinen Unterkunft über der Wohnung seines
Bruders und dank dessen finanzieller Hilfe – jetzt ganz auf die
Entzifferung der Hieroglyphen.

Schon im August fand er heraus, daß die hieratische Schrift
eine Vereinfachung der Hieroglyphen war. Beide Schriftarten
wurden am Ende des 4. Jahrtausends v. Chr. entwickelt. Im
Gegensatz zu den Hieroglyphen, der Bilderschrift, die vor allem in harte Materialien wie Stein und Metall geritzt oder gemeißelt wurde, war die hieratische Schrift jene, die mit Tinte
und Pinsel als Kursivschrift auf Papyrus, Holz, Stoff und Ton
geschrieben wurde. Die demotische Schrift kam erst im 7. Jahrhundert v. Chr. hinzu. All dies wußte man zwar damals noch
nicht. Der entscheidende Schritt aber war, daß Jean-François
Champollion nun die Hieroglyphen mit der hieratischen Schrift
verglich. Damit stand ihm ein viel größeres Untersuchungsfeld
zur Verfügung, weil diese viel stärker verbreitet war, während wir von Hieroglypheninschriften verhältnismäßig wenige
Zeugnisse haben und zu Zeiten Champollions sowieso nur
wenige Inschriften in Büchern abgebildet, geschweige denn im
Original Champollion zugänglich waren.

Am 23. Dezember 1821, genau an seinem 31. Geburtstag – so
will es die Überlieferung – erkannte Champollion, daß auf dem
Stein von Rosette wohl 1419 Hieroglyphen 486 griechischen

Wörtern gegenüberstanden und die 1419 Hieroglyphen etwa 180 verschiedene Bilder zeigten. Er belegte die Vermutung, daß nicht jede Hieroglyphe ein Wort bedeuten konnte und daß die Hieroglyphen auf unterschiedliche Weise aufgelöst werden müßten – als Wort, Silbe, Buchstabe oder anderes Bedeutungszeichen. Zudem konnte ein Hieroglyphenzeichen je nach Kontext als Piktogramm das dargestellte Wort, z.B. eine Ente eine Ente bedeuten, oder einen anderen Gedanken ausdrücken, die Ente z.B. «Sohn des». Champollion war einen wichtigen Schritt weitergekommen. Er wußte jetzt, daß nur eine Kombination aller Möglichkeiten zur Entzifferung der Hieroglyphen führen konnte.

Jean-François Champollion verglich nun die Hieroglyphen mit dem Hieratischen und Demotischen und verstand immer mehr die Verbindungsstränge der einzelnen Zeichen zueinander. Ein neuer Fund kam ihm dabei zugute. Ein gerade aus Ägypten nach Paris heimgekehrter Italiener namens Casati hatte als Andenken verschiedene Papyri aus Abydos mitgebracht. Einer war in Demotisch geschrieben und ähnelte in Teilen sehr dem Text auf dem Stein von Rosette.

Jean-François entdeckte auf diesem Papyrus zwei Kartuschen. In einer Kartusche konnte er wieder den Namen von Ptolemaios identifizieren und nahm in der anderen Kartusche auf dem Papyrus hypothetisch den Namen Kleopatra an. Die demotischen Zeichen für «Kleopatra» übertrug er in Hieratisch und in Hieroglyphen, in der Hoffnung, auf diese Weise Kleopatras Namen in einer Hieroglypheninschrift zu finden.

Ein weiteres Denkmal sollte ihm dabei weiterhelfen. William John Bankes († 1855), der 1815/1816 Ägypten bereist hatte, wollte in seinem Park von Kingston Lacey House bei Wimborne im südenglischen Dorset einen Obelisken von Philae aufstellen. Er beauftragte den britischen Konsul Henry Salt (1780–1827), einen solchen Obelisken nach England bringen zu lassen. Salt, der beste Verbindung zu den ägyptischen Behörden besaß, erhielt die Genehmigung. Salt beauftragte seinerseits Giovanni Battista Belzoni (1778–1823) mit dem Transport. Dem 1,98 Meter großen Belzoni (zu seiner Person siehe das Kapitel über die Pyramiden, Seiten 39–40) halfen oft seine unglaublichen Körperkräfte bei der Bergung der Antiken. Auch bei diesem fast sechs Tonnen schweren und 6,70 Meter hohen Obelisken sollen ihm angeblich seine Kräfte geholfen haben. Denn als man den Obelisken bis auf einen Steg am Nil geschleppt hatte, um ihn dort einzuschiffen, brach der Steg teilweise zusammen, und der Obelisk fiel ins Wasser. Nur dank eines Holzstammes als Hebel und des energischen Eingreifens des bärenstarken Belzoni soll der Obelisk noch ins Schiff gehievt worden sein. Der Obelisk gelangte zunächst bis nach Rosette, mußte dort aber mehrere Jahre liegen bleiben, weil die Schiffe wegen ausgebrochener Seuchen unter Quarantäne standen. Der Sockel wurde separat nach Rosette gebracht, und im Juni 1821 gelangten beide Teile nach England. Aufgestellt wurde er erst 1839, doch ließ der an Hieroglyphen interessierte Bankes Lithographien der Inschriften herstellen. Auf dem Sockel waren in Griechisch die Namen von Ptolemaios VIII. Euergetes (145–116 v. Chr.) und seiner Gemahlin Kleopatra III. verewigt. Auf dem Obelisk war ein Text in Hieroglyphen, wiederum mit zwei Kartuschen, angebracht. Wegen der großen Ähnlichkeit der Hieroglyphen in der einen Kartusche mit jenen auf dem Stein von Rosette identifizierte Bankes den einen Namen mit Ptolemaios. In der anderen Kartusche vermutete Bankes den Namen von Kleopatra, vermerkte seine Entdeckung aber nur auf seinem privaten Exemplar der Lithographie.

Im Januar 1822 erhielt der Altphilologe und Archäologe Jean Antoine Letronne (1787–1848) eine der Lithographien und übergab sie seinem ehemaligen Studienfreund – Jean-François Champollion. Champollion erkannte sofort den Namen Kleopatra auf der Lithographie und sah, daß seine hypothetisch angenommene hieroglyphische Schreibweise für Kleopatra, die er, von dem Casati-Papyrus ausgehend, konstruiert hatte, annähernd richtig war (Abb. 13). Weiterhin erkannte er in Ptolemaios und Kleopatra gemeinsame Hieroglyphenzeichen für P, O und L, für das T aber zwei verschiedene Zeichen (nämlich die Hieroglyphen für Laib und für Hand). Unterschiedliche Hieroglyphen, die den gleichen Laut ausdrücken, nannte er Homophone (heute wissen wir, daß er hier falsch lag, der Laib steht für T und die Hand für D; diese unterschiedliche Schreibweise hing damit zusammen, daß die Ägypter die griechischen Namen als Ptolmiis oder Ptolmys und Kliopadra aussprachen).

Für Jean-François Champollion war damit klar, daß in späten Hieroglyphentexten zumindest ausländische Namen in Buchstaben ausgedrückt wurden. Er suchte daraufhin weitere Namen und identifizierte Alexander, Caesar, Tiberius, Germanicus, Domitian und Trajan sowie die Titel Autokrator und Caesar (für Kaiser). Fraglich blieb aber, ob die Hieroglyphen aus griechischer und römischer Zeit noch die gleiche Bedeutung hatten wie in altägyptischer Zeit.

Im Januar 1822 traf das Deckenrelief aus dem Hathortempel von Dendera in Paris ein. Im Auftrag des Sammlers Sébastien Louis Saulnier (1790–1835) und mit der Erlaubnis des ägyptischen Vize-Königs Mohammed Ali (1769–1849) war das dreieinhalb Meter lange und zweieinhalb Meter breite Relief mit Schwarzpulver aus der intakten Tempeldecke herausgesprengt und in für den Transport geeignete Stücke zersägt worden.

Die astrologische Darstellung mit Tierkreiszeichen erregte die Aufmerksamkeit der Pariser Gesellschaft. Das Relief wurde im Louvre ausgestellt. Lange Besucherschlangen bildeten sich, und die allgemeine Begeisterung war so groß, daß der französische König Ludwig XVIII. (1814/1815–1824) das Relief Saulnier für 150000 Francs abkaufte. Für Furore sorgte die Deutung

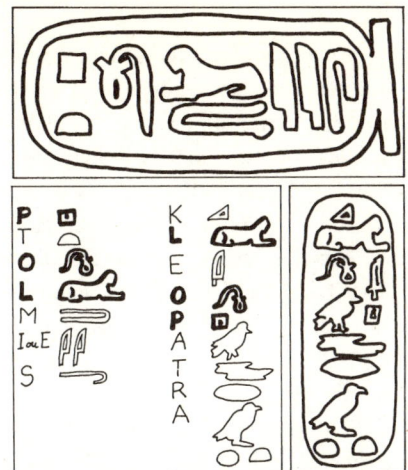

Abb. 13: Champollions Zeichnung der Kartuschen des Ptolemaios und der Kleopatra und seine Lesung.

einiger Astronomen, die anhand der dargestellten «Konstellationen» das Alter des Reliefs auf über 7000 Jahre datierten. Damit wäre das Relief weit vor dem für die Schöpfung des Menschen im Alten Testament angenommenen Jahr geschaffen worden. Laut der Berechnungen des Jahres 1642 von Dr. John Lightfoot (1602–1675) – dem späteren Vorsteher des St. Catherine College und Vizekanzler der Universität Cambridge – fand nämlich die Erschaffung Adams um 9 Uhr am 23. Oktober 4004 v. Chr. statt. Jean-François Champollion wies im Sommer 1822 nach, daß die Annahmen zur Datierung des Reliefs von Dendera nicht haltbar waren. Er zeigte, daß die regelmäßig hinter den Hieroglyphenzeichen abgebildeten Sterne keine bestimmten Sterne am Firmament meinten, sondern als Gattungszeichen (Determinative) für Stern zu verstehen seien, die hinter den Namen von Stern als Verstärkung stehen, um darauf hinzuweisen, daß das vorangehende Wort mit einem Stern zu tun habe. Daß die Ägypter sogenannte Determinative, also Zeichen, hinter Worte setzten, um den vorgehenden Begriff als

Bildzeichen zu betonen – so etwa Stern, Frau, Mann, usw. –, war eine grundlegende Erkenntnis für die Entzifferung der Hieroglyphen. Doch die Pariser interessierte nur, daß Jean-François Champollion die Frühdatierung des Deckenreliefs widerlegt und zudem das Relief in ptolemäische Zeit, also ins 3. bis 1. Jahrhundert v. Chr., datiert hatte. Damit hatte Jean-François Champollion, sozusagen als ungewollten Nebeneffekt, die Weltschöpfung des Alten Testaments ins «rechte Licht» gerückt. Die Kirche war über Champollions Deutung beglückt. Der dem Klerus kritisch gegenüberstehende Forscher war fortan ihr Liebling und erhielt später sogar eine Privataudienz beim Papst!

Champollion jedoch interessierten die Hieroglyphen: Bei den weiteren Entzifferungen kamen ihm nun seine perfekten Kenntnisse des Koptischen zu Hilfe. Denn das Koptische ist – wie man bald erkennen sollte – eine späte Form des Altägyptischen, und zwischen beiden gibt es viele Ähnlichkeiten.

Frühmorgens am 14. September 1822 erhielt Jean-François Champollion Post von dem Architekten Jean-Nicolas Huyot (1780–1840), der auch am Bau des berühmten Triumphbogens in Paris beteiligt war. Huyot hatte gerade Ägypten bereist und sandte ihm Zeichnungen der Hieroglyphen von Abu Simbel. Schon auf dem ersten Blatt befand sich eine Kartusche mit dem Zeichen für Sonne – drei verknotete Fuchsfelle und zwei gefaltete Stoffe. Jean-François Champollion erkannte sofort, daß ersteres «Sonne» bedeutete. Im Koptischen hieß die Sonne wie der ägyptische Sonnengott «Ra» oder «Re». Das Zeichen, das gefalteten Stoff darstellte, kannte er bereits von den ptolemäischen und römischen Namen. Es stand für «s» und zwei gefaltete Stoffe folglich für zwei «s». Damit hatte er «Ra?ss» entschlüsselt. Da die Ägypter kaum Vokalzeichen schrieben, setzte er zwischen die beiden «s» ein «e», was dann «Ra?ses» ergab. Er kombinierte, daß das ihm unbekannte Zeichen für drei verknotete Fuchsfelle ein «m» sein könnte und folglich alle Zeichen zusammen «Ramses» bedeuten würden. Danach fand Jean-François Champollion eine weitere Kartusche mit den Zeichen für den Vogel Ibis, für drei verknotete Fuchsfelle und für gefalteten Stoff. Da der Ibis das Symbol für den Gott der Schreiber, Thot, war, setzte Jean-François Champollion «Thotmes» für den König Thutmosis (erst einige Jahre später erkannte Richard Lepsius [1810–1884] in dem Zeichen für drei verknotete Fuchsfelle richtig «ms» [oder «mes»] und man müßte daher Thotmeses und Rameses[e]s lesen).

Jean-François Champollion hatte damit erstmals zwei berühmte Königsnamen des Neuen Reichs (1550–1070/ 1069 v. Chr.) entziffert. Jetzt war auch klar, daß die in Kartuschen eingeschriebenen Hieroglyphen nicht nur für ausländische Königsnamen als Buchstaben fungierten und daß die Bedeutung der Hieroglyphen sowohl im Neuen Reich wie in hellenistischer Zeit (336–30 v. Chr.) noch gleich sein konnten.

Jean-François Champollion war der Durchbruch in der Entzifferung der ägyptischen Hieroglyphen gelungen. Seine wunderbaren Entdeckungen – es war mittlerweile kurz vor Mittag – wollte er sofort seinem Bruder mitteilen. Aufgeregt packte er die Unterlagen zusammen und rannte zum Institut de France. Noch außer Atem – so wurde berichtet – rief er Jacques-Joseph zu: «Ich hab's!» Dann fiel er in Ohnmacht. Erst fünf Tage später sollte er wieder aus dem Koma erwachen. Wieder bei klarem Verstand, faßte Jean-François Champollion in nur vier Tagen seine Erkenntnisse in einer kleinen Schrift zusammen, die er am 27. September 1822 der Akademie für Inschriften und Literatur vorlegte. Dieses denkwürdige Datum gilt als die Geburtsstunde der Ägyptologie. Champollions Vortrag wurde als 44seitiges Heft mit 4 Tafeln als *Brief an Herrn Dacier bezüglich des Alphabeths der phonetischen Hieroglyphen, die von den Ägyptern angewendet worden sind, um auf ihren Denkmälern die Titel, Namen und Vornamen der griechischen und römischen Herrscher einzuschreiben* bereits im Oktober 1822 veröffentlicht. Bon-Joseph Dacier (1742–1833) war der ständige Sekretär der Akademie und hatte Jean-François Champollion sehr unterstützt.

Die Entdeckung des Steins von Rosette (Abb. 12) durch die Franzosen und dessen spektakuläre Übergabe an die Briten war – wie wir gesehen haben – zwar der Auslöser für die intensiven Versuche vieler Gelehrten, die Hieroglyphen zu entziffern, doch hätte der Stein von Rosette allein als Grundlage für die Entschlüsselung der Bilderschrift nie ausgereicht. Heutzutage kennen wir weitere Inschriften aus Ägypten, die in zwei bis drei Schriften verfaßt worden sind. Es sind zumeist Beschlüsse der ägyptischen Priesterschaft in Memphis zur Zeit der griechischen Herrschaft über Ägypten (332–330 v. Chr.), die in Stein gefaßt und in den wichtigsten Tempeln Ägyptens aufgestellt wurden. Der Stein von Rosette war eine solche Kopie. Er hatte wahrscheinlich einst in der nicht weit von Rosette gelegenen Stadt Saïs neben der Statue des Königs Ptolemaios V. Epiphanes (204–180 v. Chr.) gestanden, unter dessen Herrschaft die Beschlüsse von Memphis vom 27. März 196 v. Chr. verkündet worden waren. Auch kennen wir heute weitere Kopien des sogenannten «Dekrets von Memphis».

Doch ohne den Stein von Rosette hätte wohl auch Jean-François Champollion nicht der Ehrgeiz gepackt, in den internationalen Wettstreit mit anderen namhaften Wissenschaftlern einzutreten, um die Hieroglyphen zu entziffern. Nach seinem *Brief an Herrn Dacier* legte Jean-François Champollion bis zu seinem frühen Tod am 4. März 1832 weitere Schriften vor, in denen er seine wachsenden Erkenntnisse bei der Entzifferung der Hieroglyphen publizierte. Doch erst die Entdeckung des ebenfalls dreisprachigen Steins mit dem «Beschluß von Kanopus» und dessen Veröffentlichung durch Richard Lepsius im

Jahre 1867 konnte auch die letzten Skeptiker überzeugen, daß Jean-François Champollion recht hatte.

Heute können die meisten Zeichen problemlos gelesen werden. Wir wissen, daß die Hieroglyphenschrift sehr komplex aufgebaut ist und die Zeichen zugleich verschiedene Funktionen haben können. Ein Hieroglyphenzeichen kann ein Wort, einen oder mehrere Konsonanten oder als Determinativ die Verstärkung eines Wortes, wie z. B. Frau oder Mann, ausdrücken.

Diese Komplexität der Hieroglyphen läßt uns verstehen, daß die Entzifferung so lange Zeit und die Bemühungen so vieler Gelehrter erfordert hat. Um so größer ist zugleich unsere Bewunderung für Jean-François Champollion, dem es schließlich gelang, die Hieroglyphen zu entziffern. Jean-François Champollion hat uns damit eine der ältesten und faszinierendsten Kulturen der Welt zurückgegeben.

4
Die früheste Hochkultur auf europäischem Boden –
Sir Arthur Evans und die Ausgrabung von Knossos

«Viele Generationen nach der Geburt der Götter sollen nach Ansicht der Kreter bei ihnen nicht wenige Heroen zur Welt gekommen sein, von denen Minos, Rhadamanthys und Sarpedon die berühmtesten waren. Diese sollen nämlich, wie uns die Mythen berichten, von Zeus und der Agenorstochter Europa abstammen, die dank der Fürsorge der Götter auf einem Stier nach Kreta gebracht wurde. Minos als der Älteste wurde König der Insel Kreta und gründete dort nicht wenige Städte; die berühmtesten von ihnen waren folgende drei: Knossos in den gegen Asien zu gerichteten Teilen der Insel, Phaistos am Meer mit Blickrichtung nach Süden und Kydonia in den westlichen Gebieten gegenüber der Peloponnes. Er gab den Kretern auch eine nicht geringe Zahl von Gesetzen, wobei er in Anspruch nahm, sie von seinem Vater Zeus empfangen zu haben, als er in einer gewissen Höhle zu Gesprächen mit ihm zusammenkam. Ferner schuf sich Minos eine große Seemacht, unterwarf die Mehrzahl der Inseln und wurde als erster Grieche Beherrscher der See (…).

Späterhin entwischte Daidalos nach Kreta, wo er, wegen seines Künstlerruhmes bestaunt, Freund des Minos wurde. Wie uns eine Sage berichtet, verliebte sich Pasiphae, die Gemahlin des Minos, in den Stier, und Daidalos fertigte eine Gestalt, die einer Kuh glich, und half so Pasiphae, ihrer Leidenschaft zu frönen. Den Mythen nach soll nämlich Minos vor diesen Zeiten alljährlich den schönsten aller Stiere, welcher geboren wurde, dem Poseidon geweiht und dem Gotte als Opfer dargebracht haben. Als jedoch zur damaligen Zeit ein besonders schöner Stier geboren wurde, opferte Minos nur einen der geringeren Stiere. Darüber grollte ihm aber Poseidon und veranlaßte, daß sich seine Gattin Pasiphae in den Stier verliebte. Und mit Hilfe von Daidalos' Kunstfertigkeit konnte Pasiphae sich von dem Stier begatten lassen und gebar so den sagenhaften Minotauros. Der soll eine Doppelgestalt besessen haben, und zwar die oberen Körperteile bis zu den Schultern die eines Stieres, die übrigen die eines Menschen. Diesem Untier erbaute Daidalos, wie es heißt, zum Aufenthalt das Labyrinth; besaß es doch derart gekrümmte Durchgänge, daß die des Weges Unkundigen kaum wieder herausfinden konnten.»

Diodor von Sizilien, *Historische Bibliothek*, V. Buch, 78 und IV. Buch, 77 (Übersetzung von Otto Weh)

*

Bis weit ins 19. Jahrhundert hinein blieb Kreta von archäologischen Forschungen unberührt. Die südlichste griechische Insel mit einer Länge von 260 Kilometern und einer maximalen Breite von 50 Kilometern war damals noch Teil des Osmanischen Reiches und kaum Ziel europäischer Reisender. Die Sagen um Kreta waren zwar allseits bekannt, doch hielt man sie lediglich für – wenn auch sehr schöne – Phantasiegeschichten. Wer wollte schon glauben, daß hinter den Geschichten um Minos und um das Labyrinth Erinnerungen an einen wirklich vorhandenen Palast der frühesten Hochkultur auf europäischem Boden stehen sollten?

Ende 1878 und im April 1879 grub der Kaufmann Minos Kalokairinos (1843–1907) auf dem 6 Kilometer südlich der Stadt Candia (heute Heraklion) gelegenen Hügel von «Tou Tseleve he Kephala» (Hügel des Gutsbesitzers), der zum Gebiet des ehemaligen Knossos gehörte, das seinen alten Namen noch besaß. Kalokairinos stieß – ganz unverhofft – direkt auf die Magazine eines großen Gebäudes. Er barg viele mannshohe, schön verzierte Vorratsgefäße (Pithoi). Die erst 10 Jahre zuvor gegründete kretische Versammlung befahl Kalokairinos, die Untersuchungen einzustellen. Man befürchtete, daß großartige Altertümer zum Vorschein kommen könnten, die dann von den Türken nach Istanbul gebracht würden. Die Versammlung versuchte aus diesem Grund, jede größere Grabung zu unterbinden. Ihr Ziel war es, die archäologischen Zeugnisse so lange in der Erde ruhen zu lassen, bis Kreta – wie gerade 1878 andere europäische Gebiete: Serbien, Montenegro und Rumänien – unabhängig vom Osmanischen Reich sein würde und die Altertümer dann auf der Insel bleiben könnten. Kalokairinos akzeptierte wohl oder übel diese Anweisung, beendete seine so erfolgreich begonnenen Grabungen und verschenkte später einen guten Teil seiner Pithoi an verschiedene Museen in Westeuropa. Fortan nannten die Einheimischen diese Gegend auch «sta pithara» (Platz der Pithoi).

Kalokairinos wußte, daß er als Grieche aufgrund des ausgesprochenen Verbots nicht mehr graben durfte, hoffte aber, daß vielleicht Ausländer mit besseren Kontakten eine Erlaubnis erhalten würden. Er informierte Besucher gern und ausführlich über seine Fundstelle. Diese Chance, eine möglicherweise erfolgreiche Grabung durchzuführen, ergriff als erster der britische Konsul auf Kreta, Thomas Backhouse Sandwith. Er schrieb, nachdem er Kalokairinos getroffen hatte, umgehend an Charles Thomas Newton (1816–1894) vom British Museum, den Entdecker des Mausoleums von Halikarnass, eines der Sieben Weltwunder, und fragte ihn, ob er nicht interessiert sei, Knossos freizulegen. Der Konsul betonte in seinem Brief, daß man von den Türken leicht eine Genehmigung erhalten und sicherlich alle Funde mit nach England nehmen könnte. Wäre

Kreta erst einmal unabhängig, sei diese Möglichkeit nicht mehr gegeben. Newton hatte jedoch zu viele andere Verpflichtungen und schlug das Angebot aus.

Der Franzose Bertrand Haussoullier (1852–1926) kam als nächster nach Knossos und veröffentlichte 1880 in der Zeitschrift *Revue Archéologique* in einer kleinen Notiz *Archaische bemalte Vasen aus Knossos* die von Kalokairinos geborgene Keramik, die er mit den vor kurzem in Mykene durch Schliemann gefundenen Vasen verglich. Seine Bemühungen um eine Grabungslizenz blieben aber ohne Erfolg.

Ein Jahr später, 1881, besuchte der amerikanische Journalist, Diplomat und Hobbyarchäologe William James Stillman (1828–1901) den ersten Ausgräber, Kalokairinos, der auch ihm freimütig Auskunft über die zu erwartenden Funde gab. Stillman war es dann, der noch im selben Jahr einen Bericht verfaßte, in dem er die Funde erstmals mit dem Labyrinth in Verbindung brachte. Gleichzeitig versuchte er, durch den griechischstämmigen osmanischen Statthalter Photiades Pascha eine Grabungslizenz zu erhalten. Sein Antrag wurde abgelehnt, wohl weil er Photiades keine entsprechende Gegengabe angeboten hatte und der Statthalter sich unter diesen Umständen nicht mit der kretischen Versammlung anlegen wollte.

Nach ihm versuchte Heinrich Schliemann (1822–1890), der berühmte Ausgräber von Troja und Mykene, 1886 sein Glück. Nachdem er die Stätte aufgesucht hatte, war er sich sicher, hier einen Palast von der Größe von Tiryns oder Mykene zutage fördern zu können, in der Annahme, daß dieser auch aus der gleichen Zeit stammte. Um leichter ans Ziel zu gelangen, wollte er den Hügel kaufen. Dieser gehörte zwei minderjährigen Kindern. Zunächst wollte deren Vormund nicht über einen Preis verhandeln, sondern die Kinder, sobald volljährig, selbst entscheiden lassen, um somit Zeit zu gewinnen. Als Schliemann jedoch auf seinem Ansinnen beharrte, forderte der Vormund, daß er das ganze Gebiet von Knossos kaufen müsse und verlangte eine viel zu hohe Summe, nämlich 100 000 Franken. Nach eineinhalb Jahren einigten sie sich auf 40 000 Franken. Schliemann kam im Frühjahr 1889 nach Knossos, um den Kaufvertrag abzuschließen. Zuvor zählte er aber die Olivenbäume des Grundstücks. Der Eigentümer hatte 2500 Bäume an Bestand angegeben, es waren aber nur 888! Das ging dem deutschen Kaufmann gegen den Strich. Schliemann unterzeichnete den Vertrag nicht, doch hoffte er auf weitere Verhandlungen, damit sich sein Wunsch erfüllen sollte: «Ich möchte die Arbeiten meines Lebens mit einem großen Werk schließen, nämlich mit der Ausgrabung des uralten, prähistorischen Palastes der Könige von Knossos, den ich vor drei Jahren entdeckt zu haben glaube.» Doch sollte er die unter der Erde verborgenen Schätze nie zu sehen bekommen, weil er bereits 1890 starb.

Dieser Erfolg blieb einem anderen vorbehalten: dem Engländer Arthur Evans. Seine Persönlichkeit ist so sehr mit der Entdeckung von Knossos und der minoischen Kultur verwoben, daß vieles besser verständlich wird, wenn wir einen Blick auf seine Biographie werfen. Evans wurde am 8. Juli 1851 in Nash Mills in Hemel Hempstead, Hertfordshire, geboren. Er war von kleiner Statur, hatte dichte schwarze Haare, eine Adlernase und war – wie sein Vater – sehr kurzsichtig. Daher trug er schon seit früher Jugend eine Brille. Kleine Dinge konnte er am besten ganz aus der Nähe erkennen und entwickelte daher ein fast mikroskopisches Sehen, das seine Liebe zum Betrachten und Sammeln von alten Münzen, Gemmen und anderen kleinen Gegenständen förderte. Mit sieben Jahren legte er eine erste Münzsammlung an, deren Exemplare er auch zeichnete. Er wurde – wie sein Vater und Großvater – ein leidenschaftlicher Sammler von Relikten vergangener Zeiten.

Sein Vater, John Evans, war ein erfolgreicher, wohlhabender Papierfabrikant. In seiner Freizeit widmete er sich der Erforschung prähistorischer Altertümer, wobei sein Hauptinteresse der Steinzeit galt. Nachdem John Evans 1852 einen Vortrag über die Funde einer von ihm ausgegrabenen römischen Villa vor der Gesellschaft der Antiquare (Society of Antiquaries) gehalten hatte, wurde er zum Mitglied dieses renommierten Vereins ernannt, der schon 1585 zur Erforschung der Geschichte Englands gegründet worden war. 1862 wurde John Evans auch Mitglied der Königlichen Gesellschaft von London zur Förderung der Naturwissenschaft (Royal Society of London for the Promotion of Natural Knowledge), nachdem er sich Ende der 1850er und zu Beginn der 1860er Jahre als Spezialist für prähistorische Feuersteine und Erforscher früher Epochen ausgezeichnet hatte. Man nannte ihn daher auch liebevoll «Flint John» (Feuerstein-John). Er war einer der frühen glühenden Verfechter der These, daß schon zu Urzeiten (vor der biblischen Sintflut) Menschen in Frankreich und England gelebt hatten, die Steinwerkzeuge fertigten und Mammute, Nashörner und Löwen jagten. Die Gedanken an eine derart weit zurückliegende Vergangenheit waren revolutionär und wurden nur von wenigen Forschern vertreten. Ihre Verbreitung ging einher mit dem Erscheinen des Buches *Über den Ursprung der Arten durch natürliche Zuchtwahl* von Charles Darwin (1809–1882) im Jahre 1859, das darlegte, daß die Welt einem stetigen Wandlungsprozeß unterworfen sei, daß Lebewesen aussterben oder sich verändern und im Laufe von Generationen neue, höherentwickelte Arten bilden. Am Ende dieser Kette stehe der Mensch. Diese These erschütterte die damalige Weltanschauung, die von der in der Bibel niedergelegten Entstehungsgeschichte der Welt geprägt war. Die Anhänger dieser neuen Gedanken und Erforscher prähistorischer Zeiten kamen häufig bei den Evans zusammen. Von Jugend an lernte Arthur daher, daß es in Europa eine Zeit vor der historischen Periode gab, in der Menschen lebten und wunderbare Dinge schufen, die sein

Vater mit großem Eifer sammelte und erforschte, und lernte ferner, die Ergebnisse seiner Forschung vorzutragen. Im September grub Arthur erstmals mit seinem Vater in Dunwich/ Suffolk nach alten Gefäßen. Als 14 jähriger durfte er mit ihm dann auch zu prähistorischen Ausgrabungen nach Nordfrankreich reisen. Mit fünfzehn Jahren begleitete er seinen Vater zur Gesellschaft der Antiquare, wo «Flint-John» einen Vortrag über die bei seiner Grabung in Irland gefundenen Steinwerkzeuge hielt.

In diesem gutsituierten viktorianischen Umfeld mit all seiner Strenge und Noblesse wuchs Arthur Evans heran. Arthur sollte sein Leben lang einerseits nur einfache Zinnbadewannen benutzen und Hemden mit steifen Kragen tragen und zugleich auf einer strengen Etikette, auf französischen Bordeaux-Wein und Champagner bestehen, selbst wenn er auf Kreta weilte. Er besuchte die renommierte Privatschule Harrow, die zu ihren Absolventen den berühmten Vorkämpfer für die Freiheit Griechenlands, Lord Byron (1788–1824), und Sir Robert Peel (1788–1850), den Begründer der Konservativen Partei und Premierminister von 1834–1835 und 1841–1846, zählen konnte. Da Evans sich oft weigerte, eine Brille zu tragen, obwohl er kurzsichtig und nachtblind war, stützte er sich beim Gehen auf Spazierstöcke. «Prodger» wurde schließlich zu seinem Lieblingsspazierstock, der ihn sein ganzes Leben lang überall hin begleiten und sein «Markenzeichen» werden sollte.

Zwischen 1868 und 1874 studierte Arthur Evans im renommierten Brasenose College in Oxford Geschichte. Nach Abschluß seines Examens ging er 1875 für ein Semester nach Göttingen. Auf dem Weg dorthin kam er durch Trier, wo er mit Hilfe angeheuerter Arbeiter einige Tage lang römische Gräber freilegte. Die Funde – Lampen, Gefäße und Fibeln – schickte er seinem Vater.

Evans war unschlüssig, welchen Beruf er ergreifen sollte. Fest stand für ihn nur, daß er nicht das Unternehmen seines Vaters übernehmen wollte. Um sich über seine Ziele klarer zu werden, reiste der leidenschaftliche Wanderer mit «Prodger» zum Balkan. 1875 kam er über Bosnien und die Herzegowina nach Ragusa (dem heutigen Dubrovnik in Kroatien). Er war fasziniert von der alten venezianischen Hafenstadt mit monumentaler Stadtmauer, ehrwürdigen Marmorpalästen und Kirchen. Hier wollte er wohnen, das Hinterland von Bosnien-Herzegowina, Montenegro und Serbien und seine Vorgeschichte erforschen und sich für die Freiheit der Slawen einsetzen, die damals noch unter türkischer Oberhoheit standen, sich aber schon 1876 gegen die Osmanen erhoben. Der «kranke Mann am Bosporus» (der Sultan des Osmanischen Reichs) ließ sich treiben von den westlichen Großmächten Großbritannien, Frankreich, Deutschland, Österreich-Ungarn und Rußland, die sich bereichern oder Interessengebiete abstecken wollten. Evans notierte seine Erlebnisse auf der Reise und ließ 1876 mit der finanziellen Unterstützung seines Vaters sein erstes Buch drucken *Durch Bosnien und Herzegowina zu Fuß während des Aufstandes im August und September 1875 mit einem historischen Rückblick über Bosnien und einem kurzen Überblick über die Kroaten, Slawen und die alte Republik von Ragusa* (*Through Bosnia and the Herzegovina on Foot, during the Insurrection, August and September 1875, with an Historical Review of Bosnia and a Glimpse at the Croats, Slavonians, and the Ancient Republic of Ragusa*). Es war die Zeit der Nationalbewegungen in Europa. Sein Buch fand dementsprechend weite Verbreitung in den interessierten Kreisen Englands. William Ewart Gladstone (1809–1898) sollte das Buch sogar im House of Commons zitieren, um seine Sympathie für die Entstehung eigenständiger Staaten auf dem Balkan entgegen der Haltung der britischen Regierung zu unterstreichen, die damit in Opposition zu Deutschland und Rußland stand, die ebenfalls für unabhängige Staaten eintraten. Evans wurde – nachdem er sein Schreibtalent so eindrucksvoll unter Beweis gestellt hatte – Reporter auf dem Balkan für die vielgelesene Zeitung *The Manchester Guardian* und kaufte 1877 ein Haus in Dubrovnik, von wo aus er als Korrespondent, aber auch als Erforscher der Vorgeschichte wirkte. 1878 heiratete er die drei Jahre ältere Margaret Freeman, Tochter des Historikers Edward Freeman (1823–1892). Von Dubrovnik aus beschrieb er in schillernden Farben die Leiden und Nöte der sich erhebenden Slawen und bewegte die Herzen der Engländer. Die Österreicher, die Bosnien-Herzegowina 1878 besetzt hatten, sahen Evans Artikel hingegen mit immer größer werdendem Argwohn. Sein österreichischer Freund, der spätere Ausgräber von Zincirli (Sam'al), der Arzt und Anthropologe Felix von Luschan (1854–1924), warnte ihn schließlich vor der österreichischen Geheimpolizei: Er schickte ihm eine Postkarte, auf die er eine erst (angeblich) kürzlich in Olympia gefundene Inschrift gezeichnet hatte und auf der er in Altgriechisch ankündigte, daß Evans demnächst als Spion verhaftet werden würde. Evans schrieb jedoch unbeirrt weiter seine Artikel. Am 7. März 1882 wurde er verhaftet, ins Gefängnis geworfen und als Spion angeklagt. Die britische Regierung setzte sich vergeblich für ihn ein, aber schließlich wurde er doch am 23. April 1882 aus dem Gefängnis entlassen – zugleich verwies man ihn des Landes. Evans wußte, daß er nicht mehr zurückkehren konnte.

So ließ er sich zur Erleichterung der ganzen Familie in Oxford nieder und reiste 1883 mit seiner Frau nach Griechenland. Dort trafen sie Heinrich Schliemann, der außer in Troja auch in Tiryns, Orchomenos und Mykene gegraben und damit – zum Erstaunen der Wissenschaftler – Teile der Vorgeschichte Griechenlands aufgedeckt hatte. Evans war begeistert und wollte seinerseits dazu beitragen, die Welt des frühen Griechenland zu erforschen.

Doch zunächst wurde er 1894 zum Kurator des Ashmolean Museums in Oxford ernannt. Das Museum besaß alte bedeutende Sammlungen, darunter ausgestopfte Tiere von den Südseereisen von Kapitän James Cook (1728–1779) und Antiken des Astrologen und Antiquars Elias Ashmole (1617–1692), dem das Museum seinen Namen verdankt. Die Präsentation der Exponate war jedoch sehr veraltet. In den folgenden zehn Jahren erneuerte Evans die Ausstellung völlig und verdoppelte die Sammlungsbestände. Es kamen bedeutende ägyptische, zyprische, griechische, römische, mittelalterliche und einheimische prähistorische Objekte hinzu. Sie stammten aus eigenen Grabungen wie jenen in den keltischen Gräbern von Aylesford, Kent, oder aus Grabungen von Freunden – wie von William Matthew Flinders Petrie (1853–1942), der in Ägypten tätig war, und von Reverend Greville John Chester (1830–1892), der in Palästina arbeitete. Hinzu kamen großzügige Schenkungen wie die exquisite Sammlung von Charles Drury Edward Fortnum (1820–1899), dem Kunstsammler und Besitzer des Londoner Kaufhauses Fortnum and Mason. Die enorme Zunahme an Exponaten erforderte einen Neubau. Evans setzte Finanzierung und Bau schließlich durch und weihte das Gebäude 1894 festlich ein. Gleichzeitig verfaßte Evans wichtige Beiträge über griechische Münzen Siziliens und Unteritaliens.

Trotz all seiner vielfältigen Aufgaben verlor Evans die Vorgeschichte Griechenlands nicht aus den Augen. Mit Interesse las er in dem 1883 von dem deutschen Archäologen Arthur Milchhöfer (1852–1903) veröffentlichten Buch *Die Anfänge der Kunst Griechenlands*, daß die meisten von Schliemann in Mykene und Tiryns gefundenen Siegel wohl aus Kreta stammten und mögliche Bilderzeichen enthielten. Milchhöfer vermutete auf Kreta auch eine vorgeschichtliche Kultur, die er nach dem mythischen König Minos als minoisch bezeichnete. Ähnliche Zeichen, wie die bei Milchhöfer beschriebenen, bemerkte Evans auf einem von Chester erworbenen vierseitigen Siegelstein, der angeblich aus Sparta stammte. Am meisten regten Evans wohl die vielen Gespräche mit seinem Freund William Matthew Flinders Petrie an. 1888 war Flinders Petrie vor der Pyramide des Amenemes (Amenemhat) III. (1853–1806/1805 v. Chr.) in Hawara im Fayum auf den dazugehörigen monumentalen Grabtempel gestoßen. Dies war der Bau, den die griechischen Autoren Herodot (um 485–425 v. Chr.), Diodor von Sizilien (80–29 v. Chr.), Strabon (etwa 63 v. Chr. – 19 n. Chr.) und der lateinische Schriftsteller Plinius der Ältere (23–79 n. Chr.) wegen seiner vielen, unübersichtlich angeordneten Räume und Kapellen als Labyrinth bezeichnet hatten. So bewies Flinders Petrie, daß das von den Autoren erwähnte ägyptische Labyrinth tatsächlich einst existiert hatte. Folglich mußte es nach Meinung von Evans auch das von antiken Schriftstellern erwähnte Labyrinth von Knossos geben! Zudem hatte Flinders Petrie 1889 und 1890 bei Grabungen in Kahun in einer Schicht der 1. Hälfte des 2. Jahrtausends v. Chr. Gefäße geborgen, die seiner Meinung nach aus Griechenland stammten. Flinders Petrie schloß 1890 daraus in dem Aufsatz *The Egyptian Bases of Greek History* (*Die ägyptischen Grundlagen griechischer Geschichte*) in der Zeitschrift *Journal of Hellenic Studies*, daß die mykenische Kultur sehr wohl ins 2. Jahrtausend v. Chr. zu datieren und wahrscheinlich nicht die erste Kultur in Griechenland gewesen sei. Evans teilte Flinders Petries Meinung.

1893 erwarb Evans auf dem Athener Flohmarkt drei- und vierseitige Siegel aus Kreta, deren Zeichnungen er als Hieroglyphen deutete. Er war überzeugt davon, daß die von Schliemann entdeckte Kultur von Mykene mit all ihren Reichtümern eine Schrift besessen haben mußte – schon allein deshalb, um die

Güter der Herrensitze verwalten zu können. Da fast alle Siegel aus Kreta stammten, mußte man sich also dort umschauen. Doch zunächst traf ihn das Schicksal hart – seine von ihm über alle Maßen geliebte Frau starb. Über ihren Tod kam er nie ganz hinweg, auch heiratete er nicht wieder.

Schon zuvor hatte er einem jungen Oxforder Absolventen, John Linton Myres (1869–1954), der ein Reisestipendium erhalten hatte, geraten, auf seiner Fahrt nach Griechenland interessante vorgeschichtliche Stätten zu vermerken, deren Ausgrabung ihm erfolgversprechend erscheine. Auf Kreta traf Myres Joseph Hatzidakis, den Präsidenten der Vereinigung Syllogos, die sich zunächst für die griechische Erziehung, schon bald aber auch für die nationale Vereinigung der Insel mit Griechenland und die Betreuung der archäologischen Funde Kretas in einem eigenen Museum in Candia einsetzte. In dem kleinen Bau zeigte Hatzidakis Myres stolz Keramiken, die gerade in der Kamares-Höhle auf der Südseite des höchsten Berges von Kreta, dem Ida, entdeckt worden waren. Myres erkannte, daß es sich dabei um die gleiche Ware handelte, die Flinders Petrie vorher in Kahun in Ägypten geborgen und dem British Museum in London als griechische prähistorische Gefäße übergeben hatte. Weitere bemalte Vasen dieser Art kamen in einem in der Nähe der Höhle gelegenen Grab zum Vorschein, in dem auch ein Skarabäus aus der 12. Dynastie Ägyptens (1976–1794/1793 v. Chr.) deponiert war. Flinders Petrie hatte mit der Zuweisung seiner Keramikfunde nach Griechenland recht. Auch war seine Datierung in die erste Hälfte des 2. Jahrtausends v. Chr. damit nachgewiesen. Diese Keramik war also früher entstanden als die mykenische Keramik der 2. Hälfte des 2. Jahrtausends v. Chr.

Noch im selben Jahr verfaßte Myres einen Artikel über diesen beachtlichen Fund, der aber erst 1895 erschien. Myres nannte die Gattung nach dem Fundort Kamares-Ware, und dieser Name ist noch heute für die wunderschöne, so modern wirkende Keramik üblich, die einen dunklen Überzug besitzt und mit roten und weißen Ornamenten, häufig Spiralen, verziert ist. Myres besuchte auch mit Minos Kalokairinos den Hügel Kephala und bat um eine Grabungslizenz. Er sollte aber – wie schon kurz zuvor der Franzose André Joubin (1866–1944) und der Italiener Federico Halbherr (1857–1930) – mit seinem Antrag scheitern. Myres ging daraufhin nach Zypern, wo er sich große Verdienste in der Erforschung der Geschichte dieser Insel erwarb.

Evans selbst brach erstmalig im Frühling 1894 nach Kreta auf. Sein Ziel war der Kauf weiterer Siegel mit Schriftzeichen und die Erkundung der Insel. In Candia eingetroffen, erwarb er bereits in wenigen Tagen 22 Siegelsteine auf dem Bazar und 21 von dem russischen Vizekonsul, Ioannis Mitsotakis. Am 19. März wanderte er über den Kephala-Hügel, der angeblich Knossos barg, und bemerkte den noch teilweise sichtbaren Graben, aus dem die Mauer hervorragte, die Minos Kalokairinos freigelegt hatte. In der Erde fand er einige Scherben und Freskoreste, die er in vorgeschichtliche Zeit datierte. Er entschloß sich spontan dazu, das Gebiet zu kaufen, um später dort graben zu können. Die Verhandlungen erwiesen sich aber – wie schon zuvor unter Schliemann – als äußerst schwierig. Doch schließlich gelang es ihm, etwa ein Viertel des Areals zu erwerben.

Dann wanderte er mit «Prodger» kreuz und quer durch Kreta und kaufte weitere Siegel. Viele Siegel waren im Besitz stillender Frauen, die sie als Amulette trugen, weil sie angeblich die Muttermilch förderten und schützten und daher «Milchsteine» oder «Milchbringer» genannt wurden. Aus diesem Grunde gelang es Evans nicht immer, die Siegel zu erwerben. Doch meist durfte er aber, wenn auch zuweilen erst nach langer Überredung, zumindest Abdrücke fertigen. Evans stieß auch auf einen Abdruck, der von jenem Siegelstein gefertigt war, den Chester dem Ashmolean Museum vermacht hatte und der angeblich aus Sparta stammte! Damit war bestätigt, daß auch dieses Siegel aus Kreta kam.

Im selben Jahr publizierte Evans im *Journal of Hellenic Studies* 73 kretische Siegel sowie Gefäßgraffiti und Töpfer- und Steinmetzzeichen, hinter denen er 60 Zeichen der Bilderschrift einer frühen Kultur vermutete. Er unterschied drei Stufen der Schriftentwicklung: «Piktogramme» (reine Bildzeichen), «Hieroglyphen» (schematischere Bildzeichen) und eine «Lineare Schrift».

Im September 1894 bezog Evans sein riesiges Anwesen Youlbury, das etwas außerhalb von Oxford auf einer Anhöhe lag. Der Bau besaß großzügige Räume, darunter 22 Schlafzimmer, fünf Badezimmer, eine Bibliothek, ein Studierzimmer, Eß- und Wohnzimmer. Ein Eisenturm – in der Gestalt dem Eiffelturm ähnlich – ermöglichte einen phantastischen Rundblick. In dieser Villa, die von einem Heer von Angestellten versorgt wurde, konzentrierte sich Evans vor allem auf seine kretischen Forschungen.

Denn auf der Insel waren große Unruhen zwischen der griechischen und türkischen Bevölkerung ausgebrochen, so daß Evans sich zunächst mit der Freilegung von Knossos gedulden mußte. Statt dessen beteiligte er sich im April 1896 in der Diktäischen Höhle bei Psychro in Kreta an einer kleinen, nicht genehmigten Grabung, bei der neben Votivdoppeläxten aus Bronze, Stieren aus Ton, Scherben und Knochen als Opfergaben ein nur teilweise erhaltener Opfertisch aus Stein gefunden wurde, der sieben lineare Schriftzeichen aufwies. Anhand des Opfertisches konnte Evans am 13. Juni 1896 in einem Vortrag zeigen, daß in Griechenland bereits im 2. Jahrtausend v. Chr. eine Schrift verwendet worden war – wie er es auf Grund der Siegel vermutet hatte. Evans sprach nun seinerseits – wie schon vor ihm Milchhöfer – erstmalig von den Minoern.

Ausgehend von neuen Funden, darunter dem Opfertisch mit den linearen Schriftzeichen, publizierte Evans 1897 einen ausführlichen Artikel über die Entwicklung der «prä-phönizischen Schrift Kretas». Er nahm an, daß die drei von ihm aufgeführten Schriften gleichzeitig oder auch in umgekehrter Reihenfolge entwickelt worden und unabhängig von anderen Schriften entstanden sein könnten.

1897 und 1898 herrschten auf Kreta bürgerkriegsartige Zustände, bei denen viele Christen und Mohammedaner umkamen, so daß die Großmächte Großbritannien, Frankreich und Rußland und kurz darauf auch Italien intervenierten. Die Schutzmächte erzwangen 1898 den Abzug der osmanischen Truppen von Kreta und die Einsetzung eines griechischen Hochkommissars, des Prinzen Georg (1869–1957; Hochkommissar 1898–1906), des zweitältesten Sohnes des griechischen Königs Georg I. (1845–1913; König 1863–1913). Kreta erhielt einen Autonomiestatus, blieb formell aber Teil des Osmanischen Reiches.

1898 ging Evans nach Kreta und sprach sich – wie schon vorher im Balkan – für die Loslösung der Insel von der osmanischen Herrschaft aus, was er als Korrespondent wieder in *The Manchester Guardian* kundtat. Er organisierte Hilfslieferungen für die Bewohner vieler zerstörter Dörfer und befreite unter dramatischen Zuständen seinen griechischen Begleiter aus dem Gefängnis von Candia. Damit gewann er für immer die Sympathie der Kreter. Die Insel wurde 1899 schließlich unabhängig. Evans konnte nun den Rest des Hügels kaufen und erhielt die Grabungslizenz für Knossos, die gleichzeitig auch die Franzosen beantragt hatten. Bevor die Grabung begann, beriet sich Evans über mögliche Mitarbeiter mit seinem Oxforder Kollegen David George Hogarth (1862–1927), der damals Direktor der Britischen Schule in Athen war und später als der Leiter des britischen Geheimdienstes in Kairo (genannt das Arabische

Büro) berühmt werden sollte, dem auch die Archäologen Lawrence von Arabien (1888–1935) und Gertrude Lowthian Bell (1868–1926) angehörten (siehe hierzu auch das Kapitel über Babylon auf der Seite 251). Hogarth empfahl ihm als Assistenten den Schotten Duncan Mackenzie (1861–1934), der im Zuge der Grabungen in Phylakopi auf Melos, die zwischen 1896 und 1899 stattfanden, zu einem erfahrenen Feldarchäologen geworden war. Er sollte die nächsten 30 Jahre Evans rechte Hand werden, die Grabung organisieren und beaufsichtigen, das Grabungstagebuch führen und die erste Auswertung der Funde vorbereiten, während sich Evans auf die Publikationen konzentrierte. Evans stellte auch einen Architekten, David Theodors Fyfe (1875–1945), an. In zwei bis drei Jahren sollte das Areal freigelegt sein.

Am 23. März 1900 begann Evans mit 31 Arbeitern. Bereits am zweiten Tag stieß man auf erste Fragmente von Fresken, am dritten auf von Feuer geschwärzte Mauern und Scherben, am fünften Tag war klar, daß die Stätte prähistorisch war. Am 30. März barg man eine sogenannte Bügelkanne, wie sie häufig in den Grabungen Schliemanns in Mykene als Gefäß zur Aufbewahrung von Öl zum Vorschein gekommen war, und eine Tontafel mit Schriftzeichen. Angespornt durch diese beiden Funde, erhöhte Evans die Anzahl der Arbeiter auf 79.

Am 5. April «wurde ein ganzer Hort dieser Tondokumente, viele von ihnen unbeschädigt, innerhalb eines Depots aus verkohltem Holz in einem wannenartigen Tonbehälter, der mit der Mauer abschloß, entdeckt. Am gleichen Tag stieß man auf mehrere Fragmente eines Freskos. Sie zeigen einen lebensgroßen jungen Mann, schön und schlank, mit rotbrauner Hautfarbe, vollen Lippen und mandelförmigen schwarzen Augen, der als Schmuck einen Arm- und Ohrring und eine Gemme am Handgelenk trägt. Mit Ausnahme eines schön verzierten Schurzes ist er nackt. Vor seinem Kopf und Oberkörper hält er, würdevoll nach links schreitend, mit der erhobenen Rechten ein langgezogenes trichterförmiges Kultgefäß, das er im unteren Teil mit der linken Hand stützt. Evans war von der schmalen Taille, dem schöngewachsenen Körper und dem anmutigen Gesicht begeistert, erkannte aber nicht, daß es sich um einen Jüngling handelt – man sollte die Figur später als Rhytonträger betiteln.» Evans nannte die Figur am 10. April prosaisch «Ariadne». Bereits am 6. April berichtete Evans der *Times* über die ersten sensationellen Funde aus dem unerwartet großen Palast. Diesen Artikel las auch sein Vater John Evans. Vor lauter Freude schickte er seinem Sohn persönlich die stolze Summe von 500 Pfund, genausoviel, wie der gesamte geplante Ausgrabungsetat betrug.

Um auch kleinere Fragmente aufzufinden, setzte Evans Siebe ein. So fand man etwa den zierlichen Tonabdruck eines Löwen mit sternähnlichem Zeichen auf seiner Vorderschulter, mit dem ein Kästchen versiegelt worden war, von dem man noch Reste von vier Bronzebeschlägen und ein Holzstück fand.

Das Fresko und das Holzstück veranlaßten Evans dazu, umgehend einen Restaurator zu engagieren. Es war der in der Restaurierung byzantinischer Wandmalereien erfahrene Ioannis Papadakis.

Während der weiteren Grabung stieß man auf einen Raum mit einem Gipsalabasterthron und umlaufenden Bänken (Abb. 14). Gegenüber dem Thron legte man eine Balustrade und Treppen frei, die nach unten zu einem kleinen Wasserbecken führten, neben dem eine Steinlampe auf hohem Fuß stand. Am Eingang fand man ein Alabastergefäß, fünf zerbrochene und einen großen Ölbehälter aus Ton. Besonders beeindruckend waren die Fresken, die sich links und rechts des Throns über den Bänken entfalteten. Sie zeigten zwei flügellose Greifen mit Pfauenfedern in einer Landschaft mit Hügeln, Fluß und Blumen. Evans bezeichnete sogleich den Komplex enthusia-

*Abb. 14: Thronsaal
von Knossos.*

stisch als Thron- und Badesaal der «Ariadne», etwas später als Thronsaal eines Priesterkönigs oder einer Königin. Noch heute ist umstritten, welche Funktion dieser erhabene Raum mit dem ältesten Thron Europas erfüllte.

Mit dem Geld, das sein Vater geschickt hatte, konnte Arthur Evans am 16. April die Zahl der Arbeiter auf 98 erhöhen. Außerdem stellte Evans einige Tage später den besten Zeichner archäologischer Funde ein, nämlich den Schweizer Emile Victor Gilliéron (1851–1940), der in Paris und München Malerei studiert hatte und u. a. schon bei Schliemanns Grabungen tätig geworden war.

Am 25. April fand man eine ägyptische Statuette aus Diorit. Sie bestätigte Kretas Kontakte zu Ägypten. Am 3. und 4. Mai legte man schöne Fragmente einer sich beugenden bläulichen Figur frei, die Evans zunächst als Tänzerin, dann als Safran-Pflücker ansah. Erst später wird man erkennen, daß es sich hier um einen Affen handelt, der in einer felsigen Landschaft, die mit Pflanzen übersät ist, Krokusse pflückt.

Fast zwei Wochen darauf stieß man am Nord- und West-eingang des Palastes auf lebensgroße Stiere in Stuckrelief, die Evans mit dem Territorium des Minotauros verband. Darauf-hin erhöhte Evans die Zahl der Arbeiter auf 150 und entdeckte am gleichen Tag die ersten Inschriften in einheimischen Hiero-glyphen. Es war sein letzter Eintrag in diesem Jahr in sein Tagebuch, weil er an Malaria erkrankt war und nur noch selten bei der Grabung zugegen sein konnte. Am 2. Juni 1900 ging die Grabung zu Ende.

Evans hatte bereits nach dieser ersten Kampagne über 1000 Tontafeln entdeckt. Bis dahin hatten viele Wissenschaft-ler nicht einmal geglaubt, daß man überhaupt jemals Tontafeln finden könnte. Nun mußten aber auch die größten Zweif-ler anerkennen, daß in Griechenland schon in vorgeschicht-licher Zeit eine Kultur existiert hatte, die – wie die orien-talischen Hochkulturen – bereits eine eigene Schrift besaß. Ein Teil dieser Tafeln trug eine hieroglyphische Schrift, die meisten aber eine lineare Schrift, von der Evans über 100 Zeichen identifizierte. Die lineare Schrift ist von links nach rechts zu lesen, die Zeichen geben Worttrenner, Ideogramme (Zeichen für ein Wort), Silben oder Ziffern im Dezimalsystem wieder.

Arthur Evans kehrte trotz seiner Krankheit wohlgemut nach Youlbury zurück und verfaßte mehrere Artikel über seine Gra-bung. Er sah nun in dem Bau einen Palast, der dem König Minos zugleich als weltliche wie auch sakrale Residenz gedient ha-ben sollte und in der der Stierkult eine große Rolle gespielt hatte. Der angetroffene Wirrwarr von Zimmern und überdurch-schnittlich vielen Gängen und Treppenhäusern über mehrere Stockwerke sowie die vielen Stierbilder wiesen seiner Meinung nach auf den Mythos vom Labyrinth des Minotauros. Als

Hauptgottheit nahm er eine allmächtige Muttergottheit an. Als Kultobjekte deklarierte Evans ausschließlich heilige Steine, Pfeiler und Bäume. Einen dieser Pfeiler wollte er in Knossos gefunden haben. Zum Entsetzen der puritanischen viktorianischen Gesellschaft stellte Evans auch die Modewelt minoischer Frauen vor: «Sie tragen hohe aufgeplusterte Ärmel, die am unteren Teil des Halses durch ein dünnes Band miteinander verbunden sind, aber ansonsten die Busen und den oberen Teil des Körpers nackt erscheinen lassen.» Erstmals brachte Evans einen Vergleich der minoischen Kultur mit zeitgenössischen Verhältnissen, indem er provozierend fragte, was Mykene von Knossos und Paris von London unterscheide. Während Mykene und Paris Stadtmauern brauchten, sei das für Knossos und London unnötig, weil beide Seemächte waren, deren Flotten die Städte schützten.

Evans hatte auch erkannt, daß die ägyptische Statuette aus dem Ende der 12. oder vom Anfang der 13. Dynastie stammte, also bereits in die erste Hälfte des 2. Jahrtausends v. Chr. gehörte. Er datierte die Archive des Palastes von daher in die erste Hälfte des 15. Jahrhunderts v. Chr. zurück, also fast 300 Jahrhundert vor den Untergang Mykenes.

Stolz vermeldete Evans seinem Vater: «Der Palast von Knossos war meine Idee und meine Arbeit, und es stellt sich heraus, daß man auf solch einen Fund nicht in einem ganzen Leben oder in mehreren Leben hoffen konnte.»

Zwischen dem 27. Februar und 17. Juni 1901 setzte Evans die Grabungen fort. In Knossos angekommen, machte er aber zunächst die schreckliche Entdeckung, daß durch die starken Winterregen die bisher freigelegten Areale gelitten hatten. Wie immer, so reagierte er auch diesmal sofort auf die neue Situation. Er ließ ein Schutzdach über dem Thronsaal errichten und Restaurierungsmaßnahmen an den Bauten vornehmen, so daß die Mauern künftig abgesichert waren.

Abb. 15: Die «Kleine Pariserin» aus Knossos. Heraklion, Museum.

In dieser Saison wurden ein guter Teil des Westtraktes und erste Räume des Osttraktes des Palastes ergraben. Wunderbare neue Fresken und Stuckreliefs kamen zum Vorschein. Am Südeingang barg man Fragmente eines Stuckreliefs, das den Kopf einer Figur mit fünfreihiger Lilienkrone zeigte. Danach stieß man in unmittelbarer Nähe auf ein Fragment, das den Oberkörper eines Mannes mit rechter geballter Faust wiedergab, die er an die Brust führt. Weitere Fragmente zeigten Teile eines linken Oberarms und eines nach links schreitenden linken Beins mit sichtbaren Resten des Schurzes. Evans ging davon aus, daß alle Fragmente zu einer lebensgroßen Figur gehörten und rekonstruierte den berühmten nach links schreitenden «Lilienprinzen» bzw. den «Priesterkönig von Knossos». Heutzutage zweifelt man an der Zusammengehörigkeit der Fragmente und vermutet, daß die Lilienkrone einer Göttin oder Sphinx zuzuordnen ist. Auch die Identität der restlichen Figur bleibt wegen der geballten Faust umstritten. Handelt es sich um einen König, Gott, Ringer oder Boxer oder eine andere Person?

Später barg man in der Nähe des Thronraumes mehrere Freskofragmente einer Kultzeremonie, darunter eine prächtig gekleidete Frau mit weißem Teint im Profil, mit großem mandelförmigem schwarzem Auge, einer Stupsnase, roten Lippen, einer Stirnlocke und langem, schwarzem, lose herabfallendem Haar (Abb. 15). Die Gesichtszüge mit den stark zum Weiß der Haut kontrastierenden knallroten Lippen lassen ein verschmitztes und kokettes Lächeln erahnen. Als der französische Archäologe Edmond Pottier (1855–1934) die Grabung besuchte, restaurierte Gilliéron gerade die zauberhafte Darstellung. Bei ihrem Anblick rief Edmond Pottier aus: «Mais, ce sont des Parisiennes» (Das sind ja Pariserinnen), und seufzte dann, daß er unter einem «coup de foudre» (Liebe auf den ersten Blick) leide. Er fügte noch hinzu: «Diese Pasiphae, die an eine Besucherin der Pariser Bars erinnere», gehöre «zu einem Kunstwerk, das verwirrt und skandalisiert.» Von da an hieß die reizvolle Frauengestalt die «Kleine Pariserin». Wahrscheinlich stellt sie eine Priesterin oder Kultdienerin dar.

Ein weiteres berühmtes Fresko kam im Ostteil des Palastes zum Vorschein (Abb. 16). Es zeigte einen mächtigen springenden Stier, den eine reichgeschmückte schlanke Frau mit beiden Händen an den bedrohlich nach vorn gestreckten Hörnern packt, während in der Mitte des Tierkörpers ein purzelbaumschlagender Jüngling gezeigt wird. Hinter dem Stier setzt eine Frau mit langgestreckten Armen leicht federnd mit den Fußspitzen zur Landung nach ihrem akrobatischen Flug über den Stier auf dem Boden an. Wie bei den Ägyptern stand die weiße Hautfarbe für Frauen und die rotbraune für Männer.

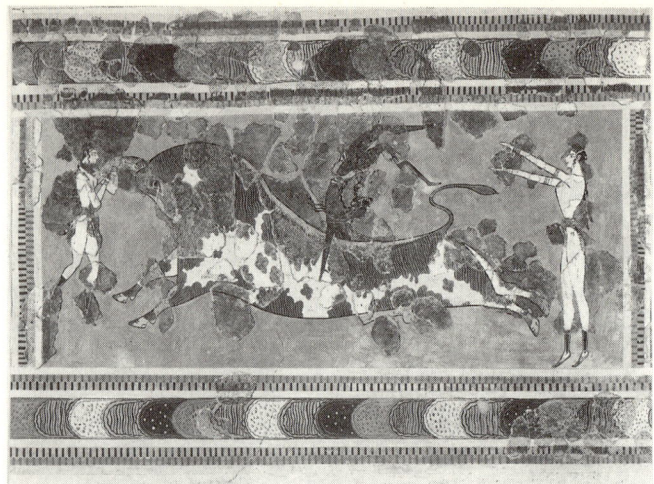

Abb. 16: Stierakrobaten aus Knossos. Heraklion, Museum.

Im April fand man fünf Tonabdrücke eines Siegelrings, die eine Frau mit Stock auf einem Gipfel – umgeben von zwei Löwen, einem Hörner-Tempel hinter ihr und einer anbetenden Figur vor ihr – zeigten. Evans sah in der Szene einen weiteren Beweis der Verehrung einer Muttergottheit.

Die zweite Grabungssaison ging mit der Entdeckung einer komplizierten mehrstöckigen Architektur im Ostteil des Palastes zu Ende. Hier führen Korridore und Treppenhäuser zu mehrsäuligen Räumen, darunter zur «Halle der Doppeläxte» – so von Evans genannt nach den auf Werksteinen eingeritzten Doppeläxten. Für Evans gehörte dieser Raum zum Herzen des Palastes, dem Megaron – dem Gemach des Königs.

In der dritten Kampagne, die vom 12. Februar bis Ende Juni 1902 reichte, setzte man die Grabungen in diesem komplizierten mehrstöckigen Ostteil fort. Um die freigelegten Bauteile jeweils sofort restaurieren zu können, stellte Evans diesmal

250 Arbeiter ein. Unmittelbar an der «Halle der Doppeläxte» stieß man auf weitere Räume, die Evans als die «Gemächer der Königin» bezeichnete. Hier barg man Freskofragmente, die neben Rosetten und Spiralen vor allem eine verträumte Meeresszenerie mit Seeigeln, Fischen und Delphinen zeigen. In der Nähe legte man einen Raum frei, der eine Latrine aufwies, die direkt an einen Kanal mit fließendem Wasser angeschlossen war. Evans hatte wohl das älteste WC (water-closet) der Welt entdeckt.

Die «Halle der Doppeläxte» und zahlreiche weitere Abbildungen von Doppeläxten veranlaßten Evans dazu, den Begriff Labyrinth nun von Labrys/»Doppelaxt» abzuleiten. Dies sei möglicherweise bei den Minoern zunächst mit der allmächtigen Muttergottheit verbunden gewesen und später ein Attribut des Zeus geworden. Die Herleitung des Wortes Labyrinth von Labrys ist heute sprachwissenschaftlich nicht mehr haltbar, auch wenn sie in der Literatur immer wieder gern angeführt wird.

Mit der vierten Kampagne (zwischen dem 23. Februar und Anfang Juni 1903) wollte Evans die Grabungen abschließen. Er begann diesmal mit 50 Arbeitern, erhöhte ihre Zahl im April aber auf etwa 200. Das Grabungstagebuch wurde nur unregelmäßig geführt in der Annahme, daß man alles Wichtige bereits zutage gefördert habe und das ganze Areal nur noch aufgeräumt werden müsse. Zunächst legten die Arbeiter nordwestlich des Palastes eine monumentale Treppenanlage frei, die auf zwei Seiten einen größeren viereckigen gepflasterten Platz rahmte, zu dem eine gepflasterte Straße führte. Die breiten Treppen formierten sich wie eine Zuschauertribüne. Evans interpretierte den Ort als rituellen Tanzplatz der Frauen, deren Tänze auf den Fresken dargestellt sind. Natürlich könnte auch jede andere Art von Kultprozession oder Veranstaltung dort stattgefunden haben.

Gegen Ende der Grabungszeit wurden in einem kleinen Zimmer südlich des Thronsaales zwei Kästchen geborgen, in denen Objekte aus Gold, Stein und Fayence aufbewahrt wurden, darunter die Fragmente zweier Statuetten der «Schlangengöttinnen». Sie zeigen eine weibliche Figur mit hohem Hut und offenem Jäckchen, aus dem die großen Brüste einer reifen, mütterlichen Frau hervorschauen. Um ihren rechten Arm (der linke war verloren) und ihre Hüfte winden sich Schlangen, die sich vor ihrem Becken wie ein Gürtel vereinigen. Obwohl der untere Teil der Figur fehlt, wurde sie als stehend rekonstruiert, weil eine zweite aus dem gleichen Kontext stammende Figur, deren Kopf und linker Arm fehlte, ebenfalls stand (Abb. 17). Sie war in der gleichen typisch minoischen Frauentracht gekleidet – dem kunstvoll verzierten Volantrock mit offenen Jäckchen, das die großen Brüste freiläßt. Beide Statuetten besitzen – wie viele männliche Figuren – die charakteristische Wespentaille. In der rechten Hand hielt die zweite Frauenstatuette (Abb. 17) ein gestreiftes, gewundenes, nur teilweise erhaltenes Objekt, das Evans mit einem Schlangenkopf rekonstruieren ließ. Dadurch wurde auch die zweite Figur zu einer «Schlangengöttin», die in jeder Hand eine Schlange bändigte. Des weiteren enthielt der Schatz Reliefs von Wildziegen und Kühen, die Junge säugen. Da die ägyptischen Göttinnen Hathor und Isis bisweilen als Kuh und Kalb dargestellt wurden, deutete Evans die Szenen als symbolhafte Darstellungen jener Göttinnen, die mit Hilfe ihrer Hörner den Sonnengott in den Himmel erheben. Diese prächtigen Kleinode minoischer Kunst erhob Evans zum Kultschatz. Er hatte sie im sogenannten Schatzraum des zentralen Heiligtums gefunden, das aus einem Dreisäulenheiligtum, einer Kulthalle und weiteren Kulträumen bestand. Sie waren der großen allmächtigen Fruchtbarkeits- und Muttergottheit geweiht. Heutzutage ist man in der Interpretation viel vorsichtiger: Gab es nicht viele verschiedene männliche und

Abb. 17: Sogenannte Schlangenpriesterin aus Knossos. Heraklion, Museum.

weibliche Gottheiten? Später gefundene Siegel belegen, daß es nicht nur eine Göttin gab. Handelte es sich bei all diesen Räumen um Kulträume? Wer wurde dort verehrt? Um gesicherte Antworten zu erhalten, muß man auf weitere Funde hoffen.

Bevor Evans nach Oxford zurückkehrte, beantragte er über die Vermittlung des britischen Konsuls von Kreta, R. W. Graves, «Duplikate oder Objekte ohne Wert» (insbesondere Scherben von Vasen und Abgüsse von den wichtigsten Gegenständen) dem Ashmolean Museum in Oxford übergeben zu dürfen. Seiner Bitte wurde zum Dank für seine großartigen Leistungen entsprochen – lediglich die erbetenen Schrifttafeln mußten im Lande bleiben.

Im Sommer präsentierte Evans seine nach England gebrachten Funde mit zusätzlichen Fotos, Plänen und Malereien im

Burlington Haus in London der gespannten Öffentlichkeit und löste eine Welle der Begeisterung für die älteste Kultur Europas aus, die den zeitgenössischen Kretern psychologisch auch in ihrer aktuellen politischen Annäherung an Griechenland half.

Im selben Jahr legte Evans seine neuen Erkenntnisse über die minoischen Schriften in einem Aufsatz dar. Seine Überlegungen gingen vor allem von den bereits 1902 von seinem alten Freund, dem Italiener Federico Halbherr, in Hagia Triada gefundenen Tafeln mit einer anderen linearen Schrift aus. Zeugnisse dieser Schrift hatte Evans mittlerweile auch im sogenannten «Tempel-Bereich» von Knossos gefunden. Evans revidierte durch diese neuen Tafelfunde seine Einteilung der Schriften und kam zu drei neuen Kategorien: «hieroglyphische» oder «konventionalisierte Bilderschrift», «lineare Schrift der Klasse A» und «lineare Schrift der Klasse B». Während er nun erstmalig die Hieroglyphen früher als den Gebrauch der linearen Schriften datierte, glaubte er, daß die beiden linearen Schriften zur gleichen Zeit verwendet wurden. In dem überwiegenden Teil aller Schriften wollte Evans aber Logogramme (ein Zeichen für ein Wort) einer nichtgriechischen Sprache erkennen, und diese falsche Annahme sollte dazu führen, daß er keine der Schriften entziffern konnte.

In der fünften Kampagne, die am 15. Februar 1904 begann, fand man schließlich auf dem Hügel Isopata das erste Grab. Auch wenn die 8 x 6 Meter große viereckige Steinkammer schon in der Antike aller Metallgegenstände beraubt worden war, barg man neben Tonabdrücken minoischer Siegel mehrere ägyptische Gegenstände: Alabastergefäße, Basaltschüsseln und eine Lapislazuli-Kette. Evans bezeichnete das Grab euphorisch als Königsgrab: Es sei möglicherweise das Grab des Idomeneus, der Legende zufolge der Enkel des Minos, der auf seiten der Griechen am Trojanischen Krieg teilgenommen hatte. Wieder durfte Evans «Duplikate» nach Großbritannien ausführen. Das

Ashmolean Museum in Oxford etablierte sich dank dieser Funde als die bedeutendste Sammlung minoischer Altertümer außerhalb Griechenlands.

Im Jahre 1905 wütete ein Bürgerkrieg auf Kreta, der Therisos-Aufstand, der von dem Rechtsanwalt Elefthrios Venizelos (1864–1936) angeführt wurde. Ziel war die Absetzung des Prinzen Georg und die Vereinigung Kretas mit Griechenland. Georg wurde durch Alexandros Zaimis (1906–1908) ersetzt. Den Unruhen zum Trotz reiste Evans zu seiner letzten großen Grabung an. Doch zunächst mußte er bei seinem Eintreffen im März erneut feststellen, daß der Winterregen Schäden an der Architektur verursacht hatte. Zuständiger Architekt in dieser Kampagne war Christian Charles Tyler Doll (1880–1955), der auf Theodore Fyfe gefolgt war. Der neue Architekt ersetzte zerstörte hölzerne Säulen und schwach zusammengesetzte Mauern durch Steinquader, die er mit gefärbtem Mörtel umgab. So entstand in den folgenden Jahren das noch heute bestehende Aussehen des Palastes, das dominiert wird von den roten oder schwarzen, nach oben breiter werdenden Säulen, die auf viereckigen Steinbasen ruhen und in weitausladenden, runden, wulstartigen, schwarzen und gelben oder roten und gelben Kapitellen mit darauf aufliegendem schwarzen Abacus enden. Dank dieser im Detail sehr umstrittenen Rekonstruktion blieb der Palast trotz aller Unwetter erhalten und vermittelt dem Besucher auch heute noch einen guten Eindruck von der Gestalt des damaligen Baus mit seiner komplizierten mehrstöckigen Anlage.

Im April nahm Evans am Internationalen Archäologischen Kongreß in Athen teil, bei dem er erstmals seine neue Chronologie der minoischen Kultur vortrug. Er unterschied eine in früh-, mittel- und spät-minoische (abgekürzt FM, MM und SM) Kultur und unterteilte jede in drei Phasen I–III. Seine Periodisierung wird noch heute parallel zu einer von dem griechischen Archäologen Nikolaos Platon (1909–1992) in den 1960er Jahren eingeführten Bezeichnung in Vor-, Alt-, Neu- und Nachpalastzeit verwendet:

FM	ca. 3000–2000 v. Chr.
MM I A = Vorpalastzeit	2000–1900 v. Chr.
MM I B – MM II = Altpalastzeit	1900–1700 v. Chr.
MM III – SM I A = Neupalastzeit	1700–1628 oder 1520 v. Chr.
SM I B = Beginn der mykenischen Dominanz	1628 oder 1520–1430 v. Chr.
SM II–III C = Nachpalastzeit	1430–1200 v. Chr.

Die hier angegebenen neuesten absoluten Jahreszahlen müssen mit Vorsicht betrachtet werden, auch wenn sie in vielen Phasen, dank der Funde ägyptischer Objekte in Kreta und kretischer Gegenstände in Ägypten, immer sicherer einzustufen sind. Unsicherheiten zeigen sich besonders bei der Datierung des Endes von spätminoisch I A (= Neupalastzeit) um 1628 oder 1520 v. Chr. Das Ende dieser Phase hängt mit dem großen Vulkanausbruch von Santorin (Thera) zusammen, der sich nach den naturwissenschaftlichen Erkenntnissen um 1628 v. Chr. ereignet hat, nach ägyptischen Aufzeichnungen jedoch erst um 1520 v. Chr. stattfand (siehe dazu auch das Kapitel zu Santorin in dem vorangegangenen Band *Sternstunden der Archäologie* auf den Seiten 98–99). Doch so weit konnte Evans in der Erkenntnis damals nicht sein: Die minoische Siedlung von Santorin schlummerte noch unter der Erde.

Nach dem Kongreß kehrte Evans nach Knossos zurück, wo in dieser Saison einige hundert Meter vom Palast entfernt der

«Kleine Palast» mit mehreren gepflasterten und mit Säulen versehenen Höfen zum Vorschein kam, der einen vieltürigen zwei-
räumigen Haupttrakt besaß. Ein nur 2 x 2,5 Meter großer Raum
mit Balustraden auf drei Seiten beherbergte auf der einen Seite
Hörner aus Gips und drei sehr stilisierte Statuetten, in denen
Evans eine Frau, ein Kind und einen Affen sah. Die Frau und
das Kind interpretierte er als große Muttergöttin mit Kind, die
die spätere Göttin Rhea mit ihrem Sohn Zeus präfigurierten.
Auch diese Deutung von Evans ist sehr umstritten.

In den Jahren 1906 und 1907 setzte Evans die Grabungen
aus, denn sein Privatvermögen, mit dem er die Unternehmungen
überwiegend finanziert hatte, war größtenteils aufgebraucht.
Evans ließ statt dessen mit seinem restlichen Kapital in diesen
zwei Jahren am Rande von Knossos die «Villa Ariadne» – die
von Neidern auch «Palazzo Evans» getauft wurde – bauen, in
der er in den nächsten Jahren seine Veröffentlichungen über die
Grabungen vorbereiten wollte. Um größere Summen zur Verfügung zu haben, ließ er auch einen Teil seiner geliebten Münzsammlung in Genf versteigern.

1908 schloß Evans die Freilegung des «Kleinen Palastes» ab.
Dabei konnte er als letzten sensationellen Fund den berühmten
Rhyton aus Steatit in Form eines Stierkopfes vermelden, dessen
Hörner aus vergoldetem Holz waren, die Augen aus Bergkristall
und schwarzem Gestein mit rotem Jaspis umrandet, das Maul
aus Perlmutt.

Im selben Jahr starb Evans Vater. Evans erbte sowohl von
ihm als auch von der Dickinson-Familie ein so großes Vermögen, daß er reicher war als je zuvor. Einen guten Teil seines
Vermögens investierte er weiterhin in die Erforschung der
minoischen Kultur und in die im gleichen Jahr von Sir Robert
Stephenson Smyth Baden-Powell (1857–1941) gegründete
Pfadfinder-Organisation, der Evans bis zum Ende seines Lebens als Mitglied diente. Seine Konservatorenstelle am Museum

gab er auf, wurde zum Ehrenkustos ernannt und nahm 1909 die außerordentliche Professur für prähistorische Archäologie an, die nur mit einem symbolischen Gehalt ausgestattet war.

Zum einen setzte Evans die Rekonstruktionen am Palast fort, ließ aber zugleich auch weiter nach Gräbern suchen. In dem nahegelegenen Isopota stieß man auf mehrere geplünderte Gräber, doch hatten die Grabräuber einen kleinen goldenen Siegelring übersehen. Das Siegel zeigt drei Frauen in der typischen minoischen Tracht in einem Lilienfeld, die in heftiger Bewegung einer vierten Frau zugewandt sind. Die ekstatischen Gebärden erinnerten Evans an den Tanz der mohammedanischen Bettelmönche, der Derwische, die in der Nähe von Knossos ein Kloster unterhielten. Die Derwische tanzen sich auf ähnliche Weise in Trance, um Gott näher zu sein, und so deutete Evans auch diese Szene als Kulttanz.

1909 veröffentlichte Evans in seinen *Kleinen Schriften* (*Scripta Minoa*) alle bis dahin bekannten minoischen Gegenstände, die Hieroglyphen aufweisen, darunter auch den kurz zuvor zutage geförderten Diskus von Phaistos, der aus einem Bau nahe dieses kretischen Palastes stammt. Insgesamt konnte Evans 135 Zeichen identifizieren. Eine Lesung der Texte war nicht möglich.

1910 kehrte Evans nochmals für eine kleinere Grabung nach Knossos zurück. Er ließ wieder nach Gräbern suchen. Doch fanden sich nur sechs späte Gräber, darunter das «Grab mit den Doppeläxten», so benannt nach den zwei daraus geborgenen bronzenen Doppeläxten. Auch ein zweiter Stierkopfrhyton kam zutage und bestätigte Evans, daß die Doppelaxt und der Stier wichtige Bedeutung im Kult der Minoer hatten. Wieder nahm Evans mögliche Ähnlichkeiten zur ägyptischen Hathor an, die auch als Totengöttin verehrt wurde.

In den nächsten Jahren widmete sich Evans neben der Ausübung vieler Ehrenposten (1911 wurde er auch zum Ritter [Sir]

geschlagen) vor allem den Slawen, die in zwei Balkankriegen
(1912 und 1913) und im 1. Weltkrieg um die Loslösung von jeg-
licher türkischer und österreichisch-ungarischer Herrschaft auf
dem Balkan und um die Festlegung ihrer eigenen Grenzen untereinander kämpften – insbesondere von Serbien und Montenegro, Bulgarien und Griechenland, aber auch Rumänien und
dem 1913 entstandenen Albanien. Evans setzte sich bei der
englischen Regierung für ein vereintes Südslawien (Jugoslawien)
ein, das er auch in der Pariser Friedenskonferenz als inoffiziel-
ler Vertreter der Slawen insbesondere gegen die Interessen der
Italiener vertrat, die die dalmatinische Küste beanspruchten.
Auch hatte sich Kreta im Zuge des 2. Balkankrieges 1913 mit
Griechenland vereint.

Erst nachdem wieder Ruhe eingekehrt war, konnte sich
Evans neuerlich der Erforschung von Knossos zuwenden. Ab
1921 bis 1935 sollte Evans in den vier Bänden *Palast des Minos*
(*Palace of Minos*) die Ergebnisse seiner Ausgrabungen vorstellen.

Im ersten Band ging er nochmals auf die linearen Schriften
ein und stellte fest, daß die Linear A-Schrift auf solchen Gegenständen erscheint, die in religiösen Zusammenhängen verwendet wurden, und daher wohl eine Art sakraler Schrift war.
Dagegen befindet sich die Linear B-Schrift vor allem auf Tontafeln, die im Alltag Verwendung fanden. Er stellte auch beide
Schriften in getreuen Abbildungen vor, ohne jedoch eine Lesung zu wagen.

Mitte Februar 1922 nahm Evans die Grabungen in Knossos
wieder auf. An der Südostecke des Palastes stieß er auf Häuser,
die die Zerstörung durch herabgefallene Steine aufwiesen; in
dem Schutt fand er auch zwei große Ochsenköpfe und Altär-
chen. Evans schloß von dem Stieropfer und den herabgestürz-
ten Steinen, die von der Palastfassade stammten, darauf, daß die
Zerstörung durch ein Erdbeben verursacht worden sein mußte.

Er stützte seine Theorie auch auf den Beinamen Poseidons, den wir bei Homer lesen: «An Stieren erfreut sich der Erderschütterer.» Evans folgerte also, daß der Palast am Ende der mittelminoischen Phase II (Altpalastzeit) nicht durch eine Revolte, sondern durch ein Erdbeben zerstört worden war. Am 20. April 1922 erschütterte Kreta ein starkes Erdbeben, dessen Epizentrum zwischen Santorin und Kreta lag. Evans mußte nun mit eigenen Sinnen erleben, welche Macht die Natur dort besitzt. Doch die in Stein und Beton gesicherten Rekonstruktionen des Palastes hielten. Ohne die von Evans vorgenommenen Ergänzungen wären wohl große Teile des Palastes, wie so viele Gebäude auf Kreta, von dem Beben zerstört worden.

Im Jahre 1923 mußten 1,5 Millionen Griechen die Türkei und 500 000 Türken Griechenland verlassen, nachdem die Griechen zuvor versucht hatten, Landgewinn in Kleinasien zu erzielen. Sie hatten aber alles verloren, als am 9. September 1922 General Mustafa Kemal (Atatürk, 1881–1938) ihre letzte große Bastion, Smyrna (heute Izmir), einnahm. Der Vertrag von Lausanne sah diesen Bevölkerungsaustausch vor. 30 000 in Kreta lebende Türken verließen die Insel und wurden von 30 000 Griechen aus der Türkei ersetzt.

Allen Widrigkeiten zum Trotz setzte Evans zu seiner endgültig letzten aufwendigen, viermonatigen Grabungskampagne in Knossos an. Noch einmal durfte er eine großartige Entdeckung vermelden: die Freilegung des «Hauses der Fresken», in dem sich wunderbare Malereien von blauen Vögeln und Affen in einer felsigen, mit Iris und Rosen übersäten Landschaft fanden. Besonders fasziniert war Evans davon, daß die Bilder Affen der Cercopithecus-Art zeigten, die nur im Sudan und südlich davon heimisch war.

Im nächsten Jahr überließ Evans sein Grundstück von Knossos einschließlich der «Villa Ariadne» der Britischen Schule von Athen als Schenkung – verbunden mit dem Wunsch, daß spätere Generationen dort in Ruhe forschen sollten. Er reiste aber auch selbst in den folgenden Jahren noch mehrfach nach Knossos, wo er vor allem die Rekonstruktion des Palastes vorantrieb. Ansonsten konzentrierte er sich vor allem auf die Publikation seiner Funde. Einer Veröffentlichung der Inschriften maß er jedoch wenig Bedeutung bei, weil er selbst in der Lesung keine Fortschritte erreicht hatte. Er war aber wohl auch nicht bereit, diese Aufgabe anderen zu überlassen, denn schließlich bargen die Inschriften den Schlüssel zum Verständnis der rätselhaften Kultur – und diese Tür wollte Evans wohl als letzten großen Triumph selbst aufstoßen.

Einige Fortschritte gab es jedoch. So wies Arthur Ernest Cowley (1861–1931) 1927 zu Evans' 75. Geburtstag zutreffend darauf hin, daß die zwar später entstandene Silbenschrift Zyperns sechs Zeichen besitzt, die «lo», «pa», «se», «ta», «to» und «u» bedeuten und den Zeichen der Linear B-Schrift sehr ähnlich sind. Interessanterweise stehen die Zeichen «lo» und «to» über zwanzig Mal am Ende von Wörtern einer Liste, die wohl Männernamen wiedergeben. Daraus folgerte Cowley, daß die männliche Wortendung «o» sei. Auch fand Cowley heraus, daß eine Gruppe von je zwei Zeichen wohl Jungen und Mädchen nannte, wobei jeweils das erste, in beiden Gruppen identische Zeichen dann für das Wort «Kind» stehen müßte oder für die gleiche Silbe wie z. B. im späteren Griechisch «kou» («kou-ros» für Junge und «kou-re» für Mädchen im Griechischen bei Homer), wobei Cowley – fälschlicherweise, wie sich herausstellen sollte – die Bedeutung «Kind» bevorzugte.

Auf diesen Aufsatz von Cowley aufbauend, sollte Evans noch als über 80jähriger 1935 in dem letzten der vier Bände *Palast des Minos* (*Palace of Minos*) erkennen, daß zwei Zeichen häufig am Wortende stehen und eine Deklination anzeigen. Bei wenigen Zeichen konnte er auch belegen, daß sie für Wörter stehen, wie Mann, Frau, Pferd, Schwein, Speer oder Pfeil. Auch stellte er fest, daß einige Wortbildzeichen in zwei Formen dargestellt werden, die sich nur minimal unterscheiden und daher wohl für männlich oder weiblich stehen. Doch welche Zeichen männlich oder weiblich sind, konnte er nicht bestimmen. Bei einer Tafel fand Evans sogar heraus, daß die Pferdeköpfe mit und ohne Mähne Pferd und Fohlen bedeuten und daß die vor dem Bild für Fohlen eingeritzten Zeichen, die aus der zyprischen Silbenschrift bekannt waren, als «polo» zu lesen sind. Obwohl er sich anscheinend bewußt war, daß Fohlen im Altgriechischen «polos» heißt, ignorierte er diese offensichtliche Ähnlichkeit in der Überzeugung, daß die Linear B-Schrift nicht eine Form von Griechisch, sondern einer älteren Sprache sei, so wie die frühe Kultur auf Kreta nichts mit den später einwandernden Griechen gemein haben könne. Daher konnte Evans aber auch nicht mehr in der Entzifferung fortschreiten, obwohl er den Schlüssel zur Lösung des Rätsels bereits in der Hand hielt.

Drei Tage nach seinem 90. Geburtstag starb Evans in Youlbury. Wenige Monate vor seinem Tod mußte er aber noch erfahren, daß sein jüngster Zögling und Kurator von Knossos, John Pendlebury (1904–1941) im gemeinsamen Kampf mit den Kretern gegen die deutschen Invasoren den Tod gefunden hatte und seine geliebte «Villa Ariadne» in Knossos von einem deutschen General beschlagnahmt worden war.

In den 40er Jahren beschäftigte sich die Amerikanerin Alice Kober (1906–1950) intensiv mit den Linear-Schriften und beschritt neue Wege in der Entzifferung. Bei fast allen bis dahin entzifferten Schriften war man zur Entschlüsselung von Eigennamen ausgegangen (siehe die Kapitel über die Entzifferung der Hieroglyphen, über Ninive und über die Hethiter). Kober ging von der These aus, daß die Linear-Schriften möglicherweise eine Sprache mit Flexion wiedergeben und daher immer wieder gleiche Präfixe, Suffixe und Infixe aufweisen müßten. Zu diesem Schluß kam sie, weil sie immer wieder mögliche Wörter identifizierte, die bestimmte Zeichenfolgen aufwiesen. Diese Feststellung gelang ihr, ohne Laute fixieren zu können.

1948 hielt Kober schließlich in ihrem Aufsatz *Die minoischen Schriften. Fakten und Theorien* (*The Minoan Scripts. Facts and Theory*) fest, daß das mittlerweile gelesene Wort «insgesamt» in Linear A und in Linear B unterschiedlich geschrieben wird und daß Linear B Flexionen aufweist, Linear A hingegen nicht. Daraus schloß sie, daß beide Schriften verschiedene Sprachen wiedergeben.

Die theoretischen Ansätze von Kober nahm der Engländer Michael Ventris (1922–1956) auf, der schon als Schüler von den alten Schriften fasziniert war. Als 14 jähriger begegnete er Sir Evans, und diese Begegnung bewegte ihn dazu, das Rätsel der minoischen Schrift zu lösen. Jenes denkwürdige Treffen fand aber nicht nach einem Vortrag des berühmten Archäologen zum 50 jährigen Jubiläum der Britischen Schule von Athen in London statt – wie in den meisten Büchern zu lesen ist –, sondern bei einer Ausstellung über minoische und griechische Kunst, die aus dem gleichen Anlaß gezeigt wurde. Zusammen mit seiner Schulklasse besuchte Michael Ventris die Ausstellung, in der durch Zufall Sir Evans weilte und sich spontan bereiterklärte, durch die Ausstellung zu führen. Dabei zeigte er den Schülern auch die noch unentzifferten Tontafeln in einer Vitrine und wies auf das Rätsel der Schrift hin. Michael Ventris wollte es lösen. Bereits als 17 jähriger verfaßte er einen ersten Aufsatz für die renommierte Zeitschrift *American Journal of Archaeology*, in dem er vorschlug, die minoische und die etruskische Sprache als verwandt zu betrachten. Sein Ausgangspunkt war, daß – wie man damals sehr zu Unrecht vermutete – die Etrusker ursprünglich aus Ostgriechenland oder Lydien stammen könnten.

Der 2. Weltkrieg verhinderte weitere Studien. Während dieser Zeit diente Ventris als Navigator bei der Royal Air Force. Nach dem Krieg beendete er sein Architekturstudium, das er bereits 1940 aufgenommen hatte, und baute Schulen. Neben seinem Beruf widmete er sich Anfang der 50er Jahre mit Erfolg der Linear B-Schrift. Zunächst kam er auf die originelle Idee, als Laie einen Rundbrief an die ihm bekannten Forscher zu schreiben, die sich mit den kretischen Schriften auseinandersetzten. Allen schickte er den gleichen Fragenkatalog zu den Schriften und bat sie um ihre Meinung. Zehn antworteten ihm. Es zeigte sich, daß sie alle in ihren Deutungen weit auseinanderlagen. Ventris wurde dadurch klar, daß er außer den Ansätzen von Cowley, Evans und Kober kaum auf etwas zurückgreifen konnte. Er ging ans Werk und schickte von Januar 1951 bis Juni 1952 alle paar Wochen seine neuen Erkenntnisse über die Zeichen, die er in Tabellen auflistete, als Arbeitsnotizen an die Forscher, um die Diskussion in Gang zu bringen. Zwar fand er immer mehr Analogien und identifizierte mögliche Silben, doch konnte er sie zunächst nicht in schlüssige Lautwerte umsetzen. Das lag u. a. daran, daß er immer noch von der Verwandtschaft der zu suchenden Sprache mit der etruskischen ausging und viele Tontafeln der Linear B-Schrift unpubliziert waren. Sir Arthur Evans wollte die Tafeln immer im Einklang mit den anderen archäologischen Funden in ihrer Gesamtheit veröffentlichen und hatte bis zu seinem Tod im Jahre 1941 keinen anderen Forscher an den unveröffentlichten Tafeln aus Knossos arbeiten lassen. Von mehr als 1600 Tontafeln der Linear B-Schrift waren nur etwa 200 veröffentlicht.

Die 1939 von dem Amerikaner Carl William Blegen (1887–1971) in Pylos auf der Peloponnes gefundenen etwa 600 Tafelfragmente in Linear B-Schrift konnten wegen des 2. Weltkrieges und dessen Folgen erst ab 1951 durch den Amerikaner Emmett L. Bennett Jr. veröffentlicht werden. Doch schon die ersten von Bennett vorgestellten Tontafeln und der leichte Zugang zu den übrigen Tontafeln von Pylos sollten Ventris entscheidend helfen. Mit diesem Fundus hatte Ventris ein weitaus umfassenderes Arbeitsmaterial zur Verfügung als mit den bis dahin nur unzureichend publizierten Schriften aus Knossos. So boten die Pylos-Tafeln allein 5000 Zeichengruppen an. Ventris erkannte zunächst durch die Häufigkeit des Vorkommens das Wort «und». Dann schloß er hypothetisch aus der Kombination vieler Silbenvergleiche, daß man – in Kombination mit dem ähnlichen kyprischen Silbenzeichen «lo» – zwei Silben verbinden konnte, die zusammen das Wort, beispielsweise «do-we-lo», ergaben, das wie im Griechischen (doulos) Diener/Sklave heißen könnte. Trotz dieser frappierenden Übereinstimmung mit dem Griechischen schloß Ventris – wie vorher Evans – eine Verwandtschaft der Sprachen zunächst kategorisch aus, weil ihm die griechische Endung «os» fehlte und er vor allem der damals gängigen Ansicht folgte, daß die Einwanderung der Griechen nach dem Untergang der mykenischen Kultur erfolgt wäre. Immer noch versuchte er, mehr Gemeinsamkeiten zwischen dem Kyprischen und Linear B herauszuarbeiten. Nachdem Ventris aber mehrere Affixe in der Linear B-Schrift feststellte, die an gleichbleibende Wortstämme anschlossen, verwarf er seine Hypothese der Verwandtschaft zum Kyprischen, weil sich dort beim Anhängen von einem Affix auch der Wortstamm änderte.

Auf Grund dieser Erkenntnis kam Ventris in seiner 20. Arbeitsnotiz zu der Frage: «Sind die Knossos-Tafeln in Griechisch geschrieben?» Seine Antwort lautete, daß die Linear A-Schrift eine prä-griechische Sprache sei und die Linear B-Schrift Griechisch wiedergebe, Linear B aber viele Zeichen von Linear A übernommen habe. Dies würde auch erklären, warum die Linear A-Schrift nur auf Kreta und die Linear B-Schrift in ganz Griechenland zu finden sei: Weil sie sich durch die griechischsprachige Bevölkerung der mykenischen Kultur, die auf dem Festland entstand, nach der Eroberung Kretas als gemeinsame Schrift verbreitet hatte. Mit dieser Voraussetzung ging er nun auf die Suche nach Ortsnamen, in der Hoffnung, daß diese möglicherweise gleich geblieben sein könnten. Und er wurde fündig. So las er «a-mi-ni-so» (die Hafenstadt Amnisos), «ko-no-so» (Knossos) und «tu-li-so» (Tylissos). Nun erkannte er ein weiteres Wort «ko-li-ya-.o-no» (das Gewürz Koriander) und bestätigte die von Cowley gewonnenen Worte «ko-wo» (für Junge) und «ko-wa» (für Mädchen).

Anfang Juni 1952 präsentierte Ventris seine vorläufigen Ergebnisse in einer Radiosendung der BBC, die der junge Cambridger Dozent für Altgriechisch und Lateinisch, John Chadwick (1920–1998), hörte. John Chadwick war so sprachbegabt wie Michael Ventris, der 15 Sprachen beherrschte, und hatte bereits neben alten und neuen europäischen Sprachen auch Tibetisch, Sanskrit und Japanisch erlernt; auch hatte er sich ebenfalls schon intensiv, wenn auch erfolglos, mit der Linear B-Schrift auseinandergesetzt. Nachdem der interessierte Chadwick das letzte Rundschreiben von Ventris auf Anfrage von Sir John Myres erhalten hatte, setzte er sich die nächsten vier Tage voller Begeisterung mit den Thesen von Ventris auseinander. Er war so fasziniert, daß er darüber sogar seinen Hochzeitstag vergaß. Er war überzeugt, daß Ventris mit seinen Ausführungen recht hatte und bot ihm seine Hilfe an. Ventris nahm das Angebot gern an, und beide fanden, rege miteinander korrespondierend, bis November 1952 fast 60 richtige Lesungen von Zeichen, die 1953 in dem Artikel *Beweis für einen griechischen Dialekt in mykenischen Archiven* im *Journal of Hellenic Studies* erschienen. Während der Drucklegung stieß Blegen in der 1952 fortgesetzten Grabung in Pylos auf eine Tontafel, die die Lesungen von Ventris aufs trefflichste belegte. Auf dieser Tafel wurden Gegenstände aufgeführt: «ti-ri-po-de» («tripodes»,

Dreifüße) und «di-pa» («depas», Becher) mit «ti-ri» («tri-», drei), «qu-to-ro» («qetr-», vier) oder «a» («a-», ohne) «we» (von «ouas», «Ohr» für Henkel). Die Linear B-Schrift war größtenteils entziffert!

Die anderen beiden Schriften sind bis heute nicht zu lesen, doch können wir die Entwicklung aller drei Schriften viel besser eingrenzen. In der vorpalastzeitlichen Periode am Ende des 3. und zu Beginn des 2. Jahrtausends v. Chr. fanden sich erstmalig Siegel mit Bildzeichen. Sie dienten wohl zur Kontrolle und Registrierung der Waren, die in einer wachsenden Gesellschaft in größerer Zahl produziert und vertrieben wurden. Nur so konnte das Eigentum noch verwaltet werden. Möglicherweise übernahmen die Minoer die Technik aus dem Nahen Osten. In der Älteren Palastzeit (ca. 1900–1700 v. Chr.) entwickelten sich auf Kreta die Hieroglyphen- und die Linear A-Schrift parallel und existierten bis ins 16./15. Jahrhundert v. Chr., wobei die Hieroglyphen vor allem in Nordkreta, insbesondere in Knossos, Mallia und Petras bei Sitia, und Linear A zunächst in Südkreta um Phaistos und spätestens ab dem 17. Jahrhundert v. Chr. auf ganz Kreta und einigen anderen Inseln (Thera, Melos, Keos und Kythera) geschrieben wurden. Ob es sich bei beiden Schriften um Zeugnisse ein und derselben oder von verschiedenen Sprachen handelt, ist unbekannt. Linear A wurde – wie die Hieroglyphen – vor allem für Namen- und Warenlisten benutzt und besitzt etwa 70 Silbenzeichen, 50 Zeichen für Zahlen und Maße und 100 Zeichen für Worte (Logogramme). Im 16. oder im 14. Jahrhundert v. Chr. entstand die Linear B-Schrift in einem frühgriechischen Dialekt und geriet mit dem Untergang der mykenischen Kultur um 1200 v. Chr. in Vergessenheit. Ihre Einführung war wahrscheinlich einhergegangen mit der Integration von Kreta in das Herrschaftsgebiet der Mykener. Heute kennen wir etwa 400 Gegenstände, die 2000 Zeichen mit Hieroglyphen tragen, etwa 1400 Objekte mit 8000 Zeichen von

Linear A-Schrift und etwa 5000, die mit insgesamt 80000 Zeichen in Linear B-Schrift versehen sind. Linear B-Schriftzeugnisse wurden bisher in Knossos und Chania auf Kreta und in Pylos, Mykene, Tiryns, Pylos und Dendra/Midea zutage gefördert. Linear B besitzt etwa 90 Silbenzeichen, 50 Zeichen für Zahlen und Maße und 160 Zeichen für Worte (Logogramme). Nur noch etwa 20 Zeichen sind nicht entziffert. Bei den Texten handelt es sich vor allem um Namen- und Warenlisten, die über Waren wie Textilien, Metallgegenstände, Öle und Lebensmittel sowie deren Verteilung an Militär, Verwaltung, Bevölkerung und sakrale Einrichtungen Auskunft geben. Letztere dokumentieren erstmalig die Namen griechischer Gottheiten wie Zeus, Hera, Poseidon, Artemis, Ares, Hermes und Dionysos sowie möglicherweise Athena und Demeter. Ihre Existenz konnte dank dieser Texte ins 2. Jahrtausend v. Chr. zurückdatiert werden.

Der vieldiskutierte, im 17./16. oder 14. Jahrhundert v. Chr. hergestellte «Diskos von Phaistos» ist ein Einzelstück von besonderer Bedeutung. Die 16 Zentimeter große Tonscheibe ist auf beiden Seiten mit 261 eingestempelten Zeichen versehen. 61 Striche trennen je nach Auslegung zwischen 45 und 47 unterschiedliche Bildzeichen. Eingestempelte Zeichen kennen wir nur von dieser Scheibe. Die Zeichen unterscheiden sich deutlich von allen anderen Bildzeichen Kretas. Auch wurde der Diskos von dem Töpfer gebrannt, um für die Ewigkeit erhalten zu bleiben, während die sonst auf Kreta geborgenen Tontafeln nur zufällig durch Brände gehärtet wurden. Der Diskos ist außergewöhnlich gut erhalten und die Eintiefungen sind noch so scharf, daß auch schon angenommen wurde, es handele sich um eine Fälschung aus neuerer Zeit. Dieser Diskos wurde zusammen mit einem Tontafelfragment in Linear A-Schrift am 3. Juli 1908 von Dr. Luigi Pernier, der im italienischen Grabungsteam von Federico Halbherr tätig war, in einem Gebäude entdeckt, das nordöstlich an den Palast von Phaistos anschloß. Die Fund-situation legt nahe, daß beide Schriften von einem Raum aus dem ersten Stockwerk herabgefallen waren. Die Scheibe wurde wegen ihrer Einzigartigkeit auch als Import einer unbekannten Kultur angesehen. Wahrscheinlicher ist jedoch, daß der Diskos von Phaistos – wie die Hieroglyphen- und Linear A-Schrift – zu der gleichen ältesten Hochkultur Europas gehört, die uns noch wie einst Arthur Evans viele Rätsel aufgibt und uns wahrscheinlich gerade deshalb mit all ihren Schönheiten in den Bann zieht.

Der Sensationsfund als Krimi –
Die Himmelsscheibe von Nebra

«Wenn das Gestirn der Plejaden, der Atlasgeborenen, aufsteigt,
dann fang an mit dem Mähen, und pflüge, wenn sie versinken.
Diese halten sich dir durch vierzig Tage und Nächte
im Verborgenen, dann im Laufe des kreisenden Jahres
treten sie wieder ans Licht, sobald das Eisen geschärft wird.
Dieses Gesetz gilt stets für den Feldbau, ob sie dem Meere
eng benachbart wohnen, ob tief in waldigen Schluchten,
fern von der wogenden See, die Menschen auf fettem Gefilde
wohnen (…).
Sind nach dem Willen des Zeus, seitdem sich die Sonne gewendet,
sechzig Wintertage vorbei, erst dann wird Arkturos
Ozeans heilige Strömung verlassen und allüberstrahlend
über dem Gipfel des Dunkels vor andern Gestirnen erscheinen.
Hinter ihm steigt in das Licht Pandions Tochter, die Schwalbe,
wieder den Menschen und klagt, wenn jung der Frühling nun
aufgeht.
Ehe sie kommt, beschneide die Reben; denn so ist es besser.
Aber wenn dann die Schnecke vom Boden die Pflanzen hinauf-
kriecht
und die Plejaden flieht, dann grabe nicht länger im Weinberg,
nein, dann schärfe die Sichel und wecke die schlafenden Knech-
te! (…)
Sind aber dann Orion und Sirius mitten am Himmel
angekommen, erblickt den Arkturos die rosige Eos,

dann, mein Perses, pflück und bring nach Hause die Trauben,
zeig die Früchte der Sonne zehn Tage und Nächte und laß sie
fünf im Schatten beisammen, am sechsten schöpfe in Fässer des
Dionysos Gaben, des freudereichen. Doch wenn dann
mit den Plejaden und den Hyaden die Kraft des Orion
taucht in das Meer, dann sei der Zeit des Pflügens aufs neue ein-
gedenk. – Also schließe im Boden der Kreis sich des Jahres (...)
Doch nach gefährlicher Seefahrt ergreift dich vielleicht ein Verlangen,
wenn die Plejaden die Kraft, die mächtige, fliehen des Orion
und auf der Flucht in das Meer, das dunstverschleierte, fallen;
o wie tobt dann das Wehen von allerlei Winden!
Nicht mehr halte du dann die Schiffe auf schwärzlichem Meere,
sondern bestelle die Erde und denk daran, was ich dir rate.»

Hesiod, *Werke und Tage*, 382–390, 563–572, 608–622 (Übersetzung von Albert von Schirnding)

✳

Am 23. Februar 2002 sitzen Dr. Harald Meller, Landesarchä-
loge von Sachsen-Anhalt und Direktor des Landesmuseums
für Vorgeschichte von Halle/Saale, Museumspädagogin Hildegard B.-B. und Oberstudienrat Reinhold S. – beide aus Nord-
rhein-Westfalen – um einen Tisch in einer Bar des Hilton-
Hotels in Basel. Alle drei sind angespannt. Es geht um wertvolle archäologische Funde. Der Oberstudienrat zeigt Harald
Meller ein vorgeschichtliches Schwert. Dr. Meller wartet aber
auf ein ganz anderes Objekt. Da packt Reinhold S. endlich die
ersehnte goldverzierte Bronzescheibe aus einem Handtuch aus,
das er unter seinem Hemd versteckt gehalten hat. Der renommierte Landesarchäologe soll die Echtheit der Gegenstände
begutachten und sich dazu äußern, ob er noch an einem Kauf
interessiert sei. Doch es kommt ganz anders, als der Ober-

studienrat und die Museumspädagogin gedacht haben. Schweizer Polizeibeamte in Zivil nehmen Reinhold S. und Hildegard B.-B. in einer Blitzaktion fest. Die Basler Staatsanwaltschaft war informiert, daß die Objekte vor kurzer Zeit in Sachsen-Anhalt gefunden worden waren; damit unterliegen sie dem dortigen Gesetz des Schatz-Regals und sind als Bodenfunde Eigentum des Landes Sachsen-Anhalt. Schon am 25. Februar berichtet der *Focus* von der Beschlagnahmung der einzigartigen Gegenstände. Etwas später wird Harald Meller in einer Pressekonferenz verkünden, daß es sich bei der Himmelsscheibe – vermutlich um 1600 v. Chr. entstanden – um einen der wichtigsten Funde des 20. Jahrhunderts mit der frühesten genaueren Himmelsdarstellung handelt. Soweit die Fakten. Doch wie kam es zu diesem außergewöhnlichen Fund? Was folgte dann, und welche Bedeutung ist den Gegenständen beizumessen?

Nach der Beschlagnahmung folgten erst einmal vielfältige wissenschaftliche Untersuchungen und mehrere Gerichtsverhandlungen, in deren Verlauf folgende Entdeckungsgeschichte rekonstruiert wurde: An einem heißen Sommertag im Jahre 1999 gehen Mario R. und Henry W. auf der Suche nach Metallgegenständen mit Sonden eine Wallanlage auf dem Mittelberg im Ziegelrodaer Forst in der Gemarkung Ziegelroda (Merseburg-Querfurt) bei Nebra (Burgenlandkreis) ab. Schon seit mehreren Jahren suchen die Freunde Gebiete in Sachsen-Anhalt mit Metalldetektoren ab. Sie hoffen, Funde ans Tageslicht zu bringen, die sie in klingende Münze umwandeln können. Solche Objekte sind freilich meldepflichtig, und deren Verkauf ist illegal. Doch wollen die beiden ihr karges Einkommen aufbessern. Spaß haben sie bei dieser «Schatzsuche» allemal, und auch wenn ein Tag ohne Erfolg verläuft, bleibt das Gefühl des Abenteuers, das ihnen hilft, ihren sonst eintönigen Alltag zu vergessen. Ob ihnen die juristische Problematik ihres Handelns bewußt ist oder ob sie ahnen können, wieviel Schaden Sondengänger wie sie anrichten, wenn sie einen archäologischen Befund durch Raubgräberei zerstören, wissen wir nicht.

An diesem schönen Sommertag sind Mario R. und Henry W. schon seit Stunden vergeblich auf der Suche. Sie wollen langsam heimkehren. Doch da schlägt der Metalldetektor von Henry W. unerwartet an. Bereits knapp unter der Erdoberfläche stößt er auf eine stark mit Erde verkrustete Scheibe. Er versucht, die Schicht abzukratzen, doch gelingt es kaum, weil die Erde außergewöhnlich fest mit dem Gegenstand verbacken ist. Wie sich später herausstellen sollte, wurde die Himmelsscheibe bei diesen unprofessionellen Aktionen beschädigt. Allerdings halten die beiden ihren wertvollen Fund zunächst noch für einen neuzeitlichen Eimerdeckel. Dennoch graben sie weiter. Jetzt kommen zwei Schwerter, zwei Beile, ein Meißel und zwei Armringe zum Vorschein (Abb. 18). Frohgemut kehren die beiden nach Hause zurück. Sie wollen den auffälligen Fund so schnell wie möglich verkaufen und rufen den in Sondengängerkreisen einschlägig bekannten Händler Achim S. aus der Umgebung von Köln an. Ein baldiges Treffen wird vereinbart. Als Achim S. das Ensemble sieht, kauft er es ihnen für 31 000 oder 32 000 DM ab.

Doch noch immer ist die Bronzescheibe voller Erde. Der Händler unternimmt eine «Reinigungsaktion» mit Bürsten und Eisenwolle. Dabei befreit er die Scheibe zwar vom größten Teil der Erde, beschädigt aber die Oberfläche noch stärker. Es zeigt sich immerhin nunmehr, daß die Oberseite mit der Darstellung eines goldenen Sternenhimmels geschmückt ist. Achim S. ist sich der Einzigartigkeit des Objekts bewußt, auch wenn er es nicht richtig einzuordnen weiß.

Er bietet den Fund Dr. Wilfried Menghin, dem Direktor des Berliner Museums für Vor- und Frühgeschichte, für eine Million DM zum Kauf an. Als Menghin Fotos der Gegenstände in Berlin sieht und dabei erfährt, daß sie in Sachsen-Anhalt ans Tageslicht befördert worden sein sollen, lehnt er den Kauf strikt

Abb. 18: Rekonstruktion des Fundkomplexes mit der Himmelsscheibe, den zwei Schwertern und Beilen, dem Meißel und den Fragmenten der Spiralarmreifen.

ab. Er rät dem Händler, Dr. Siegfried Fröhlich, den Landes-archäologen von Sachsen-Anhalt, zu informieren. Achim S. ruft daraufhin tatsächlich den Landesarchäologen an, doch als dieser von Polizei und Illegalität spricht, wird dem Händler die Geschichte zu heiß, und er legt auf.

Letztendlich erwirbt der Oberstudienrat Reinhold S. durch Vermittlung von Hildegard B.-B. den Fund für 230 000 DM. Der pensionierte Lehrer ist ein passionierter Hobbyarchäologe, der Kredite aufnimmt, um dieses einmalige Ensemble kaufen zu können. Hildegard B.-B., die Museumspädagogin, leitet eine Event-Gaststätte mit beziehungsreichem Namen, in der römische Gerichte, Getränke und Showeinlagen im historischen Ambiente angeboten werden.

Nachdem Harald Meller neuer Direktor des Landesmuseums für Vorgeschichte in Halle/Saale und Landesarchäologe von Sachsen-Anhalt geworden ist, besucht er im Jahre 2001 Wilfried Menghin im Berliner Museum für Vor- und Frühgeschichte. Sie kommen auf den sonderbaren Fund zu sprechen, und Menghin kann Meller auch die Fotos der Gegenstände zeigen. Harald Meller will aus naheliegenden Gründen diesen Fund nach Sachsen-Anhalt zurückholen. Der Verbleib der Gegenstände ist den beiden Wissenschaftlern aber unbekannt. Meller schaltet das Landeskriminalamt von Sachsen-Anhalt ein, das nun tätig wird. Die Polizisten erfahren von einem freien Journalisten, er sei dabei, einen Artikel über die Objekte zu verfassen.

Am 11. Februar 2002 erhält Wilfried Menghin erneut einen Anruf, diesmal von Hildegard B.-B., die die Gegenstände für 750 000 DM zum Verkauf vermitteln will. Menghin informiert das Landeskriminalamt, und der Journalist bestätigt, daß er mit der gleichen Person in Kontakt stehe und die Funde bereits für den Artikel fotografiert worden seien. Harald Meller ruft am nächsten Tag Hildegard B.-B. an. Am 16. Februar besucht er sie in ihrer Gastwirtschaft. Sie sprechen über einen möglichen Kauf und kommen überein, sich am 23. Februar im Basler Hilton-Hotel zu treffen. Die Basler Staatsanwaltschaft hat der verantwortungsvolle Wissenschaftler eingeweiht; diese nimmt – wie oben beschrieben – die Beschlagnahmung vor.

Ab September 2003 kommt es zu mehreren Gerichtsverhandlungen wegen Fundunterschlagung und Hehlerei. Im Vorfeld und im Verlaufe der Prozesse widersprechen sich die Aussagen der betroffenen Personen immer wieder, was den Fundort, die Zusammengehörigkeit der Gegenstände und die Intentionen von Kauf und Verkauf betrifft: Der Fund stamme gar nicht aus Sachsen-Anhalt, die Himmelsscheibe und die übrigen Objekte kämen nicht aus dem gleichen Fundkontext. Am 11. November 2004 erklärt der Regensburger Professor Peter Schauer in der *Frankfurter Allgemeinen Zeitung* sogar, daß die Himmelsscheibe eine Fälschung sei und daß er die beiden Schwerter bereits vor dem offiziellen Auffindungsdatum im Kunsthandel gesehen habe und diese aus Ungarn stammen würden. Dieser Aussage stehen Untersuchungen von Professor Ernst Pernicka entgegen, der nachweist, daß die Himmelsscheibe über hundert Jahre alt ist und das Kupfer wahrscheinlich vom Mitterberg bei Mühlbach am Hochkönig im Salzburger Land stammt, einer Lagerstätte, die in der Bronzezeit das begehrte Erz lieferte. Das Landeskriminalamt von Sachsen-Anhalt hat des weiteren die an den Gegenständen noch nachweisbaren Bodenreste untersucht und festgestellt, daß sie alle mit der Erde vom Mittelberg übereinstimmen – jenem Ort also, den der Finder Henry W. nach vielen Verhören schließlich definitiv als Fundort angegeben hat. Dem widerspricht nun wieder sein Mitfinder Mario R. in einem im Mai 2005 verfaßten Buch, in dem er behauptet, die Fundstelle der Himmelsscheibe sei nicht Nebra, und die anderen Gegenstände hätten sie an verschiedenen Orten geborgen und erst später als Hortfund zusammengestellt, um einen höheren Preis zu erzielen. Merkwürdig an dieser letzten Aussage scheint wiederum, daß zwei Sondengängern und archäologischen Laien wie Henry W. und Mario R. eine derart stimmige Zusammenstellung von Schwertern, Beilen, Meißel und Armringen gelungen sein soll und daß sie ausgerechnet die Schwerter, die in ihren Augen bei einem Verkauf bei weitem den größten Wert darstellten, schon längere Zeit aufbewahrt haben wollen, obwohl beide stets an Geldmangel litten. So lassen solche Ungereimtheiten und widersprüchlichen Kommentare immer wieder Zweifel an der Zusammengehörigkeit der Gegenstände und dem Fundort aufkommen. Doch nur die – plausible – Zusammengehörigkeit der Funde und der Fundort begründen schlüssig die im folgenden vorgestellten Erkenntnisse und Thesen. Da die Himmelsscheibe wegen ihrer Einmaligkeit weder eine zeitliche noch örtliche Einordnung anhand von Vergleichsstücken erlaubt, können nur die anderen aus dem gleichen Kontext stammenden Gegenstände bei der Klärung dieser Fragen weiterhelfen.

Den wichtigsten Beifund stellen die zwei Bronzeschwerter dar (Abb. 18). Ihre Griffe bestanden auf der einen Seite aus organischem, mittlerweile weitgehend zersetztem Material und auf der anderen aus Bronze, die Seiten waren durch vier Nieten miteinander verbunden. Die Knaufansätze waren mit gerillten Reifen aus Goldblech verziert. Die leicht geschweiften Klingen mit markantem Mittelgrat und die Griffe weisen zudem sehr feine Eintiefungen mit geometrischen Mustern auf, in die Kupferverzierungen eingelegt waren. Diese aufwendige Einlegetechnik kennen wir ansonsten vor allem von mykenischen Schwertern aus Griechenland, so z. B. von den berühmten Schwertern aus den Schachtgräbern von Mykene. Fertigung und Gestaltung, insbesondere der Klinge, erlauben eine Datierung der Schwerter ins 17./16. Jahrhundert v. Chr. Sie stehen damit am Ende der Frühbronzezeit, die in dieser Region mit der Aunjetitzer Kultur einhergeht, und am Anfang der Mittelbronzezeit – sie stehen somit am Beginn der großen «Zeit der Schwerter», welche die vorher beliebteren Vollgriffdolche mit dreieckiger Klinge als Prestigewaffe der Männer ersetzten.

Auch weitere archäologische Vergleiche der Schwerter, Beile und Armringe mit ähnlichen Gegenständen ergeben für alle Beifunde eine Datierung um 1600 v. Chr. und einen Herstellungsort in Mitteldeutschland. Die archäologische Bestimmung der Datierung wurde durch die naturwissenschaftliche Untersuchung von Birkenrinderesten an einem der Schwerter bestätigt, ihr Herstellungsdatum auf Grund einer C_{14}-Analyse zwischen 1600 und 1560 v. Chr. eingegrenzt. Diese Untersuchung beruht darauf, daß alle Organismen während ihres Lebens Kohlenstoffelemente aufnehmen, unter anderem ein radioaktives Isotop, C_{14}. Mit dem Tod endet die Aufnahme dieser Isotope und sie zerfallen von nun an gleichmäßig. Auf dieser Grundlage kann man errechnen, wie viele Jahre seit dem Tod des Lebewesens vergangen sein müssen.

Die Schwerter sowie die anderen Gegenstände, die neben der Himmelsscheibe geborgen wurden, waren also wohl um 1600/1560 v. Chr. hergestellt und vergraben worden.

Eine große Ausnahme mag die Himmelsscheibe bilden, die im Laufe ihrer Benutzung verschiedene Veränderungen erfahren hat und je nach Einschätzung auch mehrere Jahrhunderte vor dem Zeitpunkt ihrer Deponierung am späteren Fundort entstanden sein kann.

Die Bronzescheibe ist geschmiedet, hat einen Durchmesser von etwa 32 Zentimetern und ist in der Mitte 4,5 Millimeter und am Rand 1,7 Millimeter dick. Das Gewicht beträgt etwa 2 Kilogramm. Zunächst war die Bronzescheibe mit 32 Sternen, mit einem Halbmond und – je nach Interpretation – mit einem Vollmond oder einer Sonne verziert (Abb. 19/I). Die Bronzescheibe, die heute durch ihr Alter eine grüne Patina erhalten hat, war damals in ihrer ursprünglichen dunkelbraunen Färbung zu sehen, von der sich die leuchtenden goldenen Applikationen abhoben. Die Gestirne bestanden aus dünnem Goldblech, das auf die Bronzescheibe als Tauschierung fixiert worden war. Dabei hatte der Handwerker auf der härteren Bronzescheibe die Umrisse der Himmelszeichen zunächst durch Vertiefungen markiert. In diese Rillen hatte er dann die vorgefaßten Goldbleche eingehämmert und dadurch befestigt.

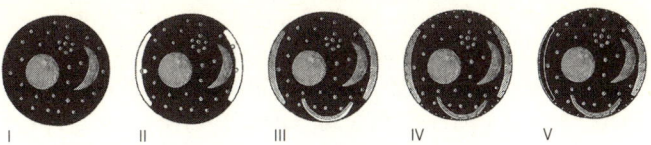

*Abb. 19: Die Himmelsscheibe von Nebra mit ihren
verschiedenen Veränderungen.*

In einer späteren Phase applizierte man am Rand der Scheibe
zwei Horizontbogen, die auf die Sommer- und Wintersonnenwende am 21. Juni und 21. Dezember verweisen (Abb. 19/II).
Ihre Enden zeigen die Wendepunkte der Sonne an. Die hinzu-
gefügten Horizontbogen überdeckten zwei Sterne ganz bzw.
teilweise. Die wertvollen Goldbleche der drei Sterne wurden
entfernt, bevor die Horizontbogen fixiert wurden. Der nur teilweise verdeckte Stern wurde – etwas seitlich versetzt – neu angelegt, die zwei anderen Sterne weggelassen, so daß fortan nur
noch 30 Sterne neben den Horizontbogen und den Monden
(oder dem Mond und der Sonne) die Bronzescheibe golden er-
leuchteten.

Wohl in einem anderen (folgenden, nicht vorangegangenen)
Zeitraum fügte man am Rand zwischen den beiden Horizontbogen auf einer Seite eine Sonnenbarke hinzu (Abb. 19/III).
Die Sonnenbarke weist zur Illustration der Sonnenstrahlen eine
eingetiefte Fiederung auf und besitzt zwei der Struktur des
Bootes angepaßte zusätzliche Rillen, welche die Bedeutung als
Sonnenschiff unterstreichen sollen. Die abweichende Zusammensetzung der Goldlegierung sowie die verkürzte Fiederung
in Nähe der zwei knapp angrenzenden Sterne legen nahe, daß
die Sonnenbarke erst nach der Anbringung der Horizontbogen
hinzugekommen ist.

In einer anschließenden Phase erhielt die Scheibe am Rand
Löcher, damit sie mit einem anderen Material – wohl Holz oder
Leder, von dem keine Spuren erhalten sind – vernietet werden

konnte (Abb. 19/IV). Bevor die Himmelsscheibe ins Erdreich gelangte, fehlte ein Horizontbogen (Abb. 19/V).

Die zu verschiedenen Zeiten an der Bronzescheibe vorgenommenen Änderungen weisen wohl auf neue Aussagen in der «Lesung» der Himmelsscheibe hin und unterstreichen damit, daß der Sternenhimmel kein zufällig gestaltetes, rein dekoratives Gebilde war. Doch welche Bedeutung birgt diese geheimnisvolle Szenerie? Die bislang vorgelegten Interpretationen sind lediglich als Arbeitshypothesen zu verstehen; keine von ihnen kann beanspruchen, alle Aspekte zu umfassen und als letztgültige Deutung zu gelten. Erst die Zukunft wird erweisen, welche Vorschläge besonders viel für sich haben. Ob wir so jemals hinter die *wahre* Bedeutung der Himmelsscheibe (Abb. Umschlag) – also jene Bedeutung, die sie für ihre Zeitgenossen hatte – kommen werden, ist ungewiß.

Bisher scheinen sich die führenden Forscher hinsichtlich der Lesung der meisten Goldapplikationen der Himmelsscheibe dahingehend geeinigt zu haben, daß die rosettenartige Konzentration von sieben Sternen die Plejaden, die sichelförmige Scheibe den Mond, die zwei am Rand sich gegenüberstehenden und dem Rund des Randes angepaßten Scheiben die Horizontbogen und die gefiederte Sichelform die Sonnenbarke darstellen. Die übrigen kleineren Plättchen stehen für Sterne, wohl ohne deren genauere Position am Himmel anzugeben. Sie sind also, was ihre Positionierung betrifft, wohl eher zufällig plaziert und repräsentieren den Sternenhimmel insgesamt. Fraglich bleibt aber, ob ihre Anzahl einen Aussagewert hat. Weiterhin ist umstritten, ob die große goldene Scheibe den Mond oder die Sonne oder beides in einem für die ganze Gebrauchszeit der Himmelsscheibe oder nur in bestimmten Phasen anzeigen soll.

Wolf Schlosser, Hauptobservator am Astronomischen Institut der Ruhr-Universität Bochum, deutet die große goldene Scheibe als den Vollmond, weil die Sonne nie nahe bei den

Plejaden steht und die Sonne kaum inmitten der Darstellung eines nächtlichen Sternenhimmels erscheinen würde, der mit Ausnahme der Sterne sonst wohl genau eine Himmelskonstellation darstelle. Legt man die Himmelsscheibe waagrecht auf den Boden, so steht die Sonnenbarke im Süden, der rechte Horizontbogen im Osten und der linke im Westen. Der rechte östliche Horizontbogen symbolisiert damit die Sonnenaufgänge, das obere Ende den Zeitpunkt der Sommersonnenwende am 21. Juni und der untere Abschluß die Wintersonnenwende am 21. Dezember. Der linke westliche Horizontbogen symbolisiert folglich die Sonnenuntergänge. Richtet man nun die Scheibe gen Himmel, so befinden sich die Horizontbogen und die Plejaden in den umgekehrten Himmelsrichtungen, wenn man die Sonnenbarke im Süden beläßt. Folglich stehen nun z. B. die Plejaden im Nordwesten. In dieser geographischen Lage waren die sieben Sterne in der morgendlichen Dämmerungshelligkeit um den 10. März und den 17. Oktober am Himmel durch die Stellung der Sonne und ihre verstärkte Strahlung für ein paar Tage nicht erkennbar. Diese zwei Daten des Jahres bedeuten im bäuerlichen Kalender den Beginn der Aussaat und das Ende der Erntezeit – so wie es, wie eingangs zitiert, bereits der griechische Dichter Hesiod um 700 v. Chr. beschrieben hat. Die Darstellung der Plejaden sind somit eine Chiffre für den notwendigen Rhythmus des Lebens, primär das Wachsen und Vergehen der Natur im Jahreskreis, aber auch für Geburt und Tod aller Lebewesen.

In der *Frankfurter Allgemeinen Zeitung* vom 21. Februar 2006 erklärt Rahlf Hansen, Astronom am Hamburger Planetarium, die große runde goldene Scheibe stehe in der ersten Fassung der Himmelsscheibe (noch ohne Anbringung der Horizontbögen und der Sonnenbarke) zugleich für den Vollmond und die Sonne. Nach seiner Meinung verkörpert die Himmelsscheibe zunächst einen astronomischen Kalender, wie er uns aus

Babylon aus dem 7./6. Jahrhundert auf einer Tontafel überliefert ist; solch ein Kalender wird aber im Orient durchaus schon wesentlich früher in Gebrauch gewesen sein. Die Babylonier sahen, daß der Mond am Frühlingsbeginn in der Nähe der Plejaden stehen und in seiner Form eine ganz bestimmte dünne Sichel besitzen muß, damit Sonnen- und Mondjahr im Einklang sind. Ist dies nicht der Fall, muß ein Tag geschaltet werden, um alles wieder ins kalendarische Gleichgewicht zu bringen. Genau diese Situation scheint auch die Himmelsscheibe anzugeben. Rahlf Hansen will auch die Anzahl der dargestellten Sterne, nämlich 32, symbolisch deuten. Taucht der Mond im Vergleich zum vorhergehenden Monat anstatt von 30 Tagen erst nach 32 Tagen bei den Plejaden auf, muß eine Schaltung erfolgen. Sowohl die Form des Mondes als auch die Anzahl der Tage bis zum Erscheinen des Mondes bei den Plejaden gewährleisten dann, daß der Kalender im Einklang mit der Natur steht, die sich nach den Gestirnen richtet. Des weiteren könnte die Anzahl der Sterne darauf hinweisen, daß nach 33 Mondjahren (zu 354 Tagen) gleichzeitig 32 Sonnenjahre (zu 365 Tagen) vergangen sind.

Doch alle bisher erfolgten Deutungen sind eben, wie gesagt, noch lange nicht endgültig. Wir können nur gespannt die weiteren Überlegungen der Astronomen verfolgen. Die Bronzescheibe stellt jedenfalls bisher das älteste «genauere Abbild» einer durchdachten Himmelsbeobachtung dar.

Auf der Himmelsscheibe sehen wir außerdem die früheste Wiedergabe einer Sonnenbarke in Europa. Doch Darstellungen der Sonnenscheibe und der sogenannten Sonnenbarken verbreiteten sich in der 2. Hälfte des 2. Jahrtausends v. Chr. allenthalben in Mittel- und Nordeuropa.

Die wohl berühmteste Sonnenscheibe ist der Sonnenwagen von Trundholm, den am 7. September 1902 in einem Moor bei Trundholm im nordwestlichen Seeland/Dänemark ein Bauer beim Pflügen fand. Das auf vier Rädern stehende Pferd sowie

die ebenfalls auf zwei Rädern ruhende Sonnenscheibe verkannte der Bauer als verlorengegangenes Kinderspielzeug, das
er zunächst auch seinen Kindern überließ, bis glücklicherweise
die Berichte von diesem seltsamen Fund auch den lokalen
Förster erreichten, der das Kopenhagener Nationalmuseum in
Kenntnis setzte. Archäologen konnten daraufhin dieses außergewöhnliche Ensemble für das Museum sicherstellen. Das Pferd
und die Sonnenscheibe symbolisieren den Lauf der Sonne, die
nach dem damaligen Glauben der Menschen von einem Pferd
gezogen wurde. Genau diese Darstellung wird hier gezeigt,
wobei die die Sonne charakterisierende Scheibe auf der einen
Seite mit einem Goldblech mit Verzierungen von Spiralen, Kreisen und Strahlen überdeckt und auf der anderen Seite in Bronze
mit ähnlichem Dekor belassen worden ist. Wahrscheinlich soll
die «goldene Seite» den Verlauf der Sonne am Tage und die
«bronzene dunkle Seite» den Weg der Sonne in der Nacht darstellen. Man stellte sich damals vor, daß die Erde eine Scheibe
sei und die Sonne am Tag über den von der Erde aus sichtbaren
Himmel laufe und dann im Westen «unterhalb der Erde» in
die nächtliche Welt eindringe, um am nächsten Tag wieder im
Osten aufzutauchen. Die dunkle Seite der Sonnenscheibe des
Gefährts drückt also gewissermaßen ihr Untertauchen in diese
finstere Unterwelt aus.

Neben dieser berühmten Sonnenscheibe von Trundholm
finden sich vor allem auf skandinavischen Felsritzungen der
2. Hälfte des 2. Jahrtausends v. Chr. auch Pferde mit Sonnen-
scheiben, z. B. im westschwedischen Balken/Bohuslän, oder
Sonnenbarken, etwa im dänischen Grävinge. Die Himmelsscheibe von Nebra scheint also ein früher Bote dieser Sonnen-
darstellungen zu sein, die möglicherweise auf einen intensiv
betriebenen Sonnenkult hinweisen.

In der Zeit, als die Bronzescheibe und ihre Beifunde wahrscheinlich bereits in Gebrauch waren, herrschte im östlichen

Mitteleuropa noch eine einheitliche Kultur, die sogenannte Aunjetitzer Kultur (etwa zwischen 2300 und 1600 v. Chr.). Sie wurde nach dem Dorf Únětice (auf deutsch Aunjetitz) benannt, das nordwestlich von Prag liegt. In der Nähe des Ortes erschloß 1879 der Arzt Č. Ryzner zwei Gräberfelder, wobei er die dort gemachten Funde ausführlich publizierte. Die so dokumentierte Zeitspanne entspricht der «Frühen Bronzezeit», während der erstmals prestigeträchtige Gegenstände aus Bronze, einer Legierung von Kupfer und Zinn, hergestellt wurden, insbesondere Beile, Doppeläxte, Dolche und Gewandnadeln. Eine für die damalige Zeit relativ große Konzentration von Siedlungen der Aunjetitzer Kultur ist in Teilen der heutigen Bundesländer Sachsen-Anhalt und Thüringen mit ihren fruchtbaren Lößböden nachgewiesen. Relativ großer Wohlstand zeichnete damals wohl den Großraum um Halle an der Saale aus – dank der dort schon damals betriebenen Gewinnung des «Weißen Goldes», des Salzes. Auch scheint der gewinnträchtige Bernsteinhandel zwischen Ostsee und Mittelmeergebiet über diese Landschaft geführt zu haben. Die wenigen bisher ergrabenen Häuser sind meist zweischiffig, maximal 7 Meter breit, aber bis zu 40 Meter lang, im Durchschnitt 20–25 Meter. Speicher und Brunnen waren in der Nähe der Häuser angelegt.

Charakteristisch für die Aunjetitzer Kultur waren Flachgräber, in denen die Leichname in schlafender Position auf die rechte Körperseite und mit dem Kopf in Richtung Osten gelagert wurden. Ihr Blick richtete sich somit der aufgehenden Sonne zu.

Neben diesen einfacheren Gräbern gab es die wegen ihrer prächtigen Ausstattung und ungewöhnlichen Größe sogenannten «Fürstengräber». Die zwei berühmtesten Fürstengräber wurden 1877 und 1906/1907 bei Leubingen in Thüringen und bei Helmsdorf in Sachsen-Anhalt entdeckt. Dendrochronologische Untersuchungen der in den beiden Gräbern geborgenen

Hölzer ergaben, daß das Grab in Leubingen ca. in der 2. Hälfte des 20. Jahrhunderts v. Chr. und das Helmsdorfer Grab ca. in der 2. Hälfte des 19. Jahrhunderts v. Chr. eingerichtet wurden.

Bei der Dendrochronologie werden die je nach Wetterverhältnissen verschieden ausfallenden Jahresringe der Bäume registriert und in eine Abfolge gebracht, so daß man, wenn man genügend erhaltene Baumstämme zur Verfügung hat, den Zeitpunkt der Abholzung des Baumes feststellen kann. Für viele Perioden in Mitteleuropa besitzen wir mittlerweile glücklicherweise eine ausreichende Anzahl von Holzresten, die häufig erfolgreich zur zeitlichen Einordnung archäologischer Funde herangezogen werden können.

Während der Helmsdorfer «Fürst» auf eine Totenlade aus Holz gelegt wurde, ruhte der Leubinger «Fürst» in einer Grabkammer aus Holz, über ihm ein etwa 10 Jahre altes Kind. Über beide Fürsten erhoben sich monumentale Grabhügel mit einem Durchmesser zwischen 33 und 34 Metern und einer Höhe von 8 Metern. Beiden wurden wertvolle Gegenstände aus Bronze – so etwa Werkzeuge und Waffen – und aus Gold – beispielsweise Ringe und Gewandnadeln – sowie ein großes Vorratsgefäß aus Ton beigegeben. Die zwei Gräber künden von dem Reichtum, der zu dieser Zeit in der fruchtbaren Landschaft erworben werden konnte.

Andere Zeugnisse dieses Wohlstandes in den Kreisen der herrschenden Oberschicht sind die für die Zeit außergewöhnlich häufigen Hortfunde. Im Fall des Hortes von Gröbers-Bennewitz (Saalkreis) barg ein großes Gefäß sogar 297 Randleistenbeile aus Bronze, die insgesamt 70 Kilo wogen. Die meisten dieser Hortfunde scheinen mit rituellen Bestattungen in Zusammenhang zu stehen. Mit diesen Deponierungen wollte man wahrscheinlich die Götter wohlwollend stimmen und ihren Schutz gewinnen. Schließlich stellten derartige Weihegaben aus wertvollen Metallen ein großes materielles Opfer für die Zeitgenossen dar. Die damals noch raren Erze mußten mühevoll von weit her auf Flüssen und schlechten Wegen transportiert werden. Zinn kam überwiegend aus Cornwall in Südengland oder Spanien und Kupfer aus dem Ostalpenraum.

Den weitaus prächtigsten, bedeutendsten und rätselhaftesten Fund der Aunjetitzer Kultur bildet aber der «Schatz von Nebra» mit seiner mysteriösen Himmelsscheibe, die uns wohl noch eine ganze Weile einige Rätsel aufgeben wird; ob wir sie jemals lösen können, wird die Zukunft weisen.

6
Ein vergessenes Volk im Orient –
Die Hethiter

«Wollte man die hettitische Kultur so wie sie einem in der Architektur, der Skulptur und der Keramik von Boghaskiöi entgegentritt, kurz charakterisieren, so könnte man sagen, sie stelle in ihrer Zwischenstellung zwischen der Kultur Mesopotamiens und der Ägyptens eine eigentümliche Mischung von babylonisch-assyrischen und ägyptischen Elementen dar, die sich aber deutlich von der geographisch ähnlich gelagerten phönikischen Kultur dadurch unterscheidet, daß sie als drittes ein sehr viel stärkeres autochthon selbständiges, auch autodidaktisches, originelles ‹wildes› hettitisches Element besitzt. Während das phönikische eine ganz unpersönliche, erfindungsarme Mischkultur darstellt, erinnert in Boghaskiöi eine gewisse ausgreifende, phantasiereiche, aber auch ungefüge und etwas barbarische Größe durch ihre Frische fortwährend an die mykenische Kultur, mit der sie aber nicht den geringsten nachweisbaren Zusammenhang besitzt.

Das mächtigste Denkmal dieser Größe ist das riesige Befestigungswerk, das mit seinen zahlreichen auf den Höhen gelegenen Burgen das weitläufige Stadtgebiet schließlich durch eine kolossale Mauer umschließt, die mit Türmen und monumentalen, mit Löwen, Sphingen und dem Bild eines Königs geschmückten Toren ausgestattet und von Höhe zu Höhe, vom Berg ins Tal und wieder aufwärts geführt ist. Das großartigste Stück dieser Stadtmauer ist die Anlage auf dem 1242 Meter über dem Meer gelegenen Bergrücken von Jer Kapu (Yerkapı, «Erdtor»). Hier war an der höchsten Stelle der Oberstadt nicht nur ein hoher Wall mit gepflasterter Böschung und doppelt krönender Mauer mit Türmen und zwei zu diesen hinaufsteigenden Treppen aufgeführt: sondern die Mitte des Sattels war auch mit dem Stadtinnern durch einen durch den Wall hindurchgeführten, etwa 70 Meter langen, 2,40 Meter breiten und über 3 Meter hohen, durch kragende Steine falsch gewölbten unterirdischen Tunnel verbunden. Wir fanden diesen, der auch schon den früheren Besuchern der Ruine bekannt war, so verschlammt und verschüttet, daß wir uns zuerst nur kriechend darin vorwärtsbewegen konnten. Aber nachdem wir ihn hatten ausräumen lassen, kam nun gleichsam sein zweiter Eröffnungstag, an dem wir ihn feierlich aufrecht durchschritten, die ersten wieder nach vielleicht mehr als dreitausend Jahren, nicht um uns, sondern um den namenlosen großen Baumeister zu ehren, der das imposante Werk ausgedacht hatte.»

(Ludwig Curtius, *Deutsche und antike Welt. Lebenserinnerungen*, Stuttgart 1950, S. 312–313)

*

Nach dem Untergang ihrer letzten kleinen Fürstentümer im 8. Jahrhundert v. Chr. geriet das Volk der Hethiter bald in Vergessenheit. Weder Griechen noch Römer erwähnten die Hethiter in ihren zahlreichen Schriften.

Einzig die Bibel legt von ihnen Zeugnis ab. An immerhin über zwanzig Stellen wird von den Hethitern erzählt, insbesondere von ihren schönen Frauen. Schon die Erzväter Esau und Bas(a)mat, Söhne des Isaak, heirateten Töchter von Hethitern (Genesis 26, 34–35). Auch König Salomo liebte viele Hethiterinnen (1 Könige 11, 1). Größte Berühmtheit erlangte der hethitische Soldat Uria, Gemahl der Bathseba. König David schickte ihn in eine aussichtslose Schlacht, um nach dessen Tod

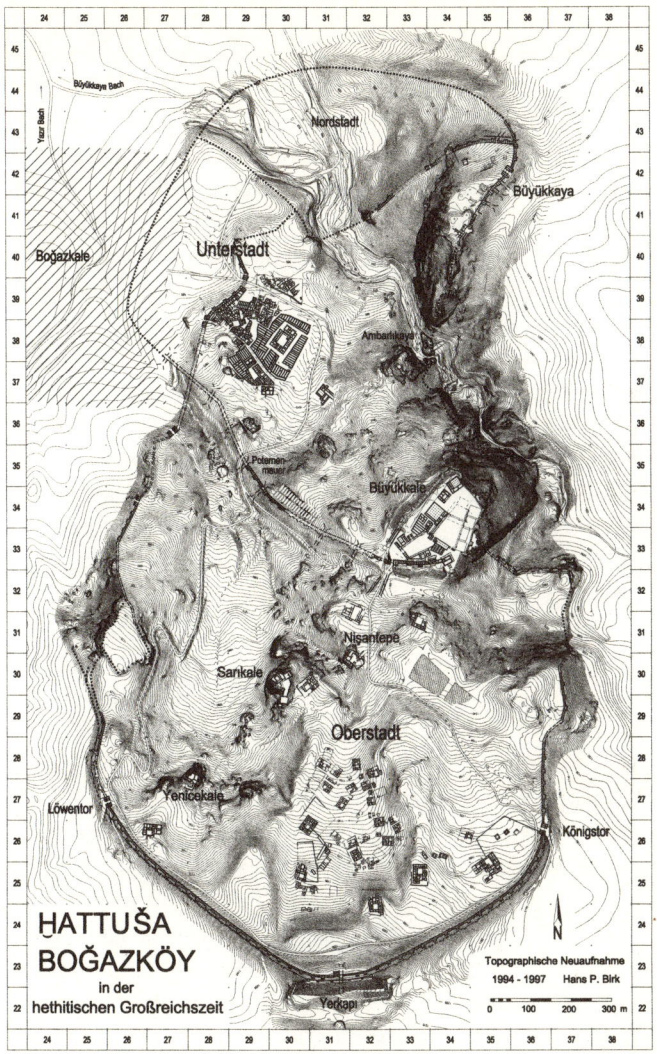

Abb. 20: Plan von Hattusa.

seine schöne Frau ehelichen zu können. Diese gebar ihm nach der Heirat einen Sohn, den späteren König Salomo (2 Samuel 11, 2–12, 24).

In der Bibel hießen die Hethiter Chittim, im Griechischen wurde daraus «chetaios» und im Lateinischen «hettaeus». Die deutsche Übersetzung von Chittim mit Hethiter geht auf Martin Luther (1483–1546) zurück. Genaueres über dieses Volk war bis ins 19. Jahrhundert nicht bekannt. Von der Existenz der Hethiter wußte man nur aus der Bibel. Man vermutete, daß es sich um ein kleines Volk gehandelt haben mußte, das irgendwo im syro-palästinischen Raum gelebt hatte, ohne materielle Spuren hinterlassen zu haben; archäologische Zeugnisse gab es nicht.

Erst nach und nach traten hethitische Denkmäler und Stätten zutage, und selbst dann blieb den Forschern der wahre Gehalt ihrer Entdeckungen noch verborgen. Einer der großen Orient-Reisenden seiner Zeit, der Basler Johann Ludwig Burckhardt (1784–1817), der Entdecker von Abu Simbel im südlichen Ägypten und der nabatäischen Hauptstadt Petra im heutigen Jordanien, gibt einen ersten Hinweis: In seinem postum 1822 in London erschienenen Buch *Reisen in Syrien und dem Heiligen Land* (*Travels in Syria and the Holy Land*) beschreibt er den Bazar der Stadt Hamath (Hama) am Orontes in Syrien. Dort in Hama waren dem unter dem Pseudonym «Scheich Ibrahim» Reisenden an einem in einem Haus verbauten antiken Stein seltsame Hieroglyphen aufgefallen, die aber nicht der ägyptischen Bilderschrift ähnelten. Doch noch griff niemand diesen Hinweis auf.

Über ein Jahrzehnt später reiste 1834 der Architekt Charles-Félix-Marie Texier (1802–1871) auf der Suche nach der antiken römischen Stadt Tavium zum Dorf Boğazköy («Schlucht-Dorf»), das etwa 150 Kilometer östlich von Ankara im nördlichen Zentralanatolien liegt. Er fand auch tatsächlich die Überreste einer untergegangenen Stadt (Abb. 20). Sie erstreckt sich

Abb. 21: Das Löwentor von Hattusa.

wie ein riesiges antikes Theater am Ende eines langen Tales auf
einem 300 Meter ansteigenden Berg mit stark zerklüfteten Felsen. Der höchste Punkt liegt auf 1250 Meter. Im Westen und
Osten ist der Stadtberg von tiefen Schluchten eingerahmt.

Texier stieß auf Mauern eines riesigen Gebäudes aus gigantischen Steinen. Des weiteren umgibt eine über sechs Kilometer
lange Stadtmauer die Stätte. An den höchsten Stellen des Berges öffnen sich drei monumentale Tore. Auf der Außenseite des
südöstlichen Tores entdeckte Texier das beeindruckende Relief
eines überlebensgroßen schreitenden Kriegers. Die Darstellung
des langen Haars, der Brustbehaarung, Finger- und Fußnägel
sowie die Verzierung des Rocks, den der Mann als einziges Klei-
dungsstück trägt, bestechen durch die detailreiche Wiedergabe.
Kopf und Unterkörper des Kriegers sind im Profil gearbeitet,

sein Oberkörper frontal dem Betrachter zugewandt. In der rechten Hand hält er eine Axt, die linke ist zu einer Faust geballt; auf dem Kopf trägt er einen Helm, der mit einem Horn verziert ist.

Staunend stand Texier am südwestlichen Tor vor zwei monumentalen, ebenfalls überlebensgroßen Löwen, deren Köpfe – rundplastisch in den Stein gemeißelt – drohend das Maul aufreißen (Abb. 21). Begeistert zeichnete Texier diese sonderbaren Werke ab und fertigte einen Plan, in dem die sichtbaren Ruinen eingetragen sind.

Zwei Kilometer außerhalb der Stadt, an dem von den Einheimischen so genannten Ort Yazılıkaya («beschriebener Fels») stieß er auf weitere imposante Reliefs. Diese sind in dem bis zu 12 Meter hohen, steil aufragenden Felsen gehauen, der zugleich zwei Hauptkammern unter offenem Himmel bildet. Diese Reliefs zeigen – so ergab die Deutung später – fast 100 Gottheiten, Fabelwesen und Tiere; zweimal ist der Großkönig Tudhaliya III. (nach früherer Zählung: IV., ca. 1240–1215 v. Chr.) verewigt. Den Mittelpunkt der sogenannten Kammer A bilden eine Darstellung des Großkönigs und der obersten Gottheiten, der Götterprozession, des Wettergottes Tessop auf zwei Berggöttern und der Sonnengöttin Hebat auf einem Leoparden (Abb. 22). In der Kammer B zeigen wiederum Reliefs den Großkönig, diesmal wie er von dem Gott Sarrumma umarmt wird, dem Sohn von Tessop und Hebat, sowie Darstellungen der Zwölfgötter und des Schwertgottes Nergal.

Doch dieses hier ausgebreitete Wissen besaß Texier noch nicht. Er stellte immerhin fest, daß sich diese Relieffiguren in ihren eigenartigen Gewändern und in der Art, wie sie wiedergegeben wurden, mit keiner bisher bekannten Darstellung vergleichen ließen. Die vor den Göttern angebrachten Hieroglyphen bemerkte er jedoch nicht; sie fehlen auch auf seinen Zeichnungen. Als Texier 1835 in der Zeitschrift *Journal des*

Abb. 22: Felsenheiligtum von Yazılıkaya, Kammer A:
der Wettergott Tessop auf zwei Berggöttern, die Sonnengöttin Hebat
und ihr Sohn Sarrumma jeweils auf einem Leoparden und zwei Göttinnen
auf einem doppelköpfigen Adler stehend. Nach einem Abguß in Berlin,
Vorderasiatisches Museum.

Savants (*Zeitung der Wissenschaftler*) den Plan der Stadt und seine Zeichnungen veröffentlichte, identifizierte er den Ort mit der von Herodot erwähnten Perserstadt Pteria. Für Texier konnte nur eine «exotische» Stadt solche seltsamen Darstellungen und gigantische Mauern besitzen. Sie waren seiner Ansicht nach zu fremd für eine römische Stadt. Trotzdem wollten andere Zeitgenossen in der Stadt jenes Tavium erkennen, das seinen Ursprung in der Hauptstadt des keltischen Stammes der Trokmer hatte.

Von Texiers 1835 publiziertem Aufsatz angeregt, reiste 1836 der englische Geologe und Antiquar William John Hamilton (1805–1867) nach Boğazköy. Als erster westlicher Forscher besuchte er auch das 25 Kilometer entfernte Alaca Höyük. Er bestaunte ein monumentales Eingangstor, das von zwei über 2 Meter hohen Sphingen flankiert wird; die Zeichnungen, die er anfertigte, sind in seinem Buch *Forschungen in Kleinasien, Pontus und Armenien (Researches in Asia Minor, Pontus and Armenia,* London 1842) abgebildet. 1837 entdeckte Hamilton auch das Wasserheiligtum von Eflatun Pınar, am Ufer des Beyşehir-Sees gelegen. Wunderbare Reliefs mit Göttern und Fabelwesen verzieren über eine Länge von 7 Metern die Mauern des 34 x 30 Meter großen Heiligtums. Daß die Skulpturen von Alaca Höyük und von Eflatun Pınar der hethitischen Kultur entstammen und in deren Blütezeit im 14. und 13. Jahrhundert v. Chr. zu datieren sind, ahnte auch Hamilton nicht.

1839 begab sich Texier wiederum auf eine Expedition. Er stieß dabei auf das fast 2 Meter hohe Felsrelief von Karabel («schwarzer Engpaß»), das auf dem 465 Meter hohen Paß über das Tmolosgebirge (Boz Dağları) zwischen Kemalpaşa und Torbalı und 25 Kilometer östlich von Izmir gelegen ist. Dieses Relief zeigt einen König mit spitzem Helm, Schnabelschuhen, in kurzem Rock und mit Schwert; er schreitet nach rechts, eine Lanze in der vorgestreckten Linken, mit der Rechten einen Bogen geschultert. Auf der Höhe des Kopfes lesen wir Hieroglyphen. Dieses Relief identifizierte Texier wohl richtig als die von dem im 5. Jahrhundert v. Chr. lebenden griechischen Historiker Herodot (*Historien,* II 106) erwähnte Darstellung, die dieser dem ägyptischen Pharao Sesostris III. zuordnete, der angeblich in einem Feldzug bis nach Thrakien gezogen sei.

Als Texier seine Zeichnung des Felsenreliefs in seinem 1839 in Paris gedruckten Buch *Beschreibung von Kleinasien (Description de l'Asie Mineure I)* publizierte, befürworteten berühmte Ägyptologen wie 1840 der Deutsche Karl Richard Lepsius (1810–1884) seine Deutung. Diesmal hatte Texier auch die Hieroglyphen abgezeichnet. Daß diese nichts mit den bekannten, ägyptischen Hieroglyphen zu tun hatten, rief offenbar keine Verwunderung hervor. 1843 wies der Geograph und Kartograph Heinrich Kiepert (1818–1899) beim Vergleich dieser neuen Funde mit den Reliefs von Yazılıkaya immerhin nach, daß beide nicht ägyptisch sein können. Es sollte aber noch viele Jahrzehnte dauern, bis man ihren hethitischen Charakter erkannte. Erst 1998 sollte John David Hawkins den Namen des Königs «Tarkasnawa» auf dem Relief von Karabel lesen – also den Namen jenes Herrschers, der in der 2. Hälfte des 13. Jahrhunderts v. Chr. das westanatolische Königreich von Mira regierte, einen Vasallenstaat der Hethiter.

Als der Orientalist Georges Perrot (1832–1914), der Architekt Edmond Guillaume und der Fotograf Jules Delbet im Jahre 1861 Anatolien im französischen Auftrag durchquerten, fotografierte Delbet erstmalig Alaca Höyük und Boğazköy. Auf einem Felsen von Boğazköy entdeckten die Forscher außerdem den sogenannten Nişantepe («Zeichenfels», auch Nişantaş [«Zeichenstein»]), der auf einer Länge von 9 Metern und einer Höhe von 2,40 Metern auf 11 Zeilen verteilt etwa 20 Zentimeter hohe Hieroglyphen aufweist. Wenig später stießen die Franzosen 70 Kilometer südwestlich von Ankara auf das auf einem hohen Berg gelegene hethitische Felsenrelief von Gavur Kalesi. Es zeigt über 3 Meter große Götter in Kriegstracht, die sich einer thronenden Göttin in Ehrerbietung nähern. Auch die Franzosen erkannten nicht, daß all diese seltsamen Zeugnisse einer eigenen Zivilisation angehören.

Fast zehn Jahre später, im Jahre 1870, trafen zwei Amerikaner, der Konsul Jeremiah Augustus Johnson und der Missionar Dr. Henry Harris Jessup (1832–1910), in der syrischen Stadt Hama ein. Auf den Spuren von Burkhardts Reisebeschreibung suchten sie den Hieroglyphenstein. Sie fanden nicht nur diesen, sondern sogar zwei weitere, ähnliche Hieroglyphensteine, die Johnson 1871 in der *American Palestine Exploration Society* vorstellte. Der zwischen 1869 und 1871 in Damaskus stationierte Konsul Sir Richard Francis Burton (1821–1890) und Charles Frederick Tyrwhitt Drake (1846–1874) folgten auf einer eigenen Forschungsreise dem Weg der beiden Amerikaner. Die Zeichnungen, die sie von den «Hamath-Steinen» anfertigten, erschienen in ihrem Buch *Unerforschtes Syrien* (*Unexplored Syria*, London 1872). Hyde Clarke stellte in einem Aufsatz, der in dem gleichen Band publiziert wurde, fest, daß die Steine 300 Zeichen einer unbekannten Sprache trugen. Diese zeigten nur 59 verschiedene Bildtypen, von denen ein Bildzeichen 27 mal verwendet worden ist, weitere Zeichen ebenfalls häufig – 24, 21 und 15 mal –, 17 Bildzeichen dagegen nur einmal. Daraus folgerte er, daß die Hieroglyphen wohl ein Alphabet und keine Bilder- oder Silbenschrift wiedergeben. Burton empfahl, die Steine nach Istanbul zu bringen. Das setzte im November 1872 der irische Missionar William Wright (1837–1899) in die Tat um. Er ließ, mit Zustimmung des neuen Gouverneurs von Syrien, Subhi Pascha, die Steine aus den Mauern herausbrechen – unter dem Protest der Einwohner von Hama. Sie glaubten, daß die Steine bei Berührung gegen Rheuma halfen, so wie ein ähnlicher Stein in der nordsyrischen Stadt Aleppo angeblich Augenkrankheiten heilte. Der Protest wuchs, als die Steine in der Unterkunft des Paschas in Sicherheit gebracht wurden. Auch die Versprechungen von Wright, daß am nächsten Tag eine hohe Geldsumme als Ausgleich bezahlt werden würde, halfen nicht. Unerfüllte Versprechen waren im Orient zu häufig. Als das Geld am nächsten Tag tatsächlich ausgezahlt wurde, trat kurzzeitig Ruhe ein. Doch dann verkündeten Derwische, daß der in der vorangegangenen Nacht niedergegangene Meteoritenregen als böses Omen in Verbindung mit dem Entfernen der Steine zu sehen sei. Angsterfüllt – so wird berichtet – fand sich eine Delegation beim Pascha ein. Dieser fragte, ob der Regen irgendeinen Schaden angerichtet habe. Als die Bewohner es verneinten, argumentierte der Pascha überzeugend, daß man den Regen als positives und nicht als negatives Zeichen deuten müsse. Die Gemüter waren beruhigt – und die Steine mit den Hieroglypheninschriften wurden nach Istanbul transportiert.

Vier Jahre später stellte Archibald Henry Sayce (1845–1933) die These auf, daß die Hieroglyphen Silben und möglicherweise Idiome wiedergeben (*The Hamathite Inscriptions*, in: *Transactions of the Society of Biblical Archaeology* 5:1876, S. 22–32). Er begründet es vor allem mit der Länge der von ihm als «Wörter» angenommenen Zeichenfolgen. Wissenschaftliche Beweise konnte er zwar nicht vorlegen, weil er sie nicht übersetzen konnte, doch war er es, der diese Schrift erstmals den Hethitern zuschrieb. Seine in den folgenden Jahren betriebenen Lesungen waren in großen Teilen falsch. Erkannt hat Sayce dabei immerhin die abwechselnde Leserichtung bei längeren Texten, weil die Hieroglyphen von Zeile zu Zeile in die entgegengesetzte Richtung orientiert waren. Doch schnell mußte er einräumen, daß ohne einen zweisprachigen Text eine Entzifferung der Hieroglyphen nicht gelingen würde.

Da stieß Sayce überraschend auf den Bericht des deutschen Orientalisten und Konsuls Dr. Andreas David Mordtmann (1811–1879), *Boghasköi und Uyük* in den *Sitzungsberichten der Königlich Bayerischen Akademie der Wissenschaften* von 1861. Mordtmann berichtete, daß um 1860 ein gewisser Herr Jovanoff, ein Münzensammler aus Istanbul, in Smyrna (dem heutigen Izmir) eine kleine silberne Scheibe gekauft habe. Diese zeige die Figur eines Mannes, außerdem seltsame Zeichen, die von einem lesbaren Keilschrifttext umrahmt seien. Sayce vermutete sofort, daß diese «seltsamen Zeichen» hethitische Hieroglyphen seien, die Scheibe also einen zweisprachigen Text überliefere. Er fand heraus, daß dieses Siegel sich kurzzeitig in England befunden hatte, inzwischen aber verschollen war. Sayce war verzweifelt. Sollte dieser zweisprachige Text, der

möglicherweise zur Entzifferung der hethitischen Hieroglyphen führen könnte, für immer verlorengegangen sein? Auf der
Suche nach dem Siegel schrieb er an viele Forscher, Institutionen
und Museen. Da erhielt er von einem Mitarbeiter des British
Museum in London die Nachricht, daß ein derartiges Siegel
1860 dem Museum zum Kauf angeboten worden war. Da man
angenommen hatte, daß es sich um eine Fälschung handelte,
hatte man das Stück aber zurückgegeben. Glücklicherweise
hatte man jedoch eine Galvanoplastik hergestellt, und Sayce erhielt schon bald eine Kopie.

Doch wieder wurde Sayce enttäuscht. Zwar handelte es sich
bei den seltsamen Zeichen um hethitische Hieroglyphen, doch
war der Text zu kurz, um eine Zuordnung und Entzifferung
der Bildzeichen zu ermöglichen. Der lesbare Keilschrifttext
lautete: «Tar-rik-tim-meš mat Er-me-e» («Tarriktimme, Herr
des Landes Erme»). Immerhin interpretierte Sayce zutreffend
– ohne es jedoch begründen zu können –, daß bei dem heute
Tarkumuwa-Siegel genannten Dokument die Zeichen «Dreieck
mit Kreuz innen» und «zwei Dreiecke mit waagrechten Linien»
wie im Keilschrifttext «König» und «Land» bedeuteten. Später
erkannte Sayce nur noch zwei weitere Zeichen: «Stadt» und
«Gott». Letzteres identifizierte er dank seiner Beobachtung,
daß die Hieroglyphen vor den Götterdarstellungen auf den
Reliefs von Yazılıkaya immer mit dem gleichen Zeichen ein-
setzten.

Ab 1874/1875 grub George Smith (1840–1876) vom British
Museum in Gerablus an der heutigen türkisch-syrischen
Grenze. Er fand das alte, am rechten Ufer des Euphrat gelegene
Karkamis und förderte wiederum Skulpturen zutage, die mit
eben solchen Hieroglyphen versehen waren. Weitere Skulptu-
ren und Siegel mit entsprechenden Hieroglyphen, die weit ver-
streut in Kleinasien von Izmir bis zum Taurusgebirge und in
Syrien entdeckt wurden, bestätigten die Ansicht von Sayce, daß

diese Hieroglyphen hethitisch seien. Seine These legte er 1879 und 1880 in zwei Artikeln dar. Sayce äußerte zudem die Annahme, daß die Hethiter einst ein großes Reich besessen hatten, das sich über weite Teile Kleinasiens und Nordsyriens erstreckte. Seine Spekulationen sorgten in England für großes Aufsehen und machten sogar Schlagzeilen in den Tageszeitungen. Ein Volk, das einmal ein so riesiges Reich beherrscht hatte, sollte – bis auf die Hinweise, die sich in der Bibel finden – nach seinem Untergang für Jahrtausende einfach in Vergessenheit geraten sein? Eine furchtbare Vorstellung für die Briten, die gerade selbst ihr Empire zur Blüte gebracht hatten und weltweit über mehr Menschen und Gebiete herrschten als jemals ein Volk vor ihnen. Sollte auch ihre Herrschaft bei aller aktuellen Bedeutung und Größe vielleicht einmal dem Vergessen anheimfallen? Kein Wunder, daß Sayces These heftige Diskussionen auslöste. Doch die sachlichen Beweise gaben den Ausschlag. Man hatte also Zeugnisse des einstmals bedeutenden Volkes der Hethiter, und der Forschung war ein neues Feld eröffnet.

In den 1880er Jahren erschienen die ersten Bücher über die Hethiter, die man in Südostanatolien und Syrien lokalisierte und deren Hauptstadt man, in Übereinstimmung mit Sayce, bisweilen in Karkamis wähnte. Waren auch viele dieser Ansichten falsch, so waren sich die Forscher immerhin bewußt, daß die Hethiter in frühen Zeiten über ein großes Reich geherrscht hatten. Nur Georges Perrot (1832–1914) vermutete bereits 1887 in seiner zusammen mit Charles Chipiez (1835–1901) herausgegebenen *Kunstgeschichte in der Antike* (*Histoire de l'Art dans l'Antiquité IV*), daß sich die Hauptstadt der Hethiter hinter den mächtigen Stadtmauern von Boğazköy verberge.

Der Ingenieur Carl Humann (1839–1896), Entdecker des Pergamonaltars, und der Archäologe Otto Puchstein (1856–1911), der spätere Ausgräber von Baalbek, reisten 1882 quer durch Anatolien und dokumentierten erstmalig mit Zeichnungen die

hethitischen Reliefs von Sakçegözü und Zincirli (Sam'al), abge-
druckt in dem 1890 in Berlin erschienenen Bericht *Reisen in
Kleinasien und Nordsyrien*. Humann fertigte auch für die Berliner Museen von den am besten erhaltenen Reliefs von Yazılıkaya Gipsabgüsse (Abb. 22). Sie sind noch heute im Vorderasiatischen Museum zu bewundern.

Ein glücklicher Zufall brachte die Forschung weiter: Im
Jahre 1887 versuchte in Tell-el-Amarna in Mittelägypten eine
aufgebrachte Bäuerin, Fremde zu vertreiben, und warf mit
Schutt nach ihnen. Die Fremden waren jedoch von den Wurf-
geschossen ganz entzückt. Sie erkannten, daß die vermeintlich
unnützen Scherben von alten beschrifteten Tontafeln stammten. Schon bald sprach sich die komische Begebenheit in Ägypten herum, und wenige Monate später tauchten mehrere dieser
Tafeln auf dem Bazar in Kairo auf. Die Museen in London und
Berlin erwarben erste Stücke. Doch dann ließ ein Angestellter
des Ägyptischen Museums in Bulak verlauten, daß es sich bei
diesen Stücken um Fälschungen handele. Bevor sich die Nachricht von den Fälschungen verbreitet hatte und das lukrative
Geschäft zum Erliegen zu kommen drohte, verkauften die
Händler ihre verbleibenden 160 Tontafeln an den ahnungslosen
Theodor Graf in Wien. Diese Tafeln gelangten später nach
Berlin.

Auch dies wiederum ein Glücksfall, wie sich bald zeigen
sollte. Denn die zwischen November 1891 und März 1892
durch Sir William Matthew Flinders Petrie (1853–1942) aus-
geführten Grabungen bestätigten nicht nur die Echtheit der
Tafeln, sondern ermöglichten es auch, sie in ihren historischen
Kontext einzuordnen: Die Grabungen leiteten auch die großen
Entdeckungen der Hauptstadt Ägyptens ein, wie sie unter
dem Ketzerkönig Echnaton (1351–1334) bestanden hatte, der
dort, weit abgelegen von den alten kulturellen und religiösen
Zentren von Theben in Oberägypten und Memphis in Unter-

ägypten, seinem neuen einzigen Gott – dem Sonnengott Aton
– huldigen wollte. Es stellte sich heraus, daß die Tontafeln aus
dem königlichen Archiv des Echnaton stammten, wo seine Kor-
respondenz aufbewahrte wurde. Darunter befanden sich zwei
Briefe an den König des unbekannten Reiches von Arzawa und
ein Brief an einen hethitischen König namens Suppiluliuma.
Damit stand fest, daß ein hethitischer König namens Suppiluliuma (I., ca. 1355–1320 v. Chr.) zur Zeit des Echnaton regiert
hatte und daß sein entferntes Reich immerhin so bedeutend gewesen sein mußte, daß der ägyptische König mit ihm korre-
spondiert hatte. Der Brief an Suppiluliuma I. war in Akkadisch
verfaßt, der in Vorderasien des 2. Jahrtausend v. Chr. üblichen
Diplomatensprache, die schon entziffert war. Die zwei Arzawa-
Briefe waren auch in der bereits entzifferten Keilschrift geschrieben – doch die Sprache, in der sie verfaßt waren, war
unbekannt.

1893 und 1894 grub der Franzose Ernest Chantre (1843–
1924) in Alaca Höyük, Boğazköy und Kültepe bei Kayseri. In
Kültepe waren in den vorangegangenen Jahren von dortigen
Einwohnern Tontafeln mit Keilschrift geborgen worden und in
den Kunsthandel gelangt. Die Bewohner gaben Chantre die er-
giebige Stelle aber nicht preis. Er selbst brachte nur wenige un-
bedeutende Funde zutage und war schließlich gezwungen, den
Bewohnern ihre Tontafeln abzukaufen. In Boğazköy stieß er
jedoch zu seiner eigenen Überraschung am Rand der Königsburg Büyükkale («Großes Schloß»), die auf einem erhöhten
Plateau auf etwa der Mitte des Berges liegt, selbst auf Tontafeln
mit Keilschrift. Diese waren aber – wie jene Briefe – größtenteils in einer unbekannten Sprache verfaßt. Man erkannte, daß
sie Ähnlichkeiten zu den zwei kürzlich in Amarna entdeckten
Briefen an das unbekannte Königreich Arzawa aufwiesen.

Leopold Messerschmidt (1870–1911) veröffentlichte im Jahre 1900 sein *Korpus der hethitischen Inschriften* (*Corpus in-*

scriptionum Hetticarum), das in den Jahren 1902 und 1906 zwei Nachträge erhielt, und alle bekannten hethitischen Hieroglypheninschriften in meist sehr guten Abbildungen aufführte. Es waren mittlerweile etwa einhundert Inschriften zusammengetragen worden. Doch die Entzifferung war weiterhin unmöglich.

Etwa zu dieser Zeit beschäftigte sich der Orientalist Hugo Winckler, der 1863 in Gräfenhainichen in Sachsen geboren worden war, intensiv mit jenen in El-Amarna geborgenen Arzawa-Briefen. Im Vergleich dieser Briefe mit den von Chantre in Boğazköy gefundenen Tontafelfragmenten folgerte er, daß Boğazköy die Hauptstadt von Arzawa sein könnte. Um seine Vermutung zu bestätigen, wollte er mit Erlaubnis von Osman Hamdi Bey (1842–1910), dem Direktor und Gründer des Istanbuler Archäologischen Museums, selbst in Boğazköy eine Grabung durchführen. Hamdi Bey willigte ein und stellte Winckler seinen Konservator Theodor Makridi Bey (1872–1940) an die Seite.

Ohne jegliche Ausrüstung reisten der in Ausgrabungen unerfahrene Winckler und seine Mitarbeiter zunächst mit dem Zug nach Ankara, damals noch ein sehr kleiner Ort. Nur mit Mühe gelang es ihnen, den notwendigen Proviant zu beschaffen; sie bekamen auch nur schlechte Pferde mit sehr unbequemen Sätteln. Das orientalische Handeln wollte gelernt sein – und Winckler war es ohnehin zuwider. Am 14. Oktober 1905 konnten sie endlich aufbrechen und erreichten nach fünf Tagen Boğazköy. Der adelige Großgrundbesitzer Zia Bey aus dem altehrwürdigen Geschlecht der Dulgadiroğlu nahm sie auf. Zia Bey erschien immer in Begleitung seines in edelster Tracht gekleideten Dieners Ismail, während er selbst beim Reiten auf prachtvollen Pferden nur ein Bauernhemd und Pantoffeln trug. Er wohnte in seinem Konak, das traditionell aus drei zweistöckigen Häusern bestand, dem Haremlik für Familie und Ver-

wandte, dem Selamlik für Gäste und dem Gesindehaus mit
Küche. Zia Bey ließ für die Gäste als besonderes Privileg sogar
seidene Matratzen bringen. Diese wimmelten aber von Flöhen,
wie Winckler entsetzt notiert. Man brachte Strohbetten, doch
auch diese waren voll von Flöhen. So hatte Winckler sich seinen Aufenthalt in Kleinasien nicht vorgestellt.

Doch schon am nächsten Morgen begannen Winckler und
Makridy Bey hoffnungsvoll mit der Suche, und als die Einwohner endlich erkennen konnten, was die merkwürdigen Fremden
eigentlich wollten, zeigten sie ihnen gern, an welchen Stellen
sie immer wieder einmal Tonfragmente mit auffälligen Einkerbungen auflasen, um sie nach störrischen Schafen zu werfen,
die sich nicht weiterbewegen wollten. Winckler und Makridy
Bey entdeckten eine Stelle, an der bereits ein anderer, vielleicht
Chantre, kurz gegraben hatte. Sie selbst hatten bereits nach
wenigen Tagen 34 Fragmente geborgen und kehrten mit ihren
Funden glücklich nach Istanbul zurück.

Am 17. Juli 1906 trafen Winkler und Makridy Bey wieder in
Boğazköy ein. Zia Bey empfing sie herzlich. Ihre neue Grabung
eröffneten sie auf Büyükkale, wo schon Chantre Tontafeln freigelegt hatte. Und bald kamen erneut Tontafeln zum Vorschein.
Winckler schrieb die Keilschrifttexte direkt vor Ort ab. Sie
waren wie in Tell-el-Amarna in Akkadisch verfaßt, so daß er sie
gleich lesen konnte. Am 20. August kam dann ein unglaub-
licher Fund zutage (Abb. 23). Winckler notiert: «(...) nach etwa
zwanzigtägigem Arbeiten war die in das Geröll des Berghangs
gelegte Bresche bis zu einer ersten Abteilungsmauer vorge-
rückt. Unter dieser wurde eine schön erhaltene Tafel gefunden,
welche schon durch ihr Äußeres einen Gutes verheißenden
Eindruck erweckte. Ein Blick darauf und – alle meine Lebens-
erfahrungen versanken in Nichts. Hier stand es, was man sich
sonst vielleicht im Scherz als frommen Wunsch ersehnt hätte:
Ramses (II. der Große [1279 – 1213 v. Chr.]) schrieb an Chat-

tusil (Hattusili II. [ca. 1265–1240 v. Chr.], der in der älteren Literatur als Hattusili III. bezeichnet wurde) über den beiderseitigen Vertrag. Wohl waren in den letzten Tagen immer mehr kleine Bruchstücke gefunden worden, in denen von dem Vertrage zwischen den beiden Staaten die Rede war, allein hier war es nun besiegelt, daß wirklich der berühmte Vertrag, den man aus der hieroglyphischen Überlieferung auf der Tempelwand von Karnak kannte, auch von der anderen vertragschließenden Seite aus seine Beleuchtung erhalten sollte. Ramses, mit seinen Titeln und seiner Abstammung genau wie im Text des Vertrages bezeichnet, schreibt an Chattusil, der ebenso angeführt wird, und der Inhalt des Schreibens deckt sich wörtlich mit Paragraphen des Vertrags. Es waren eigenartige Gefühle, mit denen gerade ich eine solche Urkunde betrachten konnte. Achtzehn Jahre waren es her, daß ich im damaligen Museum von Bulaq (einem Ortsteil von Kairo) den Arzawa-Brief von El-Amarna und in Berlin die Mitanni-Sprache kennenlernte. Damals hatte ich in Verfolgung der durch den Fund von El-Amarna erschlossenen Tatsachen die Vermutung geäußert, daß auch der Ramses-Vertrag ursprünglich in Keilschrift abgefaßt gewesen sein dürfte, und jetzt hielt ich eines der darüber gewechselten Schreiben in Händen – in schöner Keilschrift und gutem Babylonisch!»

Bei diesem Vertrag zwischen dem hethitischen Großkönig Hattusili II. (nach früherer Zählung: III., ca. 1265–1240 v. Chr.) und dem ägyptischen Pharao Ramses II. (1279–1213 v. Chr.) aus dem Jahre 1259 v. Chr. handelt es sich um den ersten im Wortlaut bekannten internationalen Friedensvertrag zwischen zwei Großmächten. Eine Kopie dieser Tontafel aus Boğazköy schmückt heute das UN-Hauptquartier in New York. Ursprünglich war der Vertrag auf silbernen Tafeln geschrieben, die in den damaligen Hauptstädten Piramesse in Ägypten und in Hattusa (Boğazköy) aufgestellt waren. Der Vertrag war

Abb. 23: Tontafel in Keilschrift in akkadischer Sprache mit Friedensvertrag zwischen den Hethitern und Ägyptern aus Hattusa. Istanbul, Archäologisches Museum.

das Ergebnis langjähriger Verhandlungen, aufgenommen nach der ersten gut dokumentierten großen Schlacht der Weltgeschichte, die im Jahre 1274 bei Kadesch in Syrien zwischen Ramses II. (1279–1213 v. Chr.) und dem Großkönig Muwattalli II. (ca. 1290–1272 v. Chr.) ausgetragen wurde. Hier standen sich 20 000 Ägypter und 37 000 Hethiter mit 16 verbündeten Völkern gegenüber. Der ägyptische Pharao konnte sich nach starken Verlusten nur zurückziehen, weil die Hethiter es ihm zugestanden. Später ließ der Pharao in Ägypten an Tempelwänden die erste – historisch belegbare – große Propagandalüge über eine bedeutende Schlacht verewigen, indem er sich in dieser Inschrift als den «wahren» Sieger feiern ließ. Ramses II. zog es jedoch vor, fortan nicht mehr gegen die Hethiter zu kämpfen, überließ ihnen die Ländereien um Kadesch und unterzeichnete 15 Jahre später erleichtert den Friedensvertrag. Dieser Vertrag bekundet die Freundschaft zwischen den Ägyptern und Hethitern und die Bruderschaft der Könige «auf ewig», enthält ferner einen Nichtangriffspakt, die Zusage auf gegenseitige Hilfe gegen äußere und innere Feinde sowie die Anerkennung des Pharaos für die Thronfolge des Sohnes Hattusilis II. (nach früherer Zählung: III., ca. 1265–1240 v. Chr.), der den rechtmäßigen Thronfolger, seinen Neffen Mursili III./ Urhitesub (ca. 1272–1265 v. Chr.) ins Exil geschickt hatte. Auch garantierte der Vertrag die gegenseitige Auslieferung flüchtiger Ägypter und Hethiter und Amnestie im eigenen Land. Der Vertrag schließt mit der Aufzählung von Schwurgöttern und der Verfluchung des Partners, der den Vertrag brechen sollte. Gesiegelt ist der Vertrag von Ramses II. (1279–1213 v. Chr.), von Hattusili II. (nach früherer Zählung: III., ca. 1265–1240 v. Chr.) und der hethitischen Großkönigin Puduhepa, der Hauptfrau von Hattusili II.

Daß auch die Großkönigin, die Tawananna, unterzeichnete, bekundet die besondere Rolle, die die Hethiterinnen im Gegensatz zu den Ägypterinnen spielten. Die Tawananna blieb, solange sie lebte, Großkönigin, selbst wenn ihr Ehemann verstarb. Daher kam es vor, daß eine Tawananna unter mehreren Großkönigen ihre Amtsgeschäfte tätigte und die Hauptfrauen der neuen Großkönige selbst nie Großköniginnen wurden. Die Tawananna empfing Boten, pflegte Diplomatie, siegelte Urkunden, war oberste Priesterin und hatte wie fast jede Hethiterin eigenen Besitz.

Der Friedensvertrag bewies den Forschern, daß in Boğazköy die Hauptstadt der Hethiter, Hattusa, zu sehen war, da solche Staatsdokumente gewiß in der Hauptstadt verwahrt wurden.

Für das folgende Jahr plante Winckler daher eine viel aufwendigere Grabung, doch gelang es ihm nicht, ausreichende Gelder einzuwerben. So blieb ihm nichts anderes übrig, als einen ihm verhaßten Klassischen Archäologen, der sich mit

den Griechen und Römern beschäftigte, um Hilfe zu bitten. Es
handelte sich um den weltmännisch gewandten und allseits beliebten Professor Otto Puchstein, der Hattusa/Boğazköy durch
seine Reisen gut kannte und mittlerweile zum Direktor des
Archäologischen Instituts in Berlin aufgestiegen war. Puchstein,
der vorher im Auftrag von Kaiser Wilhelm II. (1888–1918) die
berühmten Tempel von Baalbek im Libanon ausgegraben hatte
und beste Beziehungen zum Kaiser und folglich zu vielen weiteren einflußreichen Personen pflegte, kam auch sofort ein po-
tentieller Mäzen in den Sinn. Doch forderte er von Winckler als
Gegenleistung, daß er in Hattusa die Architektur erforschen
dürfe, wobei er sich für diesen Teil selbst um die Finanzen
kümmern wollte. Winckler stimmte zu, ohne zu wissen, wen
Puchstein als Mäzen im Sinn hatte. Der offen antisemitisch ein-
gestellte Winckler mußte dann zähneknirschend dem sehr gebildeten wie ebenso geistreichen jüdischen Großkaufmann
James Simon (1851–1932), dem größten Förderer der Berliner
Museen, gegenübertreten. Ludwig Curtius berichtet von diesem kurzen Treffen: «James Simon fragte ihn, welche Summe er
für die Fortführung seiner Grabung brauchte, Winckler erwiderte: ‹30 000 Mark›. Darauf zog James Simon sein Scheckbuch
aus der Tasche, schrieb einen Scheck auf diese Summe aus und
überreichte ihn lächelnd dem Bittsteller. Puchstein erhielt für
seinen Teil der Expedition die gleiche Summe aus dem Privat-
dispositionsfonds des Kaisers.»

Auch in diesem Jahr bekam Winckler viele Tontafeln in
die Hände, ohne sich auch nur im geringsten um die Grabung zu kümmern. Er zog sich ganz auf die Lektüre der Tontafeln zurück, die ihm Makridy lieferte. Curtius erzählte bitter:
«Makridy sah sich keineswegs veranlaßt, uns über die Herkunft dieser (Tontafeln) und über die Art ihrer Auffindung
irgend etwas mitzuteilen. Sein Vertrauensmann und eine Art
Oberaufseher über die Arbeiter war ein junger, baumlanger,

ganz in seine braune Landestracht gekleideter schöner Kurde, mit Namen Hassan. Eines Tages fiel mir auf, daß dieser am Morgen von unserem in halber Höhe des Grabungsgeländes erbauten Haus mit einem Korb und einer Spitzhacke zum großen, in der Ebene gelegenen Tempel ging. Ich folgte ihm, um zu erfahren, was er dort tue. Da sah ich, daß in der Kammer 11 des großen Tempels ganze, klar geschichtete Reihen schräg liegender, vollständig erhaltener Tontafeln lagen, von denen der Kurde in kurzer Zeit, so, wie eine Bäuerin Kartoffeln aus ihrem Acker klaubt, so viele Stücke loslöste, als in seinem Korbe Platz fanden. Mit dieser Ernte ging er in unser Haus zurück, überlieferte sie Makridy Bey, der sie triumphierend Winckler überreichte. Mir war es peinlich, daß die Ausgrabung an diesem wichtigsten Fundorte nur dem Kurden Hassan überlassen blieb. Aber mit meiner Bitte, diesem beistehen, den Fundplatz aufnehmen und auf das Vorkommen von Keramik untersuchen zu dürfen, kam ich bei Makridy schlecht an. Vertragsmäßig hatte ich dort nichts zu suchen, erwiderte er mir. Über die Ausgrabung der Tontafeln werde er selber berichten. Er hat es nie getan.»

Puchstein hingegen arbeitete sorgfältig und dokumentierte die Ausgrabungen an der Stadtmauer. An der höchsten Stelle legte er den Yerkapı («Erdtor») frei, den aus großen Steinen erbauten Gang, über dem, künstlich mit Erde angehäuft, der doppelte Mauerring aus gigantischen Steinen als Basis mit Fachwerk stand. In der Mitte über dem nun viel tiefer gelegenen Gang prangte das monumental mit Sphingen geschmückte Tor. Eine dieser Figuren ist heute im Pergamon-Museum in Berlin zu sehen.

Noch zwei Jahre, 1911 und 1912, konnte Winckler in Hattusa/Boğazköy graben. Am 19. April 1913 verstarb er. Insgesamt kamen etwa 10 000 Tontafelfragmente zum Vorschein, die heute in Berlin lagern.

Weitere Expeditionen förderten vor dem 1. Weltkrieg zwei weitere Städte der Hethiter zutage. John Garstang (1876–1956), Professor in Liverpool, war 1908 und 1911 in Sakçegözü bei Gaziantep tätig. Sir Charles Leonard Wooley (1880–1960) und sein junger Assistent Thomas Edward Lawrence (1888–1935) setzten die Grabungen in Karkamis zwischen 1912 und 1914 fort, bis sie durch den Ausbruch des 1. Weltkrieges unterbrochen wurden. Lawrence sollte als Helfer bei der Befreiung der Araber vom Osmanischen Reich als «Lawrence von Arabien» in die Geschichte eingehen.

In der Zwischenzeit hatte sich der Tscheche Friedrich (auch Bedřich) Hrozný (1879–1952), der bereits mit 26 Jahren als Professor an die Universität Wien berufen worden war, mit einem Teil der in babylonisch-assyrischer Keilschrift geschriebenen Tontafeltexte beschäftigt, die nicht gelesen werden konnten, weil sie in einer nicht bekannten Sprache verfaßt waren, die – wie man inzwischen annahm – die hethitische sei. Bestimmte Keilschriftzeichen ließen sich mit Zeichen im Babylonischen und Sumerischen identifizieren, die aus der ursprünglichen sumerischen Bilderschrift in der Silbenschrift bewahrt blieben und die gleiche Bedeutung beibehalten hatten. So gelang es Hrozný, die Wörter «Fisch» und «Vater» zu identifizieren. Ebenso schien es, als weise die Struktur der Keilschriftzeichen grammatikalische Formen auf, die indo-europäischer Natur sein könnten. Hrozný stellte daher die Hypothese auf, daß Hethitisch wie Indisch, Persisch oder die germanischen Sprachen indo-europäisch sein könnte. Er konnte dies zunächst selbst nicht richtig glauben. Nun gelang es ihm aber, einen Satz in Silben umzusetzen. Er lautete wie folgt: «nu ninda-an ezzatteni vâdar-ma ekutteni». In diesem Satz konnte er zunächst nur das Wort ninda mit Brot übersetzen, weil es auf ein sumerisches Zeichen mit dieser Bedeutung zurückzuführen war. Er nahm dann an, daß vielleicht in diesem Satz das Wort Brot mit dem

Verb essen verbunden sei und sah, daß «ezzatteni» wie das alt-hochdeutsche Wort «ezzan» essen beinhalten könnte. Weiterhin konnte «vâdar» wie «water» im Englischen und «watar» im Alt-sächsischen Wasser ausdrücken. Dann müßte wohl auch das Wort trinken in dem Satz vorkommen, das analog zu «ezzatteni» demnach in dem Wort «ekutteni» steckte. Der Satz lautete folglich: «Nun wirst Du Brot essen und dann wirst du Wasser trinken.»

Am 24. November 1915 referierte er über seine Entzifferung im Rahmen eines Vortrags vor der Vorderasiatischen Gesellschaft in Berlin, der schon einen Monat später gedruckt wurde.

Hethitisch war also tatsächlich eine indo-europäische Sprache und noch etwas älter als Altindisch, das bis um die Mitte des 2. Jahrtausends v. Chr. zurückreicht. 1917 publizierte Hrozný die Ergebnisse seiner Forschung in dem Buch: *Die Sprache der Hethiter, ihr Bau und ihre Zugehörigkeit zum indogermanischen Sprachstamm.* Das sehr umfangreiche Werk enthielt schon viele korrekte Übersetzungen. Diese wurden in den folgenden Jahren von den Deutschen Ferdinand Sommer (1875–1962), Johannes Friedrich (1893–1972) und Albrecht Götze (1897–1971), dem Franzosen Louis-Joseph Delaporte (1874–1944) und dem Amerikaner Howard Sturtevant (1875–1952) soweit ergänzt, daß Johannes Friedrich auf dieser Grundlage zwischen 1952 und 1954 das *Hethitische Wörterbuch* herausgeben konnte.

Die Entzifferung der Hieroglyphen blieb hingegen auch weiterhin erfolglos. Nach den ersten Versuchen von Sayce vergingen mehrere Jahrzehnte, in denen Forscher sich vergeblich bemühten, mit unterschiedlichsten Ansätzen und in kontroversen Diskussionen. Als Beispiele seien die Versuche angeführt, durch Sprachenverwandtschaften einen Schlüssel zur Entzifferung zu finden. Auch diese waren sehr unterschiedlich ausgerichtet. So sah Peter Jensen (1861–1936) Ähnlichkeiten zum Armenischen, J. Halévy (1827–1917) zu semitischen und A. Gleye (1867–1937) zu finnisch-ugrischen Sprachen und der Orientalist Arthur Ernest Cowley (1861–1931) zum Kaukasischen. In dieser Lage konnte nur ein neuer Fund zweisprachiger Texte weiterhelfen.

Im Jahre 1922 stellte der Orientalist und spätere Altamerikanist Emil Forrer (1894–1986) in einem Beitrag *Die Inschriften und Sprachen des Hatti-Reiches* in der *Zeitschrift der Deutschen Morgenländischen Gesellschaft* (76:1922, S. 174–269) fest, daß die Keilschrifttafeln aus Hattusa/Boğazköy acht Sprachen aufzeigten. Die meisten Texte waren in einem babylonischen Dialekt des Akkadischen, einer semitischen Sprache, geschrieben, die – wie schon erwähnt – im 2. Jahrtausend v. Chr. die Diplomatensprache des Orients war. Die meisten anderen Tontafeln waren in den drei im Hethiterreich üblichen Sprachen verfaßt: dem Hethitischen, Luwischen (im Westen und Süden Anatoliens verbreitet und vom Land Luwija in Westkleinasien abgeleitet) und Palaischen (vom Land Pala im Nordwesten Anatoliens). Die Hethiter bezeichneten ihre Sprache als «nesili» oder «nesumnili» nach der Stadt Nesa – die mit Kanis identisch ist, dem heutigen Kültepe, in dem Chantre vergeblich nach Tontafeln gesucht hatte. Kültepe war in der 1. Hälfte des 2. Jahrtausends v. Chr. ein berühmtes Handelszentrum, in dem auch viele assyrische Kaufleute lebten. Heute wissen wir, daß die drei Sprachen eng miteinander verwandt und indoeuropäische Sprachen sind, womit das Hethitische die bisher älteste bekannte indoeuropäische Sprache ist. Weitere Texte wies Forrer dem Hurritischen (einer nicht-indoeuropäischen und nicht-semitischen Sprache unbekannter Herkunft aus dem Land Hurri in Obermesopotamien) zu, dem Hattischen (einer nicht-indoeuropäischen im 16. Jahrhundert v. Chr. ausgestorbenen Sprache aus dem nördlichen Kaukasusgebiet, die man ebenfalls im nördlichen Zentralanatolien vor der Eroberung durch die Hethiter sprach, die aber durch die Hethiter im Kultbereich wie lange das Latein in der katholischen Kirche weiter gesprochen worden ist), dem Sumerischen (im 2. Jahrtausend v. Chr. ausgestorbene Sprache aus Südmesopotamien, die auch nur im Kult weiter existierte) und einen Text schließlich einer nur von der Oberschicht der Mittanni (einem Reich in Obermesopotamien) benutzten indoarischen Sprache, einer frühen Form des späteren Indisch. Die Sprachenvielfalt dieser Dokumente unterstreicht die Bedeutung des Vielvölkerreiches der Hethiter im 2. Jahrtausend v. Chr.

Im April 1931 besuchte der Schwabe Kurt Bittel (1907–1991) die Zweigstelle des Deutschen Archäologischen Instituts in Istanbul. Dort traf er den damaligen Direktor, Martin Schede, der ihn einlud, mit ihm nach Boğazköy zu reisen. Gern nahm Bittel auch das Angebot an, eine kleine Nachgrabung auf Büyükkale mit den Mitteln einer Stiftung zu Ehren des achtzigjährigen James Simon zu leiten, um noch offene Fragen zu den Ausgrabungen von Winckler zu klären. Am 1. September 1931 traf er in Boğazköy ein. Empfangen wurde er von Zia Bey.

Schon am nächsten Morgen kamen die Arbeiter, die Zia Bey zusammengestellt hatte, zu Bittel. Als Bittel, der kein Wort Türkisch konnte, wahrlich sprachlos vor den ihn erwartungsvoll anblickenden Arbeitern stand, trat auf einmal ein Arbeiter vor, nahm stramme Haltung an und brüllte: «Morjen, Herr Hauptmann!» Der Mann hatte im 1. Weltkrieg unter deutscher Führung in Rumänien gekämpft. Die Situation war fürs erste gerettet.

Am fünften Tag nach dem Eintreffen Bittels begannen die Arbeiten auf Büyükkale. Doch schon am ersten Zahltag kam es zu einem Aufstand der Arbeiter. Zia Bey hatte die Auszahlung des Lohns übernommen. Wie er es als Großgrundbesitzer im Osmanischen Reich noch unter Winckler praktiziert hatte, behielt er den größten Teil des Tageslohns von 30 Kuruş für sich ein. Doch war das Osmanische Reich seit Jahren untergegangen. Atatürk (1881–1938) hatte die alte Feudalherrschaft beendet und am 23. Oktober 1923 die Republik ausgerufen, in der auch die Frauen wahlberechtigt waren. Mit Steinen bewaffnet, zogen die Arbeiter zu Bittels Zelt. Dieser rief erschrocken die Polizei. Als er das Anliegen der Arbeiter schließlich verstand, räumte er das Unrecht sofort aus und erhöhte zur Beruhigung der Gemüter den Tageslohn auf 50 Kuruş. Der gealterte Zia Bey verstand die Welt nicht mehr.

Nach wenigen Tagen machte Bittel einen bedeutenden Fund: Er stieß auf ein Tontafelarchiv und konnte rund 350 Keilschrifttexte bergen. Dieser Fund führte dazu, daß auch in den nächsten Jahren die Grabungen unter seiner Leitung fortgeführt wurden. 1932 kamen 832 und 1933 sogar 5500 Texte zutage. 1934 fand Bittel dann in einem weiteren Raum der Königsburg etwa dreihundert Tonsiegel. Rund einhundert dieser Ziegel trugen zweisprachige Texte. 1936 gelangen Kurt Bittel und Hans Gustav Güterbock (1908–2000), dem im selben Jahr nach Ankara ausgewanderten, ebenso gütigen wie gelehrten deutsch-jüdischen Professor, die erste richtige Lesung eines Königsnamens: «Suppiluliuma». Dieser Name wurde nun auch auf dem Hieroglyphenrelief von Nişantepe in Hattusa identifiziert. Zwar hatte man schon lange angenommen, daß die dort angebrachte Inschrift den letzten großen Herrscher, Suppiluliuma II. (ca. 1210–1190/85 v. Chr.), ehrte. Jetzt aber war der Beweis erbracht. Über seinem Namen stand, wie für hethitische Herrscher üblich, die sogenannte Ädicula (Tempelchen). Da noch andere Ädiculae auf der Inschrift existierten, war klar, daß auch an diesen Stellen weitere Herrscher genannt waren, wohl die drei Vorgänger von Suppiluliuma II. Zudem waren die mutmaßlichen Hieroglyphen für den Vater und einen weiteren Verwandtschaftsgrad gleich, der Name des Großvaters aber abweichend. Man mußte daher nach dieser Namensfolge in den übersetzbaren Keilschrifttexten suchen und hoffen, daß diese schon bekannt waren. Und sie waren es. Der Vater von Suppiluliuma II. war Tudhaliya III. (nach früherer Zählung: IV., ca. 1240–1215 v. Chr.) und sein Urgroßvater Tudhaliya II. (nach früherer Zählung: III., um 1375–1355 v. Chr.); sein Großvater hieß Hattusili II. (nach früherer Zählung: III., ca. 1265–1240 v. Chr.). Die zweisprachigen Siegel bestätigten die Deutung und lieferten noch den Namen von Urhitesub (Mursili III., ca. 1272–1265 v. Chr.).

Um Aufschluß für weitere Entzifferungen zu bieten, waren die zweisprachigen Siegel aber zu kurz. Immer noch fehlte ein längerer zweisprachiger Text, der eine Lösung bringen konnte.

Im Spätsommer des Jahres 1945 reiste Helmuth Theodor Bossert (1889–1961) durch die Südosttürkei. Er war seit April 1934 Professor an der Universität Istanbul. Wie viele andere Forscher hatte er das nationalsozialistische Deutschland verlassen; er war an die Universität von Istanbul berufen worden. Atatürk, der die deutsche Wissenschaft sehr schätzte, war im Begriff, die Universitäten aufzubauen, förderte stark die Archäologie und berief deutsche Gelehrte wie Bossert und Güterbock an die türkischen Universitäten. Bossert war zunächst nach dem 1. Weltkrieg in der Direktion des Kunstverlags Wasmuth in Berlin tätig gewesen und hatte zwischen 1928 und 1935 die bedeutende sechsbändige *Geschichte des Kunstgewerbes aller Völker und Zeiten* herausgegeben. Nebenbei hatte er sich mit der Keilschrift und den ägyptischen Hieroglyphen befaßt. Dann war er zu dem renommierten Buchverlag der Frankfurter Zeitung gewechselt und verfaßte die kritischen Bilder-Bücher *Kamerad im Westen* und *Wehrlos hinter der Front*. Im letzteren warnte Bossert vor den möglichen schrecklichen Leiden der Zivilbevölkerung in einem nächsten Krieg. Dieses Buch stand bei den Nationalsozialisten auf der schwarzen Liste und wurde den barbarischen Bücherverbrennungen überantwortet. Bossert hielt nichts mehr in Deutschland. Er nahm die türkische Nationalität an, heiratete eine Türkin und lebte wie so viele große deutsche Forscher fortan im Exil.

Auf jener Forschungsreise während des Jahres 1945 erzählten Yürüken, die letzten Nomaden dieser Region, Bossert im Dorf Feke, daß in den schwarzen Bergen hinter Kadirli ein Löwenstein stehe. Bossert, durch die Schilderungen neugierig geworden, wäre am liebsten gleich dorthin aufgebrochen, doch er mußte nach Istanbul zurückkehren und die Reise auf das folgende Jahr verschieben.

Schon am 27. Februar 1946 begab er sich nach Kadirli. Er wurde von dem Kaymakam (Kreishauptmann), dem Bürgermeister und anderen Honoratioren mit einem Abendessen empfangen. Doch keiner wußte von dem Löwenstein, bis zuletzt der Lehrer Ekrem Kuşçu auftauchte und erzählte, daß er schon öfters den Löwenstein aufgesucht habe. Am nächsten Tag ritten der Lehrer und Bossert nach Karatepe («schwarzer Hügel»). Wenige Stunden später standen sie am Fuß der Anhöhe. Stechginster verhinderten ein weiteres Vorankommen mit den Pferden; auf schmalen Pfaden gingen sie weiter. Auf dem Gipfel genossen sie einen traumhaften Ausblick über die Landschaft. Vor ihnen lagen weite Täler und Berge aus schwarzem Gestein, und zu ihren Füßen wand sich der Fluß Ceyhan, der antike Pyramus. Dann standen sie vor dem Löwenstein, der einst als Basis einer großen Statue gedient hatte, die nun zerborsten neben dem Löwen lag. Während die Skulpturen in ihrem Stil späthethitisch, d. h. aus dem 1. Jahrtausend v. Chr., waren, entdeckte Bossert auf der Statue aramäische Schriftzeichen. Er untersuchte die nähere Umgebung und fand Fragmente von späthethitischen Reliefs und schließlich auch hethitische Hieroglyphen! Lagen hier unter der Erde vielleicht zweisprachige Texte in Stein gemeißelt? Für Bossert stand fest: Hier mußte gegraben werden!

Kaum ein Jahr später, am 15. März 1947, begann Bossert mit den Ausgrabungen auf dem Karatepe. Er hatte kein adäquates Grabungsmaterial und Geld für nur vier Wochen mit wenigen Arbeitern. Schon bald förderte er schöne Reliefs mit Menschen- und Tierdarstellungen sowie aramäischen Inschriften in phönizischen Lettern zutage, die noch so standen wie dereinst, als sie als Basen für aufsteigende Wände gedient hatten. Auch fanden sich wieder vereinzelt Hieroglyphenzeichen, wenn auch nicht in Verbindung zu den Reliefs. Doch am letzten Tag der Grabung entdeckte Bossert den oberen Teil eines Reliefs, auf dem er Hieroglyphen zu erkennen glaubte. Die Hoffnung stieg, daß die Reliefs mit Menschen- und Tierbildern auch mit zweisprachigen Texten versehen sein könnten. Doch die Grabung mußte beendet werden. Das schmale Budget war aufgebraucht.

Schon ein halbes Jahr später, im September 1947, kehrte Bossert, nun mit geeignetem Gerät und mit einer besseren Finanzierung ausgestattet, nach Karatepe zurück. Er setzte gleich am ersten Tag die Ausgrabung jenes Reliefs fort, das er am letzten Tag der vorangegangenen Grabung aufgefunden hatte. Die Arbeiter waren begeistert von dem schön gestalteten Relief, Bossert jedoch war tief enttäuscht. Die Hieroglyphen, die er meinte gesehen zu haben, waren in Wirklichkeit nur Rillen im Stein, die im Laufe der Zeit durch Verwitterungen entstanden waren. Bossert ließ aber weitergraben, obgleich seine Hoffnung, Reliefs mit zweisprachigen Texten aufzuspüren, geschwunden war. Am folgenden Tag kam dann aber doch, kaum einen Meter von dem ersten Relief entfernt, tatsächlich ein Relief mit Hieroglyphen zutage – und weitere folgten. Auch die nächsten Kampagnen brachten zahlreiche Reliefs mit Hieroglyphen und phönizischen Buchstaben ans Licht, insbesondere in der Nähe zweier monumentaler Eingänge im Norden und Süden der

Anlage. Sie zeigten den Herrscher beim Mahl, außerdem Göt-
ter-, Opfer-, Jagd-, Musik- und Tanzszenen, Tiere und Fabelwesen. Zwischen den Darstellungen waren die Texte angebracht. Während Bossert und sein Team sich gleich im Herbst
1947 auf die Hieroglyphentexte stürzten, schickte Bossert den
Text in phönizischen Buchstaben zunächst an Spezialisten für
semitische Sprachen. Der Löwenstein, der sich übrigens nach
einem Besuch von Professor Güterbock als Stierstein entpuppt
hatte, verherrlichte nach der Lesung der Semitisten den Erbauer
der Anlagen, Asitawanda, den Herrscher der Danuna, der in
der 2. Hälfte des 8. Jahrhunderts v. Chr. im Großraum von
Adana in der Südosttürkei regiert hatte.

Nach dem Untergang des großhethitischen Reiches um
1190 v. Chr., das damals fast ganz Kleinasien und Nordsyrien
umfaßte, bildeten sich in der Südosttürkei und in Nordsyrien
eine Reihe von sogenannten späthethitischen Fürstentümern.
Asitawanda war der Herrscher eines dieser letzten Fürstentümer, das – wie die übrigen – durch die assyrischen Herrscher Tiglatpileser III. (744–727 v. Chr.), Salmanassar V. (726–
722 v. Chr.) und Sargon II. (722–705 v. Chr.) erobert wurde.
Große Bevölkerungsteile wurden in andere Regionen deportiert.

Immer noch fraglich war, ob die anscheinend willkürlich auf
den Reliefs angebrachten Texte den gleichen Inhalt verkündeten. War der Name Asitawanda auch unter den Hieroglyphen
zu finden? Dies wäre ein erster Hinweis gewesen, daß die Texte
den gleichen Herrscher verewigten. Da entdeckte ein Schüler
von Bossert, Franz Steinherr, auf einer in der zweiten Kampagne
des Jahres 1947 freigelegten Sphinx den Namen des Herrschers
in Hieroglyphen. Die Forschung war einen großen Schritt vor-
angekommen. Als besondere Schwierigkeit stellte sich aber in
der Folgezeit heraus, daß die Texte ohne Bezug zu den Darstellungen über die Reliefs verteilt waren. Ein wirklicher An-

fang des Hieroglyphentextes fand sich nicht. Neben den vier Königsnamen aus Hattusa kannte man nur den Namen Asitawanda und das Wort «machen», die einzigen bis dato entzifferten Hieroglyphen. Franz Steinherr ließ sich dadurch nicht entmutigen.

Steinherr hatte einen bemerkenswerten Lebensweg hinter sich: Nachdem er eine Buchhalterlehre abgeschlossen hatte, arbeitete er für verschiedene Firmen, bis er schließlich dank seiner Sprachkenntnisse nach Istanbul kam. Schon mit 15 Jahren beherrschte er Türkisch, mit 17 Arabisch, mit 18 Japanisch und mit 19 Russisch, dann noch Latein und Altgriechisch und natürlich auch Französisch und Englisch. In Istanbul hatte er Bossert getroffen, der ihn wegen dieser Sprachkenntnisse gern als Studenten gewinnen wollte. Doch fehlte Steinherr das Abitur. Den Unterrichtsstoff holte er nun in den Abendstunden nach und erwarb in München die Hochschulreife. Steinherr konnte daraufhin bei Bossert studieren. Aber während er versuchte, die Hieroglyphen zu entziffern, arbeitete er gleichzeitig als Geschäftsführer und Buchhalter des Deutschen Krankenhauses in Istanbul. Da hörte er eines Nachmittags in einer Vorlesung, wie Bossert den Teil eines phönizischen Textes von Karatepe zitierte: «... und ich machte Pferd zu Pferd, und Schild zu Schild, und Heer zu Heer ...». Nachdem er sich abends wieder mit den Hieroglyphen beschäftigt hatte und spät schlafen gegangen war, erwachte er plötzlich aus einem Traum, und es fiel ihm wie Schuppen von den Augen. Er erinnerte sich, daß in einer Hieroglyphen-Passage zwei Pferdeköpfe und das Wort «machen» folgten, das man bereits kannte, und folgerte, daß hier der gleiche Satz wie im phönizischen festgehalten sein mußte. Bossert spürte dann den Textanfang auf und setzte die Entzifferung fort. Die gemeinsame Anstrengung vieler Wissenschaftler brachte schließlich den Erfolg: Die späthethitischen Texte mit Hieroglyphen aus dem 1. Jahrtausend v. Chr. konnten

jetzt größtenteils gelesen werden. Die Hieroglyphen des großhethitischen Reichs aus dem 2. Jahrtausend v. Chr. hingegen waren weiterhin nur teilweise verständlich, weil viele Zeichen, die
ein ganzes Wort wiedergeben, nicht entschlüsselt werden konnten. Auch stellte sich heraus, daß die «hethitischen» Hieroglyphen nicht in Hethitisch, sondern in Luwisch verfaßt und
eigentlich entgegen der in der Literatur eingebürgerten Bezeichnung «luwische» Hieroglyphen waren.

Zwischen 1951 und 1966 legte Kurt Bittel den Königspalast
(Büyükkale) von Hattusa ganz frei, dessen Baugeschichte bis
ins 17. Jahrhundert v. Chr. zurückreicht, wenn auch große Teile
im 14. Jahrhundert errichtet worden waren. Wie für monumentale Anlagen in der Hethiterhauptstadt üblich, bestanden die
Sockel aus Stein (hier aus Kalksteinen) und darüber aus Fach-
werkbau, errichtet aus ungebrannten Lehmziegeln und Holz-
balken. Manche Gebäude waren bis zu zwei Stockwerke hoch
und besaßen Flachdächer. Die Innenwände waren teilweise in
Weiß, Gelb, Rot, Hellblau und Schwarz ausgemalt. In Stein gehauene Löwen und Stiere schmückten die Eingangsbereiche.
Neben dem königlichen Wohnbereich stieß Bittel auf Vor-
ratshäuser, Küchen, ein Arsenal, Stallungen, Werkstätten, ein
Heiligtum und einen Altar. Gepflasterte Wege führten zu den
einzelnen Bauten; die Kanalisation war unterirdisch angelegt.
Über einen ca. 85 Meter langen und 10 Meter hohen Viadukt,
der auch für Wagen befahrbar war, gelangte man zum Haupteingang im Süden. Dieser Viadukt ist der bisher älteste bekannte im Orient. An den Haupteingang schlossen sich vier Höfe an.
Am dritten Hof lag im südlichen Teil die königliche Bibliothek,
in der allein etwa 5000 Tontafeln aus dem 16. bis 13. Jahrhundert v. Chr. aufbewahrt worden waren: religiöse, mythologi-
sche, historiographische, juristische Texte, Verträge und Briefe.
Im Nordwestteil des Hofes schloß ein großer Bau an, in dessen
Erdgeschoß sich Magazinräume befanden, wie 280 Tonplomben

mit Siegeln von Königen und Hofangestellten beweisen. Ein be-
eindruckender Raum im ersten Geschoß, der von fünf mal fünf
Pfeilern getragen wurde, diente wahrscheinlich als Audienzsaal.
Von dort aus führte ein Tor zu dem letzten Hof, an den zwei
größere Gebäude und auch weitere Bauten anschlossen; wahrscheinlich lag hier der private Wohnbereich der Herrscher-
familie. Alle Gebäude waren um 1190 v. Chr. durch einen Brand
zerstört worden. Da man aber außer den Tafelarchiven nichts
gefunden hatte, was als Inventar eines Palastes zu erwarten gewesen wäre, wie z. B. Geschirr, Werkzeuge oder Waffen, können wir davon ausgehen, daß die Bewohner den Palast schon
verlassen hatten, als die Eroberer ihn in Brand setzten.

Der Brand des Palastes markiert den Untergang des großhethitischen Reiches. Die Umstände des Niedergangs bleiben
rätselhaft. Etwa gleichzeitig lassen sich in den mykenischen,
hethitischen, nordsyrischen und mesopotamischen Kulturen
Hungersnöte, der Zusammenbruch der gesellschaftlichen Ordnung und das Abbrechen der Wirtschaftsbeziehungen zwischen
diesen Zivilisationen und der Zusammenbruch ihrer zentralen
Verwaltung feststellen. Ob diese weitreichende Katastrophe
von eindringenden «Seevölkern» ausgelöst worden ist oder die
«Seevölker» durch diese Krise aus Teilen der mykenischen und
kleinasiatischen Bevölkerung erst hervorgingen, bleibt umstritten. Wir wissen nur, daß die «Seevölker» in zwei Zügen
durch Anatolien und entlang der kleinasiatischen Küsten, über
Zypern in den Nahen Osten und weiter bis nach Ägypten zogen und auf ihrem Weg alles zerstörten.

Bevor das großhethitische Reich abrupt unterging, erreichte
es einen politischen, wirtschaftlichen und kulturellen Höhe-
punkt. Diese Blütezeit können wir heute noch aus der beein-
druckenden Ausdehnung der Oberstadt von Hattusa erkennen,
die Peter Neve zwischen 1978 und 1993 in zahlreichen Grabungen zu einem großen Teil erschloß. Die Oberstadt, die sich süd-

lich von Büyükkale auf den umliegenden Anhöhen anschloß, war von einer gigantischen doppelten Mauer mit drei monumentalen Toren – dem Löwen- (Abb. 21), Sphinx- und Königstor – umgeben. Sie schützten unzählige große Tempel; 30 dieser Tempel hat Peter Neve ergraben. Diese großartige Stadterweiterung entstand im 13. Jahrhundert v. Chr. und folgte einem einheitlichen Gesamtplan. Die Ausgrabungen förderten Tontafeln mit mythologischen Erzählungen in hurritisch und hethitisch zutage. 1986 fand man, etwa 30 Meter vom Sphinxtor entfernt, an der Stadtmauer einen hethitischen Vertrag zwischen König Tudhalija III. (nach früherer Zählung: IV., ca. 1240–1215 v. Chr.) und König Kurunta von Tarhuntassa (um 1220 v. Chr.), der auf einer 5 Kilogramm schweren Bronzetafel festgehalten worden war. Die Tafel war anscheinend rituell bestattet worden, nachdem Kurunta den Vertrag gebrochen hatte. Wahrscheinlich hatte man die Tafel nicht zerstören wollen, um nicht den Zorn der im Vertrag aufgerufenen Götter zu wecken. In dem Vertrag ging es darum, Kurunta als Vizekönig über das Land Tarhuntassa im gleichen Rang zum bereits amtierenden Vizekönigreich von Karkamis einzusetzen, um Kurunta zu besänftigen, der der Thronfolgeregelung nach zum rechtmäßigen Großkönig von Hattusa bestimmt gewesen wäre.

Die ganze Oberstadt scheint ausschließlich eine Tempelstadt gewesen zu sein. Zahlreiche Funde bestätigen das – etwa rituelle Miniaturgefäße in Form von Krügen und Näpfen, Spendegefäße in Form eines ausgestreckten rechten Arms mit einem Napf in der Hand, Reliefgefäße mit Darstellungen religiöser Themen und Götterstatuetten aus Bronze und Elfenbein. Man gewinnt den Eindruck, daß die hethitischen Herrscher in der Oberstadt die im ganzen Reich verstreuten Kultstätten zentral in der Hauptstadt zusammenfassen, unter ihren Schutz stellen und somit auch an sich binden wollten. Dem bergigen Gelände angepaßt, sind die Tempel unterschiedlich ausgerichtet.

Die religiöse Toleranz der Hethiter, möglicherweise auch
Ängstlichkeit vor dem Zorn der Götter, führte dazu, daß sie in
der Hauptstadt den Kult auch all jener Gottheiten aus den Ländern und Städten aufnahmen, die sie erobert hatten. Die Hethiter erhielten daher den Beinamen «Volk der tausend Götter».
Von alters her war der Wettergott Tarhun/Tarhun(t)a der oberste Gott, Garant der kosmischen Ordnung, des Königtums und
des Landes. An seiner Seite stand die Sonnengöttin von Arinna.
Im 15. und 14. Jahrhundert v. Chr. wurden die beiden Gottheiten auch mit dem hurritischen Tessop und seiner Schwester
Sa(w)oska (bzw. Ischtar von Ninive) gleichgesetzt. Die Sonnengöttin von Arinna war zugleich identisch mit der syrischen Hebat. Weiterhin verehrte man Gottheiten für Himmel und Erde,
für Tiere und Pflanzen, für Gewässer – die Meere, Seen, Flüsse
und Quellen – für Stürme, Regen, Donner und Blitz, für Krieg
und Frieden, für Sexualität, Seuchen und Tod, und für vieles
mehr.

Die Tempel bestanden wie alle anderen Gebäude aus einer
monumentalen Steinlage als Basis, über der sich Fachwerk erhob; auch sie waren mit einem flachen Dach gedeckt. Von
einem zentralen Innenhof gingen verschiedene Räume ab, darunter als heiligster Teil der Kultraum, der von der Straßenseite
durch eine Vorhalle, von dem Innenhof aus durch mehrere
Räume zugänglich war. Im Kultraum selbst befand sich die
Statue, Statuette oder Stele der Gottheit, die meist aus Metall
oder Holz gefertigt war.

Die Tempel in der Oberstadt waren damit ähnlich wie der
65 x 42 Meter große, eingeschossige Haupttempel mit seinen
monumentalen Steinquadern aufgebaut, den bereits Texier in
der Unterstadt, unterhalb von Büyükkale, entdeckt hatte und
aus dem Makridy Bey die reichen Tontafelfunde geerntet hatte.
Dieser Haupttempel war sicherlich den beiden obersten Gottheiten geweiht, dem Wettergott und der Sonnengöttin von

Arinna. Zusammen mit den ihn umgebenden zwei- bis drei-
stöckigen Magazinen besaß er 150 bis 200 Räume auf einer Ge-
samtfläche von rund 14 500 qm. Allein an der Nordwestseite
der Anlage barg man Hunderte großer Vorratsgefäße aus Ton
mit einem Fassungsvermögen von bis zu 1750 Litern für Ge-
treide, Hülsenfrüchte, Trockenobst, Wein und Öl. Im Süd-
westen des Tempels befand sich ein 5300 qm großes Gebäude,
das wahrscheinlich das Tempelpersonal – Priester, Musikan-
tinnen, Tafel- und Holztafelschreiber, Wahrsagepriester, Sänger
und Handwerker – in Hunderten von Wohn- und Arbeits-
räumen beherbergte.

Den mit großen Steinen gepflasterten Weg zum einstöckigen
Tempel säumten Wasserbecken für rituelle Handlungen. Durch
einen schmalen, längeren Gang betrat man den Hof, der ebenfalls mit großen Steinplatten ausgelegt und von einer Vielzahl
von Räumen umgeben war, die der Aufbewahrung von Kult-
gegenständen und als Aufenthaltsräume für die Priester dienten. Durchschritt man den Hof, gelangte man zu einer von
Pfeilern getragenen Vorhalle und durch diese über Vorräume
zu jenen zwei Kulträumen, die für die beiden obersten Gottheiten bestimmt waren. Große, bis zum Boden herabreichende
Fenster ließen Licht in das Allerheiligste.

Die hethitischen Tempel waren, wie die Klöster im Mittelalter, eigenständige Wirtschaftsbetriebe mit Werkstätten und
Ländereien mit Ackerbau und Viehzucht.

Zu der Stadt gehörte ein 6000 qm großer, künstlich angeleg-
ter heiliger Teich, östlich von Nişantepe. Peter Neve entdeckte
ihn 1988 beim Viadukt, der zum Büyükkale führte. Ein läng-
liches Viereck mit gepflasterter Böschung bildete das Becken;
im Westen war gegen das abfallende Gelände ein Wall als Stau-
damm errichtet. An der westlichen und nördlichen Ecke des
Staudammes förderte man zwei aus großen Steinen bestehende Kammern zutage. Die am besten erhaltene Kammer mißt

4 Meter in der Tiefe, 2 Meter in der Breite, etwa 3,30 Meter in der Höhe – nach hinten leicht abfallend. Diese Kammer trägt das älteste bekannte echte Gewölbe der Welt. Ein Relief an der Rückwand zeigt einen nach links schreitenden Sonnengott; er trägt eine Kappe mit Flügelsonne, ein langes Gewand und Schnabelschuhe, in der Rechten hält er einen Gegenstand, der dem ägyptischen Lebenszeichen ähnelt, und in der Linken einen Krummstab. Links neben dem Eingang zeigt ein weiteres Relief Suppiluliuma II. (ca. 1210–1190/85 v. Chr.), den letzten hethitischen Großkönig, mit Hörnerhelm, Schwert und Schnabelschuhen, in den Händen Lanze und Bogen haltend. Sein Name ist in Hieroglyphen links über seinem Kopf verewigt. Auf der gegenüberliegenden Seite berichtet ein sechszeiliger Hieroglyphentext, der noch nicht vollständig gelesen werden kann, über drei Feldzüge des Herrschers, darunter einer gegen das Königreich Tarhuntassa. Dieser Text spricht auch von dem «göttlichen Stein-/Erdpfad in den Untergrund», womit wahrscheinlich die Kammer selbst gemeint ist: Sie symbolisiert vermutlich den Eingang zur Unterwelt.

Wenn es sich hier wirklich um den «Weg in die Unterwelt» handeln sollte, so war er gewiß gut «verschlossen». Denn die Hethiter fürchteten allem Anschein nach die Toten. Trotz der wunderbaren Entdeckungen, die uns das Hethiterreich so viel nähergebracht haben, bleibt aus diesem Kontext aber immer noch ein großes Rätsel zu lösen: Wo bestatteten die Hethiter ihre Toten? Auch von den Königsgräbern, die in anderen Kulturen häufig durch markante Bauten hervorgehoben sind, fehlt bei den Hethitern jede Spur. Wir wissen aus den Texten nur, daß man die verstorbenen Könige schnell, in weiter Entfernung von der Stadt, mit reichen Beigaben bestattete. Opulente Opfergaben sollten dafür sorgen, daß die Toten nicht mehr zurückkehrten. Wird man je ihre reichen Gräber finden?

7
Ein Volk von Eroberern –
Die assyrischen Städte Ninive, Khorsabad und Nimrud
in Nordirak und die Entzifferung der Keilschrift

«Zu Ende März hatte ich schon die Gewißheit des Vorhandenseins zweier geflügelten und mit Menschenköpfen versehenen Löwen (…). In der einen Hand hielt jede Figur einen Bock oder Hirsch und in der andern, die an der Seite herabhing, einen Zweig mit drei Blumen (…). Sie waren ungefähr 12 Fuß (etwa 3,6 m) hoch und eben so lang. Der Körper und die Glieder waren bewundernswürdig portraitirt; die Muskeln und Knochen, obgleich stark entwickelt, um die Stärke des Thieres darzustellen, zeugten doch zugleich von einer genauen und richtigen Kenntnis ihrer Anatomie und Form. Ausgebreitete Flügel sprangen aus der Schulter und erstreckten sich über den Rücken hinaus; ein Gürtel, der, mit einem Knoten geschlossen, in Quasten endigte, umgab die Lenden. Diese Sculpturen, die einen Eingang bildeten, waren zum Theil frei, theils in Reliefs. Der Kopf und das Vordertheil, welche dem Zimmer gegenüberstanden, standen frei; aber nur die eine Seite des Restes der Platte war behauen, der Rücken war an die Wand von an der Sonne getrockneten Ziegeln gelehnt. Damit der Beschauer eine vollkommene Front- und Seitenansicht der Figuren haben möchte, waren sie mit fünf Beinen versehen; zwei waren am Ende der Platte dem Zimmer gegenüber ausgehauen, und drei an der Seite. Der Leib und drei Gliedmaßen waren im Hautrelief und kühn, und an allen Theilen, die das Bild nicht einnahm, war die Platte mit Keilbuchstaben bedeckt (…).

Stundenlang betrachtete ich diese mysteriösen Embleme und
dachte über ihre Bedeutung und Geschichte nach (...). Welche
erhabeneren Bilder hätten der Natur entlehnt werden können
von Leuten, welche, ohne Hülfe der geoffenbarten Religion,
ihre Begriffe von Weisheit, Macht und Allgegenwart eines höchsten Wesens zu verkörpern suchten? Für Verstand und Kenntnis
konnten sie kein besseres Musterbild finden als den Kopf des
Menschen, für Kraft den Körper des Löwen, für die Allgegenwart die Schwingen des Vogels (...). Seit 25 Jahrhunderten waren sie dem Auge des Menschen verborgen und nun erstan-
den sie noch einmal wieder in ihrer antiken Majestät. Wie aber
ist die Scene um sie herum verändert. Der Luxus und die Ci-
vilisation einer mächtigen Nation hat der Armseligkeit und
Unwissenheit einiger weniger halbbarbarischer Stämme Platz
gemacht. Der Pracht der Tempel und dem Reichthume großer
Städte folgten Ruinen und gestaltlose Erdhaufen (...), denn
jetzt ist ‹Ninive öde, und dürre wie eine Wüste; daß darinnen
sich lagern allerlei Thiere unter den Heiden; auch Rohrdommeln
und Cormorans wohnen unter ihren Thürmen und werden in
den Fenstern singen, und Öde ist auf den Schwellen›»

Austen Henry Layard, *Niniveh und seine Überreste*, Leipzig 1854, S. 43–44.

✳

Das Zitat, mit dem der Text schließt, stammt von dem Propheten Zephanja (II, 13–15). Weitere Stellen in der Bibel und
Berichte griechischer, lateinischer und arabischer Schriftsteller
schildern die Assyrer. Die Schlagkraft und die Grausamkeit
des Heeres waren gefürchtet, der Reichtum der Herrscher und
ihrer Paläste wurden bewundert, die Größe der Hauptstadt
Ninive und des Reiches verherrlicht, die Arroganz und der
Hochmut der Könige verschmäht. Spuren ihrer Zivilisation wa-

ren bis in die 1840er Jahren kaum zu sehen, ihre Städte und
Paläste vom Sand der Wüste verschlungen, wie neben Zephanja
auch der Prophet Nahum (III, 7) sagte: «Ninive ist verwüstet;
wer will Mitleid mit ihr haben? Und wo soll ich Dir Tröster
suchen?» In vielen Texten über die Assyrer wird Ninives Glanz
und Untergang geschildert. Insbesondere der griechische Historiker Diodor von Sizilien (80–29 v. Chr.) schreibt ausführlich über den Anfang und das Ende Ninives, mit dem ersten
und letzten legendären Herrscher Assyriens verbunden, Ninos
und Sardanapal. Nachdem Ninos, der spätere Gemahl der Semiramis, große Teile Asiens erobert hatte, gründete er Ninive.
Diese Stadt, nach ihm benannt, machte er zur größten Stadt der
Alten Welt. Ihre Stadtmauer war angeblich über 30 Meter hoch
und so breit, daß drei Wagen nebeneinander auf ihr fahren
konnten; auch hatte sie 1500 Türme von über 60 Metern Höhe.
Die Stadt und das Reich schienen für die Ewigkeit geschaffen.
Doch nach dreißig Generationen assyrischer Herrschaft ver-
spielte Sardanapal schließlich das Reich, und die Stadt Ninive
fiel. Diodor (II. Buch, 23) gab Sardanapal die Schuld am Untergang:

«Sardanapal (…) übertraf an Genußsucht und Schwelgerei
alle seine Vorgänger. Denn abgesehen davon, daß auch er
von niemand sich sehen ließ, der nicht zum Palast gehörte, lebte
er selbst wie ein Weib und brachte sein Leben unter Kebs-
weibern zu. Er trug Frauenkleider, und sein Gesicht wie der
ganze Körper war mit Schminke und den anderen Mitteln,
wie sie Freudenmädchen verwenden, so zugerichtet, daß er an
Weichlichkeit noch die wollüstigsten Weiber übertraf. Auch
eine Frauenstimme hatte er sich angewöhnt. Bei Mahlzeiten
aber genoß er von Speisen und Getränken stets nur die, die besondere Reize auf den Gaumen ausübten, und seine Geilheit
in erotischen Dingen war auf Weiber wie Männer in gleicher
Weise gerichtet. Ohne Scheu hatte er mit beiden Geschlechtern

Umgang, wobei er sich freilich der Schändlichkeit seines Treibens keineswegs bewußt war.»

Nach Diodor (II. Buch, 28) entkam Sardanapal der Rache der Meder bei der Eroberung der Stadt, indem er sich mit seinen Frauen und Eunuchen und allem Gold, Silber und wertvollen Gewändern in seinem Palast, der von einem monumentalen Scheiterhaufen überhäuft worden war, verbrennen ließ. Selbst sein angebliches Epitaph, das er persönlich gedichtet haben soll, kündete von seiner ungeheuren Dekadenz. Diodor (II. Buch, 23) hat es uns überliefert:

«Sterblich bist Du, das weißt Du, drum suche Dich
Stets zu erheitern,
Freue Dich am Gelag', den Toten fehlt jedes Vergnügen.
Sieh, auch ich bin jetzt Asche, einst
König im herrlichen Ninive,
Und nur das, was ich aß, meine Späße
Und was mir die Liebe
Viel an Vergnügen bot, das bleibt allein als ein Segen.»

Diese Erzählungen über Ninos, Sardanapal und Ninive ließen den Franzosen Paul-Emile Botta (1802–1870) davon träumen, das sagenhafte Ninive ans Licht der Sonne zurückzubringen, als er am 21. September 1842 zum Konsul in Mossul im heutigen Nordirak ernannt wurde. Auch kannte er die Memoiren von Claudius James Rich (1786/1787–1821), der seit 1806 für die britische Ostindische Kompanie in Bagdad arbeitete und die sichtbaren Ruinenstätten Mesopotamiens aufgesucht hatte, darunter 1820 die Region um Mossul. In diesem Buch war ein Plan mit den Ruinen des Hügels bei dem Dorf Kujundschik am linken Tigrisufer gegenüber von Mossul abgebildet, in denen bisweilen Ninive erkannt wurde.

Eigentlich war Botta Arzt. Zwischen 1830 und 1833 hatte er als Leibarzt den ägyptischen König Mehmet Ali (1769–1849) betreut. In dieser Funktion hatte er an der ägyptischen Expedition nach Sennar teilgenommen, bei der er Insekten für das Naturkundliche Museum in Paris sammelte. 1833 wurde er zum französischen Konsul im ägyptischen Alexandria ernannt. Er bereiste Arabien und publizierte seine Erlebnisse in einem vielbeachteten Buch.

In Mossul wurde Botta als erster französischer Konsul eingesetzt, weil in dieser Region des Osmanischen Reiches viele Chaldäer, Syrer und Jakobiner lebten, die katholisch waren. Seit 1638 hatte Frankreich alle im Osmanischen Reich lebenden Katholiken unter seinen Schutz gestellt. Dies galt insbesondere für die Katholiken im heutigen Libanon und in Syrien. Nun wollte Frankreich auch im Zweistromland Flagge zeigen, seit die Briten den südlichen Irak stark beeinflußten, um den Seeweg nach Indien zu sichern, und bereits ein Konsulat in Bagdad eingerichtet hatten. Schon damals steckten die Briten und Franzosen Interessengebiete ab, die nach der Auflösung des Osmanischen Reiches nach dem 1. Weltkrieg eine große Rolle spielen sollten und bis heute spielen.

In Mossul nutzte Botta die arbeitsfreien Abende, um die Umgebung der Stadt zu erkunden. Vor allem suchte er nach Spuren des sagenhaften Ninive der Bibel. Er befragte die Einheimischen nach Gegenständen aus alten Zeiten. Gern zeigten und verkauften sie ihm die für sie nutzlosen alten Gefäße oder Tontafelfragmente mit seltsamen Einkerbungen. Die Fundorte gaben sie aber nicht preis, lieferte ihnen der Verkauf der Gegenstände an die Ungläubigen doch eine gute Einnahmequelle, die sie nicht aufgeben wollten.

So begann Botta seine erste Grabung im Dezember 1842 auf gut Glück. Er hatte den Tell Nabi Junus («Hügel des Propheten Jonas»), gegenüber von Mossul am linken Tigrisufer, als erfolgversprechenden Grabungsplatz ausgewählt, da viele Reisende seit dem 12. Jahrhundert den Hügel als letzte Ruhestätte des

Propheten Jonas nannten. So etwa der Geograph und Kartograph Karsten Niebuhr (1733–1815), der auf seiner berühmten Arabienreise im Auftrag des dänischen Königs Friedrich V. (1746–1766) im Jahre 1766 nach Mossul kam. Er besuchte den Tell Nabi Junus und den benachbarten Hügel bei dem Dorf Kujundschik, die, wie er beobachtete, durch eine mächtige Stadtmauer miteinander verbunden waren, welche sich deutlich unter Erdschichten abzeichnete. Seiner Meinung nach bildeten die beiden markanten Erhebungen Teile von Ninive, was er mit dem Argument begründete, der Hügel bei Kujundschik werde von den Einheimischen als Qal'at Nunja («Zitadelle von Nunja», also Ninive) bezeichnet. Claudius James Rich (1786/1787–1821) übernahm in seinem Buch die These von Niebuhr. Er hatte im Jahre 1820 am Tell Nabi Junus einen Tonzylinder erworben, der mit Keilschriftzeichen übersät war und, nach dem Namen von Richs Sekretär, «Bellino-Zylinder» genannt wurde. Dieser Zylinder sollte einige Jahrzehnte später bei der Entzifferung der Keilschrift von großer Bedeutung sein, trägt er doch einen babylonischen Text des berüchtigten babylonischen Herrschers Nebukadnezar II. (605–562 v. Chr.), der 587/586 v. Chr. Jerusalem samt dem Tempel Salomos zerstört und viele Juden nach Babylon deportiert hatte.

So waren es also vor allem die Reisenotizen und Beobachtungen von Niebuhr und Rich sowie der «Bellino-Zylinder», die Botta bewegten, am Tell Nabi Junus zu graben. Doch schon nach kurzer Zeit vertrieben ihn aufgebrachte Moslems, die die Ruhestätte des Propheten Jonas bedroht sahen. Daraufhin versuchte Botta sein Glück auf dem benachbarten Hügel von Kujundschik, seine Untersuchungen brachten jedoch nicht den ersehnten Erfolg. Ein anderer hätte vielleicht nach diesen vier Monaten entmutigt aufgegeben. Botta aber setzte seine Suche beharrlich fort – und wurde belohnt: Am 20. März 1843 kam ein Bauer aus dem Dörfchen Khorsabad, das etwa 22 Kilometer nördlich von Kujundschik auf einem mächtigen Hügel stand, zu ihm. Neugierig fragte der Mann, wonach Botta eigentlich grabe. Als er von der Suche nach Tafeln mit Einkerbungen hörte, sagte er Botta, daß bei seinem Dorf solche Ziegel in so großen Mengen zu finden seien, daß die Häuser des Ortes daraus erbaut wurden. Botta glaubte ihm zuerst nicht, doch als der Bauer das Gesagte nachdrücklich beteuerte, schickte Botta eine Gruppe von Arbeitern nach Khorsabad.

Schon drei Tage später erhielt er die Nachricht, daß man nach kurzem Graben auf Mauern gestoßen sei, die mit Reliefs voller Inschriften und Darstellungen von Menschen und Ungeheuern geschmückt seien. Botta ritt umgehend nach Khorsabad, um die Reliefs in Augenschein zu nehmen. Sofort ließ er auch die anderen Arbeiter von Kujundschik nach Khorsabad holen. Mit vereinten Kräften legten sie in wenigen Wochen ganze Fassaden eines prachtvollen Palastes frei. Botta fertigte erste Zeichnungen an und war überzeugt, daß die imposanten Reliefs den Assyrern zuzuschreiben seien und aus der Zeit ihrer höchsten Machtentfaltung und Blüte stammten: aus dem 8./7. Jahrhundert v. Chr., als das Reich neben dem Zweistromland auch den ganzen Nahen Osten und kurzzeitig sogar Zypern und Ägypten einschloß. Freudig und stolz sandte Botta Berichte und Zeichnungen nach Paris. Die Presse horchte auf und stürzte sich auf die spannenden Nachrichten von dieser bislang nur durch Schriftfunde bekannten Kultur. Die Kunde von dieser Zivilisation, die den Berichten der Bibel nach so oft Furcht und Schrecken verbreitet hatte, regte die Phantasie der Menschen an. Man brachte den Funden solches große Interesse entgegen, daß Botta schnell genügend Mittel für weitere Grabungen zuflossen, die er bis dahin aus eigener Tasche bestritten hatte.

Jetzt wurde auch Mehmed Pascha, der in Mossul residierende Gouverneur des Osmanischen Reiches, hellhörig. Ging es hier mit rechten Dingen zu? Botta suchte doch sicherlich nicht nach alten Steinen und kaputten Ziegeln, sondern nach Gold. Der Statthalter sandte Spione aus, doch für eine Goldsuche fanden diese keine Anzeichen. Er versuchte daraufhin, Botta die Arbeiter abspenstig zu machen. Das scheiterte. Er schickte diffamierende Botschaften nach Istanbul. Der geschickte Diplomat Botta vereitelte aber auch diese Intrigen, erhielt sogar eine offizielle Grabungslizenz von der Hohen Pforte und setzte zwischen dem 4. Mai 1844 und Oktober 1846 seine Grabungen mit französischen Regierungsgeldern erfolgreich fort. Er durfte sogar die 50 Hütten des Dorfes, die auf dem Hügel standen, versetzen lassen, um ungehindert graben zu können. Als Zeichner sandte man ihm den Maler Eugène Napoléon Flandin (1809–1876), der sich 1838 in Algerien und zwischen 1839 und 1842 in Persien bestens bewährt hatte, wo er zusammen mit dem Architekten Pascal Xavier Coste (1787–1879) unter dem Expeditionsleiter Ernest de Sercey die historischen Monumente Persiens gezeichnet hatte. Flandin dokumentierte so zügig und sorgfältig wie möglich alle geborgenen Reliefs aus Alabaster, die bisweilen schnell verfielen. Botta wollte retten, was er konnte, und die Reliefs nach Paris transportieren. Doch zunächst waren die eigens dafür konstruierten Flöße zu schwach, und die ersten Sendungen verschlang der Tigris. Auf größeren und stabileren Flößen erreichten Bottas Funde schließlich wohlbehalten den großen Hafen von Basra im heutigen Südirak. Am 1. Juni 1846 wurde die wertvolle Fracht auf das französische Schiff Cormoran geladen und erreichte, nach einer Fahrt entlang der Küsten Afrikas (den Suezkanal gab es noch nicht) und über den Atlantik am 7. Dezember Le Havre. Über die Seine trafen sie schließlich am 22. Januar 1847 in Paris ein und wurden am 30. Januar in den Louvre gebracht. Schon am 1. Mai 1847 wurden die zwei großen Säle des neuen «Assyrischen Museums» eröffnet (Abb. 24). Die Exponate riefen eine neue Begeisterungswelle hervor.

Abb. 24: Monumentaler geflügelter Stier mit Männerkopf aus dem Palast von Sargon II. in Khorsabad. Paris, Louvre.

Nach der Revolution von 1848, als die Republikaner an die Macht kamen, wurde der Royalist Botta nach Jerusalem, damals ein kleiner unbedeutender Ort, strafversetzt. Der französische Schriftsteller Gustave Flaubert traf dort einen verbitterten Mann: «Ein Mann im Ruin, ein Mann der Ruinen, in der Stadt der Ruinen, er verneint alles, und macht auf mich den Eindruck, alle zu hassen, wenn sie nicht verstorben sind.» Botta wurde 1857 weiter nach Tripolis versetzt und starb am Ende einsam und vergessen am 29. März 1870 in Achères bei Poissy. Immerhin durfte er von Jerusalem aus die Veröffentlichung des fünfbändigen Werks *Monumente von Ninive, entdeckt und beschrieben von Botta, gemessen und gezeichnet von Flandin* mitverfolgen, das unter Mithilfe von neun Wissenschaftlern seine Entdeckungen präsentierte. Nach Bottas Meinung hatte Ninive eine solche Ausdehnung gehabt, daß Khorsabad nur einen Teil der ursprünglichen Grundfläche von Ninive darstellen konnte.

Während die ersten beiden Bände die Architektur und die Skulptur und der dritte und vierte 190 Inschriften abbildeten und im Jahre 1849 in Paris erschienen, folgte ein Jahr später im fünften Band ein ausführlicher Bericht über die Entdeckungen und Arbeiten mit Beschreibungen der Stätte sowie der Architektur und Funde. Dieses monumentale und prächtig ausgestattete Werk eröffnete dem Publikum eine neue Welt. Die Finanzierung weiterer Expeditionen wurde angeregt.

Wollte man mehr über die Völker Mesopotamiens erfahren, als von den antiken Autoren und der Bibel überliefert war, mußte aber vor allem die Keilschrift endgültig entziffert werden. Die deutsche Bezeichnung Keilschrift stammt von dem deutschen Physiker und Arzt Engelbert Kämpfer (1651–1716), der zwischen 1684 und 1689 Persien bereiste. In seinem 1712 veröffentlichten Buch *Exotische Reize* (*Amoenitates exoticae*) prägte er den Begriff, schlicht auf Grund der keilförmigen Gestalt der Schrift. Die Zeichen der Keilschrift wurden mit kantigen Griffeln in eine noch weiche Tontafel eingedrückt.

Die erste Nachricht von dieser Schrift haben wir allerdings von Antonio de Gouvea (gest. 1628), der im Auftrag von Philipp III. von Spanien und Portugal (1598–1621) zum mächtigen Schah von Persien, Abbas I. dem Großen (1588–1629), reiste. Im Jahre 1602 sah er die Schriftzeichen in den Ruinen von Persepolis. Nach Spanien zurückgekehrt, berichtete er Don García de Silva Figueroa (1574–1627) davon, dem designierten spanischen Gesandten am persischen Hof. Don García de Silva Figueroa besuchte im Jahre 1618 selbst die imposanten Ruinen, die er als erster richtig als Persepolis identifizierte, die alte Hauptstadt der Perser. Dort hatte der riesige Palast der altpersischen Großkönige gestanden. Dieser war im Jahre 330 v. Chr. niedergebrannt, als Alexander der Große (336–323 v. Chr.) ein rauschendes Siegesfest feierte. Die Tänzerin Thaïs sei im ekstatischen Tanz einem Altar, auf dem ein

Feuer brannte, zu nahe gekommen. Alexander der Große und seine Gefolgsleute waren, so heißt es, in ihrem Rausch so von dem lodernden Lichtspiel fasziniert, daß sie selbst weitere der berühmten hölzernen Säle anzündeten, statt das Feuer zu löschen. Nero war demnach nicht der erste, der sich an dem Inferno einer brennenden Stadt erfreute. Im Brand von Persepolis, welche Ursache er auch immer hatte, ging der herrliche Palast unter, der sich über einer 15 Meter hohen, 455 × 300 Meter großen Steinterrasse erhob. Sagenumwoben war die Apadana, der Empfangs- und Thronsaal – ein großer quadratischer Raum, dessen Decke von 36 Säulen mit Stier- und Löwenkapitellen, bunt bemalt und reich geschmückt, getragen wurde.

Als Don García de Silva Figueroa die Zeugnisse vergangener Größe betrachtete, bemerkte er neben prächtigen Reliefs eine Inschrift: «Es gibt eine bemerkenswerte Inschrift, die in schwarzen Jaspis eingegraben ist. Ihre Schriftzeichen sind noch deutlich und funkelnd, erstaunlicherweise völlig ohne Beschädigung oder Korrosion, trotz ihres hohen Alters. Die Buchstaben selbst sind weder Chaldäisch noch Hebräisch, Griechisch, Arabisch oder von irgendeinem Volk, das es heute gibt oder von dessen früherer Existenz man weiß. Sie sind dreieckig, etwa in der Form einer Pyramide oder eines Miniaturobelisken, wie die Marginalie zeigt, und sie sehen alle gleich aus und unterscheiden sich nur in ihrer Lage und Zusammensetzung. Aber die sich ergebenden zusammengesetzten Zeichen sind ausgeprägt und außerordentlich unterschiedlich.»

Drei Jahre später, am 13. und 14. Oktober 1621, stand der italienische Orientreisende Pietro della Valle (1586–1652) auf den Ruinen und kopierte erstmalig einige Schriftzeichen, die 1658 postum in seinen Reiserzählungen *La Persia* veröffentlicht wurden. Auch sammelte er auf seiner langjährigen Reise einige Tontafeln in Keilschrift, die er mit nach Italien brachte. Sie fanden aber kein Interesse.

1627 besuchte der zu einer englischen Gesandtschaft gehörende Thomas Herbert (1606–1682) auch Persepolis und fertigte eine phantasievolle Zeichnung der Ruinen an, die 1634 in seinem Reisebericht *Eine Beschreibung der gegenwärtigen persischen Monarchie (A description of the Persian monarchy now beinge)* publiziert wurden. Auch er war fasziniert von den Schriftzeichen, die, so Herbert, wegen ihrer Klarheit nicht von Barbaren stammen konnten.

Obwohl diese frühen Reisenden die Zeichen zutreffend als Schrift interpretierten, vertrat der hochangesehene Oxforder Professor für Hebräisch und Arabisch, Thomas Hyde (1636–1703), in seinem 1700 erschienenen Buch *Religionsgeschichte der alten Perser (Historia religionis veterum Persarum)* die These, daß es sich bei den Zeichen um geometrische Spielereien von Architekten handele, die die Vielfalt an Mustern vorführen wollten, die sich mit Dreiecken erzeugen ließe. Die Zeichen nannte Hyde erstmalig «Cuneiformes», wie die Zeichen der Keilschrift noch heute im englisch- und französischsprachigen Raum bezeichnet werden.

Etwas mehr als ein Jahrzehnt später erschienen drei Bücher von Persienreisenden, 1711 von dem Franzosen Jean Chardin (1643–1713), 1712 von Engelbert Kämpfer und 1718 von dem holländischen Künstler Cornelis de Bruyn (le Brun, 1652–1726/1727), der sich 1704 sogar drei Monate in Persepolis aufhielt, um die Ruinen und Inschriften zu zeichnen, die in etwa 60 Tafeln vorgelegt wurden. Da man die Möglichkeit hatte, eine große Zahl von Inschriften zu vergleichen, konnte man erkennen, daß die Zeichen eine Schrift bildeten. In den Büchern waren die Zeichen aber nur sehr summarisch übertragen und sehr fehlerhaft wiedergegeben.

Für eine präzisere Wiedergabe der Schriftzeichen, wie sie für Forschungszwecke Voraussetzung war, sollte ein halbes Jahrhundert später der bereits erwähnte Karsten Niebuhr (1733–

1815) sorgen; dies war ihm auch schon im Falle der ägyptischen Hieroglyphen geglückt. Niebuhr besuchte auf seiner Arabienreise auch Persepolis, wo er drei Wochen verweilte und akribisch genau ein Dutzend Inschriften abzeichnete. Er fand dabei heraus, daß die Zeichen von links nach rechts zu lesen seien, einige Inschriften zweifach existierten und manche drei Schriftarten wiedergaben. Oluf Gerhard Tychsen (1734–1815), ehemaliger Professor für Orientalische Sprachen zu Bützow und Oberbibliothekar in Rostock, erkannte 1798, daß diese Inschriften nicht nur drei Schriftarten, sondern damit zugleich drei Sprachen dokumentierten, wobei in der ersten Schrift ein schrägliegender Keil als Worttrenner diente. Der Däne Friedrich Christian Karl Heinrich Münter (1761–1800), Professor für Theologie in Kopenhagen, nahm 1800 an, daß die persepolitanischen Inschriften aus der Zeit der altpersischen Könige stammten und die erste Schrift Buchstaben, die zweite Silben und die dritte Worte wiedergab. Er bestimmte die Wörter für «König» und «König der Könige» richtig, die Auflösung in Buchstaben und Silben gelang ihm nicht.

Im selben Jahr wettete der 27jährige Hilfslehrer der Stadtschule in Göttingen, Georg Friedrich Grotefend (1775–1853), mit seinem Freund von der Königlichen Bibliothek, Rafaello Fiorillo, daß er eine Schrift entziffern könne, von der er weder die Zeichen noch die Sprache kenne. Um den Beweis zu führen, nahm er sich die Inschriften des Palastes von Persepolis vor, die Karsten Niebuhr gezeichnet hatte.

Die altpersische Geschichte kannte Grotefend durch griechische Schriften und die Bibel. Sie sollte entscheidend für seine Folgerungen sein. Der persische Herrscher Kyros (II.?) (König von Persien, 559–530 v. Chr.) hatte in wenigen Jahren große Territorien erobert. Durch Siege über Elam (im heutigen Südwestiran) mit der Hauptstadt Susa, über Medien (im heutigen Nordwestiran, Nordmesopotamien und der Osttürkei) mit der Hauptstadt Ekbatana (heute Hamadan) und über Lydien mit der Hauptstadt Sardis reichte sein Herrschaftsgebiet bis an die Westküste Kleinasiens. Der Untergang Lydiens bewegte die Gemüter der Griechen. Der durch die goldführenden Flüsse Lydiens zu legendärem Reichtum gelangte König Kroisos (Krösus) überlegte, ob er nicht gegen Kyros ziehen sollte, nachdem dieser um 550 v. Chr. Medien erobert hatte und dessen Reich am Fluß Halys an sein eigenes grenzte. Um keinen Fehler zu begehen, fragte Kroisos beim Apollon-Orakel in Delphi an, ob er die Perser angreifen solle. Die Priesterin des Orakels weissagte ihm, wenn er den Halys überschreite, werde er ein großes Reich zerstören. Kroisos verkannte, daß dies auch sein eigenes Reich sein konnte, zettelte den Krieg an, setzte über den Fluß und verlor alles. Kyros hingegen besiegte in einem weiteren Krieg im Jahre 540 v. Chr. den babylonischen König Nabonid (555–539 v. Chr.) bei Opis am Tigris und eroberte die Stadt Sippar. Im folgenden Jahr zog Kyros kampflos in Babylon ein und wurde auch zum König des neubabylonischen Reiches gekrönt, das sich von Mesopotamien über Syrien bis nach Judäa hinzog.

Grotefend folgerte aus diesen Ereignissen, daß Kyros wahrscheinlich die babylonische und elamische Keilschrift übernommen hatte, weil sie bereits in weiten Teilen seines Reiches gebräuchlich waren. Grotefend folgerte ferner, daß einige persepolitanische Keilschrifttexte in drei unterschiedliche Strukturen getrennt waren, unter denen sich, als die wichtigste, mit Sicherheit Altpersisch befinden müßte. Im Gegensatz zum Dreisprachenstein von Rosette, der einen Textabschnitt in Griechisch aufwies, bestanden die Inschriften vom Palast von Persepolis ausschließlich aus unentzifferten Keilschriften. Grotefend griff des weiteren die These von Niebuhr auf, daß die Keile in ihrer Ausrichtung vor allem von oben nach unten und von links nach rechts wiesen und in dieser Anordnung zu lesen seien.

Er vermutete zudem, daß die Inschriften am Palast offiziellen Charakter besaßen und die Namen der Könige verzeichneten, die den Bau errichtet hatten. Sicherlich betonten die Herrscher wie viele andere Völker ihre Abstammung. Daher könnten, so Grotefend, Teile des Textes in Verbindung mit der griechischen Überlieferung der Titulaturen wie folgt aussehen: «Herrschername, großer König, König der Könige, König von ... und von ..., Sohn des (Herrschername), großer König, usw.» Auch müßte das Wort König öfters erscheinen und sich als wiederholende Gruppierung von Zeichen herausfiltern lassen. In der Tat fand er die Konzentrationen, die König hießen. Zudem deutete die große Zahl der Zeichen, die für das Wort verwendet waren, darauf hin, daß es sich wohl vor allem nur um einzelne Buchstaben handelte. Vor dem Titel König standen in vielen Texten oft zwei identische Anhäufungen von Keilzeichen, die, wie Grotefend folgerte, den Namen zweier Herrscher wiedergeben könnten. Kamen beide Herrscher in einem Text vor, standen hinter dem letzteren der Name des vorangehenden Königs mit Königstitel und bei ersterem dahinter ein Name ohne Königsbezeichnung, also: «*Name* + König, Sohn des *Name* und dann *Name* + König, Sohn des *Name* + König». Folglich war der erste Königsname Sohn eines Mannes, der kein König war, und sein Sohn in seiner Nachfolge wiederum König. Demzufolge war der Großvater noch kein König, waren Vater und Sohn aber Könige.

Daraus schloß Grotefend: «Völlig überzeugt, daß hier zwei Könige aus der Dynastie der Achämeniden gesucht werden müßten, weil ich die Geschichte der Griechen als Zeitgenossen und umständliche Erzähler vor allem anderen am glaubwürdigsten fand, fing ich an, die Reihe der Könige durchzugehen und zu untersuchen, welche Namen den Charakteren der Inschriften sich am leichtesten anschmiegten. Kyros (II.?) und Kambyses II. (530–522 v. Chr.) konnten es nicht sein, weil die

beiden Namen der Inschriften keinen gleichen Anfangsbuch-
staben hatten, es konnte überhaupt weder ein Kyros noch ein
Artaxerxes sein, weil der erste Name im Verhältnis zu den
Charakteren zu kurz und der zweite zu lang war. Es blieben
mir also nur die Namen Darius (I., 522–486 v. Chr.) und Xerxes
(I., 486–465 v. Chr.) übrig, und sie fügten sich in die Charaktere
so leicht, daß ich an die richtige Wahl derselben keinen Zweifel
setzen konnte. Dazu kam, daß in der Inschrift des Sohnes dem
Vater gleichfalls der Königstitel beigelegt war, aber nicht so in
der Inschrift des Vaters, welche Bemerkung sich durch alle persepolitanischen Inschriften in allen Schriftarten bestätigte (...).
Da mir nun durch eine richtige Entzifferung der Namen schon
zwölf Buchstaben bekannt werden mußten, und darunter sich
gerade alle Buchstaben des Königstitels bis auf einen befanden,
so kam es darauf an, jenen nur aus dem Munde der Griechen
bekannten Namen die persische Form zu geben, um durch die
richtige Bestimmung des Wortes eines jeden Charakters den
Königstitel zu entziffern und so die Sprache zu erraten, worin
die Inschriften möchten geschrieben sein. Nun lernte ich aus
dem Avesta (der Heiligen Schrift des Zarathustra), daß der
Name Hystaspes (Vater des Darius I.) im Persischen Goschtasp,
Gustap, Kistasp oder Wistasp lautete, dadurch waren mir die
ersten sieben Buchstaben im Namen Hystaspes in des Darius
Inschriften gegeben, und die drei letzten hatte ich schon aus der
Vergleichung aller Königstitel erkannt.»

Damit waren die ersten Schritte zur Entzifferung der Keilschrift getan. Grotefend machte die Ergebnisse seiner Arbeit
am 4. September 1802 vor der Göttinger Akademie der Wissenschaften bekannt. Die Ausführungen Grotefends faßte
der Göttinger Theologieprofessor Thomas Christian Tychsen
(1758–1834) in den *Göttingischen Gelehrten Anzeigen* von
1802 zusammen. Grotefend selbst publizierte seine Resultate
erst nach langem Drängen guter Freunde 1837 als *Beiträge zur*

Erläuterung der persepolitanischen Keilschrift. Die Wette mit seinem Freund hatte Grotefend gewonnen, doch wollte man die Keilschrifttexte wirklich lesen, blieb viel zu tun.

Einen nächsten Beitrag zur Entzifferung lieferte der Däne Rasmus Christian Rask (1787–1832), Professor für Literaturgeschichte in Kopenhagen. Er bestimmte 1826 die Zeichen für «m» und «n» und damit die Schreibweise für die Dynastie «Achaimenis» (Achämeniden). Auch identifizierte er den Genitiv Plural für das Wort König mit «-anam» und stellte fest, daß dieser wie im altindischen Sanskrit gebildet ist.

Rask und Franz Bopp (1791–1867), Professor für orientalische Literatur in Berlin, hatten ein Jahrzehnt zuvor nachgewiesen, daß Griechisch, Latein (und die romanischen Nachfolgesprachen wie Französisch, Spanisch und Portugiesisch), Deutsch, Persisch und Sanskrit von einer gemeinsamen (indo-europäischen) Sprache abstammten. Diese These hatte erstmalig der englische Orientalist und Jurist Sir William Jones (1746–1794) in Vorträgen in Kalkutta formuliert und 1786 unter dem Titel *Dritter Jahresdiskurs (Third anniversary discourse)* publiziert. Der Ausgangspunkt von Jones war noch sehr spekulativ: Er berief sich auf die Bibel, der zufolge die Sprachen nach der Sintflut von den Sippen des Ham, Sem und Japhet über die Welt verteilt worden sind, wobei die semitischen Sprachen von der Familie des Sem und Griechisch, Latein und Sanskrit von der Familie des Ham kommen.

Insgesamt schufen die jungen Vergleichenden Sprachwissenschaften in der 1. Hälfte des 19. Jahrhunderts ein neues Bewußtsein für die Zusammenhänge verschiedener Sprachen und ihrer Entwicklungen, die viel zur Entzifferung der Keilschriften beitrugen. Ein wichtiger Wegbereiter war Christian Lassen (1800–1876), Professor für altindische Sprache und Literatur in Bonn. Durch den Abgleich zwischen Sanskrit und dem Awesta des Zarathustra untersuchte er in seiner ersten Publikation von 1836 ausführlicher die Unterschiedlichkeit der von Grotefend aufgestellten Lautwerte. So befaßte er sich etwa mit der Frage, ob der zweite Buchstabe von Xerxes nach dem ersten Buchstaben «Kh» als «s» oder «sch» gesprochen wurde oder ob die Buchstaben meist mit Vokalen verbunden waren und die Schrift damit sowohl aus Konsonanten und Konsonanten in Verbindung mit Vokalen bestehen würde. Diese neuen theoretischen Überlegungen Lassens, ebenso wie ähnliche von Eugène Burnouf (1801–1852), gaben – auch wenn beiden dabei häufig Irrtümer unterliefen – Eugène-Vincent-Stanislas Jacquet (1811–1838) und Eduard Friedrich Ferdinand Beer (1805–1841) 1837 und 1838 sowie schließlich 1839 Lassen selbst die Möglichkeit, viele Zeichen in der wirklichen Bedeutung näher zu bestimmen.

Der englische Offizier und Diplomat Henry Creswicke Rawlinson (1810–1895) verfolgte die Forschung nicht. 1827 wurde er im Alter von 17 Jahren Offizier bei der britischen Ostindien-Kompanie und reiste per Schiff nach Indien. Um die viermonatige Fahrt zu überbrücken, gab er zur Unterhaltung der Mitreisenden eine kleine Zeitung heraus, in der er vor allem Interviews vorstellte, die er mit Sir John Malcolm (1769–1833), dem Gouverneur von Bombay, geführt hatte, in denen dieser von seinen Aufenthalten in Persien berichtete. In Indien zeichnete sich Rawlinson als bester Polospieler des Subkontinents aus, lernte aber gleichzeitig viele Sprachen. Es heißt, er habe Bücher in solchen Mengen erworben, daß er einmal beim Buchkauf 20 Pfund aufnehmen mußte und, als er diese Schulden nicht zurückzahlen konnte, in den «Bau» gesteckt wurde.

1833 wurde er nach Persien abkommandiert. Er besuchte Persepolis und entzifferte, ganz ohne Kenntnis von Grotefends Leistungen, drei Königsnamen anhand zweier Inschriften am Berg Elwand, an dessen Fuß Ekbatana (Hamadan) lag. 1837 untersuchte Rawlinson eine dreisprachige Inschrift auf dem

Abb. 25: Siegesrelief von Darius I. in Bisutun/Iran.

150 Meter hohen Felsen von Bisutun (Behistun «ohne Säulen»),
der am östlichen Ende der Ebene von Kermanschah an der alten
Heerstraße zwischen Babylon und Ekbatana aufragt (Abb. 25).
Da die Inschriften sehr hoch oben angebracht waren und er
keine Bergsteigerausrüstung zur Verfügung hatte, konnte er
lediglich einen Teil der altpersischen Inschrift kopieren, die
er nur durch lebensgefährliches Klettern erreicht hatte. Die
Inschriften umrahmen eine Darstellung von Darius I., hinter
dem sein Bogenträger Vindafarnah und sein Lanzenträger
Gaubarva stehen. Im Vordergrund sind neun an Ketten heran-
geführte Gefangene zu sehen: acht «Lügenkönige», die Darius
entthronen wollten, und der Skythenkönig Skuncha, dessen
Bildnis nach seiner Niederlage 519 v. Chr. nachträglich angebracht worden ist. Darius I. hat seinen Fuß auf den am Boden
liegenden Magier Gaumata gesetzt, der – wie die acht Lügenkönige – versucht hatte, ihn zu entmachten und nun um Gnade
flehend seine Arme hebt. Über den Gefangenen schwebt der

oberste Gott, Ahura Mazda. Eine Inschrift über Darius verherrlichte ihn mit den Sätzen:

«Ich bin Darius der König, Sohn des Hystaspes, ein Achäme-
nide, König der Könige. Ich bin gegenwärtig König in Persien.

Es kündet Darius der König: Mein Vater ist Hystaspes, des
Hystaspes Vater ist Arsames, des Arsames Vater war Ariaram-
nes, des Ariaramnes Vater war Teispes, des Teispes Vater war
Achämenes.

Es kündet Darius der König: Deswegen nennen wir unser
Geschlecht das achämenidische. Seit alters sind wir adlig, seit
alters ist unser Geschlecht königlich (…)»

In dieser Inschrift erkannte Rawlinson vier weitere Namen
– Arsames, Ariaramnes, Teispes und Achämenes – sowie einige
Wörter, insgesamt 18 Schriftzeichen. Zwar fand Rawlinson bei
seiner Rückkehr nach Teheran überraschend Grotefends gerade
erschienenes Buch vor, doch inzwischen hatte er ganz eigen-
ständig mehr Namen und Zeichen entziffert und schickte seine
Lesungen der Inschrift von Bisutun an die Royal Asiatic Society. Angespornt von der positiven Resonanz aus London,
vertiefte er seine Studien. Rawlinson hatte große Fortschritte in
der Lesung gemacht, als er die neuesten Resultate von Lassen in
einem Brief erhielt; er stellte fest, daß Lassen häufig zu den gleichen Lesungen der Zeichen gelangt war.

Wegen des ersten Afghanisch-Britischen Krieges (1840–1842)
mußte er aber seine Forschungen drei Jahre lang unterbrechen.
Nach erfolgreicher Teilnahme offerierte man ihm verschiedene Posten. Trotz besserer Angebote nahm Rawlinson 1844 das
Amt des Generalkonsuls von Bagdad an, um den persischen
Inschriften näher zu sein. Im Sommer des gleichen Jahres reiste
er nach Bisutun und kopierte auch den altpersischen und ela-
mischen Text unterhalb der figürlichen Szene (Abb. 25). 1846
erschienen seine Zeichnungen in dem Buch *Die persische Inschrift in Keilschrift in Bisutun (The Persian cuneiform in-*

scription at Behistun). Er lieferte auch die komplette Übersetzung des altpersischen Textes. Unabhängig von ihm entzifferten etwa gleichzeitig ein anglikanischer Geistlicher aus Irland, Dr. Edward Hincks (1792–1866), und ein deutscher Orientalist, Dr. Jules Oppert (1825–1905), die persische Keilschrift, die – wie sich nun herausstellte – eine Silbenschrift war. Rawlinson veröffentlichte seine Erkenntnisse vor den beiden anderen und gilt daher als der Entzifferer der persischen Keilschrift, dessen Ergebnisse später nur noch kleinerer Korrekturen bedurften.

Hincks fand hingegen im selben Jahr als erster heraus, daß in den babylonischen Texten die Félix de Saulcy (1807–1880) zugeschriebenen sieben Zeichen für «r» nicht nach Belieben gesetzt wurden, sondern auch in Verbindung mit einem Vokal stehen (also ähnlich wie in der persischen Keilschrift) und aufgeschlüsselt «ra, ri, ru, ar, ir, er» oder «ur» bedeuten. Hincks und Rawlinson stürzten sich nun auf die babylonischen Texte, die mit den assyrischen eng verwandt waren.

1847 fertigte ein kurdischer Junge für Rawlinson einen Abdruck des babylonischen Textes der Inschrift von Bisutun an, die links von der Szene auf einem vorspringenden Felsen stand, der als unzugänglich galt (Abb. 25). Der Kurde erreichte ihn durch eine waghalsige Kletterpartie, wie sie nur sein jugendlicher Leichtsinn erlaubte. Während der altpersische Keilschrifttext in Vokalen oder in Konsonanten in Kombination mit Vokalen wiedergegeben war, konnten die babylonischen Keilschriftcharaktere der Bisutun-Inschrift, wie Rawlinson 1850 in einem Vortrag vor der Royal Asiatic Society feststellte, sowohl Silben als auch Worte sowie mehrere Silben und Worte bedeuten. Auch gab es Homophone (Zeichen, die den gleichen Laut ausdrücken) und Polyphone (Zeichen, die mehrere Laute oder Worte angeben). Des weiteren konnten die Silben offen (z. B. «na») oder geschlossen (z. B. «an») sein. Die Silben waren zahlenmäßig am häufigsten. Diese Komplikationen, die Rawlinson klar erkannte und offenlegte, verunsicherten die Zuhörer. Eine Entzifferung der Inschriften schien ihnen nunmehr unmöglich. Rawlinson war hingegen optimistisch. Immerhin hatte er 80 Eigennamen erkannt, die bereits etwa 100 Zeichen in ihren Lautwerten aufzeigten, und etwa 200 Wörter nach ihrem Aussagewert genau und nach ihren Lauten größtenteils bestimmt. Die Verwandtschaft zu anderen bekannten semitischen Sprachen war dabei sehr hilfreich. Für Rawlinson war es jedoch klar, daß schlüssigere Texte entdeckt werden mußten, und solche konnten nur weitere Grabungen liefern.

Angeregt von Bottas spektakulären Funden, begab sich 1845 der Jurist und Abenteurer Austen Henry Layard (1817–1894) nach Mossul. Bereits in jungen Jahren hatte der Jurist vom Orient geträumt. Dann erhielt er ein Angebot, in Ceylon zu arbeiten. 1839 brach er über den Landweg dorthin auf. Mit bescheidensten Mitteln reiste er über den Balkan durch den Orient, wo er öfters schwer erkrankte, ausgeplündert wurde, ja sogar kurzzeitig Beduinen als Sklave dienen mußte. 1840 durchstreifte er auf der Suche nach Altertümern die Region um Mossul. Dabei stieß er etwa 35 Kilometer südöstlich von Mossul auf den riesigen Hügel von Nimrud, unter dem er eine bedeutende Stadt vermutete. Doch fehlte ihm das Geld für Grabungen. Unverrichteter Dinge mußte er nach Konstantinopel (Istanbul) zurückkehren, wo er sich in der britischen Botschaft mit Handlangerarbeiten ein Auskommen sicherte. Immer wieder erzählte er während dieser Zeit voller Begeisterung von Nimrud. Als Botta seine Erfolge vermeldete, schenkte der britische Botschafter, Sir Stratford Canning, Layard 60 englische Pfund, damit dieser seinen Traum verwirklichen und in Nimrud graben könne.

Am 8. November 1845 traf Layard in Mossul ein. Die Verhältnisse in der Region hatten sich jedoch gegenüber seinem letzten Besuch sehr verändert. Der neue, aus Kreta stammende Gouverneur des Osmanischen Reichs, Mohammed Pascha, genannt Keritli Oğlu (Sohn des Kreters), war ein kleiner, dicker, pockennarbiger Tyrann mit nur einem Auge und einem Ohr. Er nahm die Einheimischen nach Strich und Faden aus: Sein erfindungsreicher Geist ließ auch seit langer Zeit vergessene Steuern wieder neu aufleben, darunter die sogenannte Zahnsteuer. Wenn der Pascha Dörfer besuchte, mußte er, so die Argumentation, um die Gastfreundschaft nicht zu verletzen, die ihm angebotene schlechte Nahrung zu sich nehmen, die angeblich seine Zähne abnutzte – und dafür hatten die Einheimischen die Zahnsteuer zu entrichten. Sein schlechter Ruf war ihm vorausgeeilt, und viele Wohlhabende waren daher vor seinem Eintreffen aus Mossul geflohen. Nachdem es dem Pascha durch seine Überredungskunst gelungen war, sie wieder zur Rückkehr zu bewegen, ließ er sie festnehmen und nach einem Scheinprozeß umbringen, um sich ihrer Vermögen zu bemächtigen. Eines Tages ließ der Gouverneur verbreiten, daß er gestorben sei. Viele Bewohner versammelten sich freudig feiernd auf dem Marktplatz. Da erschien, zum Schrecken aller, in bester Gesundheit der Gouverneur. Die Soldaten nahmen die reichen «Aufständischen» fest, ihr Vermögen wurde konfisziert. Seinen Steuereintreibern, die im ganzen Land umherzogen, gab er die Order: «Geht, zerstört, eßt!» Damit hatte er das Faß zum Überlaufen gebracht. Ein Aufstand brach aus.

Dies war die Lage, als Layard unvorbereitet in Mossul eintraf. Er begriff, daß er vorsichtig vorgehen mußte, kaufte zur Tarnung Gewehre, Speere und «andere fürchterliche Waffen» und ließ verlauten, daß er auf die Wildschweinjagd gehen wolle. So gelang es ihm, mit einem englischen Kaufmann namens Henry Ross, seinem Diener und Kawassen (Ehrenwächter, der einem Ausländer im Osmanischen Reich zum Schutz beigegeben wurde und von dem Reisenden selbst bezahlt werden mußte) auf einem Floß nach Nimrud aufzubrechen. Abends landete er bei Nimrud. Außer den Ruinen des ehemaligen Dorfes Naifa sah er nur eine kleine Hütte. Darin hausten, so der Bericht, ein Araber namens Awad mit drei hageren Frauen und zahlreichen Kindern, der Scheich der Dschehesch, die in dieser Gegend gewohnt hatten, bevor sie vor den plündernden Soldaten des Gouverneurs geflohen waren. Layard weihte Awad in sein Vorhaben ein und ernannte ihn zum Vorarbeiter. Awad ging noch mitten in der Nacht zum nächsten Dorf Selamijah und zu Beduinenzelten, um Arbeiter anzuwerben. Frühmorgens kam Awad mit sechs Arbeitern zurück. Gemeinsam gingen sie zu dem nahegelegenen Hügel von Nimrud. Layard begann sogleich, die überall herumliegenden Scherben und Tontafelfragmente aufzuheben. Die Arbeiter beobachteten sein Treiben verdutzt. Sie verstanden zwar nicht, warum er die vermeintlich nutzlosen Dinge aufsammelte, folgten aber schließlich seinem Beispiel. Zu den Funden der ersten Stunden gehörte auch – zur großen Freude Layards – der Teil eines Alabasterreliefs: Awad zeigte Layard sogleich im Nordwesten des Hügels eine Stelle, an der ein Relief aus der Erde herausragte, und die Arbeiter legten schnell eine komplett erhaltene Platte, dann eine zweite und eine dritte frei, die sich zu Wänden eines Raumes zusammensetzen ließen. Einige Platten waren mit Keilschrifttexten geschmückt. Sodann schickte er drei Arbeiter an das südwestliche Ende des Hügels, wo Layard ebenfalls direkt an der Oberfläche Bruchstücke von Reliefs erblickt hatte. Und auch hier legten die Arbeiter in kurzer Zeit Steinreliefs mit Inschriften frei, die jedoch größtenteils durch Brandeinwirkung stark gelitten hatten. Ein weiteres Gebäude war entdeckt!

Mit zusätzlichen Arbeitern wurde jetzt an beiden Fundorten gegraben, der erste Raum des nordwestlichen Gebäudes komplett freigelegt. Dabei stießen die Ausgräber auf den Fußboden, der aus kleineren Steinplatten bestand, die beidseitig Inschriften trugen. Auf dem Boden lagen Elfenbeinfragmente, die einen Mann mit Henkelkreuz, eine kauernde Sphinx und wunderschöne Blumen zeigten. Awad hatte unterdessen Goldblättchen heimlich aufgelesen. Diese zeigte er Layard und bemerkte dazu bedeutungsvoll, jetzt wisse er, wonach der Fremde eigentlich Ausschau gehalten habe. Nun mußte Layard befürchten, daß sich dieses Gerücht verbreiten würde. Seine Grabung war gefährdet. Da griff er zu einer List: Er schenkte Awad das Gold mit den Worten, daß ihn nur die Steine interessierten und Awad jegliches Gold, was noch geborgen würde, behalten könne. Awad bedankte sich zwar für die Güte des Fremden, verstand ihn aber überhaupt nicht mehr und rätselte noch lange über sein merkwürdiges Verhalten. Dem grausamen Statthalter jedoch entging der Goldfund nicht. Layard suchte ihn daher von sich aus auf und versprach, ihm alles Metall, was man finde, zu überlassen. Da genehmigte der Pascha sehr gern die Fortführung der Grabung.

Am 28. November barg man die ersten zwei Reliefs mit folgenden Darstellungen: Krieger auf Streitwagen, eine Stadtbelagerung und ein Fischer, der einen Fisch gefangen hat. Die Reliefs von hoher Qualität waren jedoch von den Brandschäden so angegriffen, daß sie nicht transportabel waren.

Am gleichen Abend vermeldete der mit Layard befreundete Hauptmann des Paschas, Daud Agha, daß der Statthalter die Ausgrabungen schließen wolle. So ritt Layard am nächsten Morgen erneut zum Gouverneur. Dieser beteuerte, daß er niemals einen derartigen Befehl ausgegeben habe und sogleich einen Brief diktieren würde, der alles bestätige. Doch kaum war Layard wieder zurückgekehrt, überreichte Daud Agha ihm den neuen Brief des Paschas, der ohne Angabe von Gründen die Schließung der Grabung anordnete. Layard ritt wiederum nach Mossul, wo ihn der Statthalter mit ernster Miene empfing und ihm erklärte, er habe erfahren, daß sich an dem Grabungsort ein muslimischer Friedhof befinde. Gern, so der Pascha, hätte er Layard geholfen, doch hier reiche seine Macht nicht aus, schließlich dürfe ein Ungläubiger nicht die letzte Ruhestätte von Mohammedanern schänden. Layard kehrte zweifelnd zurück und sah tatsächlich Grabsteine. Hatte er wirklich einen Friedhof übersehen, obwohl er den Hügel selbst mehrmals untersucht hatte? Nach einer schlaflosen Nacht traf er am frühen Morgen den Hauptmann, der ihm beichtete, daß er in den letzten beiden Nächten im Auftrag des Paschas seine Soldaten angewiesen hatte, Grabsteine von den umliegenden Friedhöfen an eine Stelle zu transportieren und aufzustellen. So war ein Friedhof ohne Toten entstanden! Layard ließ daraufhin mit Erlaubnis des Hauptmanns weitergraben und überlegte, wie er dem Pascha beikommen konnte. Als er dann abermals nach Mossul ritt, hatte sich das Problem von selbst gelöst. Der despotische Statthalter saß im Gefängnis. Seine verruchten Taten waren bis nach Istanbul gedrungen. Doch bevor die Hohe Pforte in Konstantinopel Keritli Oğlu abgesetzt hatte, war er zur Verzweiflung der Bewohner von Mossul noch zehn Tage vorher für ein weiteres Jahr in seinem Amt bestätigt worden. Allerdings wurde er damit letztlich selbst Opfer einer List. Es war nämlich üblich, daß die Minister der Hohen Pforte bei der Verlängerung einer Statthalterschaft Geschenke des glücklichen Gouverneurs für die gute Nachricht erhielten. Diese Gaben wollten sie noch empfangen. Kaum waren die Geschenke nach Konstantinopel unterwegs, erklärten sie den Despoten für abgesetzt. Der neue Statthalter Ismail Pascha hatte die vorhergehenden Verbote aufgehoben, und Layard konnte weitergraben!

Nun fing der Kadi von Mossul an, Schwierigkeiten zu machen. Er ließ verbreiten, daß Layard die beschrifteten Steine suche, um zu beweisen, daß die Fremden das Gebiet vorher be-

Abb. 26: Reliefs mit Flügelwesen aus dem Nordwest-Palast von Nimrud.

herrscht hätten und es schon bald wieder übernehmen wollten. Die Menschen in Mossul empörten sich. Ismail Pascha sicherte Layard zwar weiterhin sein Vertrauen zu, bat ihn aber, die Grabung eine Weile ruhen zu lassen.

So setzte Layard erst Mitte Februar die Grabungen fort und stieß schon bald im nordwestlichen Gebäude auf komplett erhaltene, wunderbare Reliefs, darunter auch folgende Darstellungen (Abb. 26), über die er berichtet: «Mit großem Vergnügen bemerkte ich (…) zwei menschliche Gestalten von weit über das Natürliche gehender Größe, in Flachrelief ausgehauen (…). Die Verzierungen, die so zart in die Roben, Troddeln und Verbrämungen, Bracelets und Armspangen eingegraben waren, die so fleißig ausgearbeiteten Locken an Bart und Haar, Alles war ganz. Die Figuren wendeten einander den Rücken zu und waren mit Flügeln versehen (…). Die eine, deren Gesicht nach Osten gewendet war, trug eine Dammhirschkuh auf ihrem rechten Arme und hielt in der Linken einen Zweig mit fünf Blumen. Um ihre Schläfe hatte sie eine Binde, die vorn mit einer Rosette verziert war. Die Andere hielt ein viereckiges Gefäß oder einen Korb in der linken Hand und einen einem Fichtenzapf ähnlichen Gegenstand in der Rechten. Sie trug eine abgerundete Mütze auf dem Haupte, an deren Basis ein Horn sich befand. Die Kleidung Beider bestand aus einer von den Schultern bis auf die Knöchel herabfallenden Stola und darunter einer kurzen Tunica, welche bis auf die Knie herabgeht, die mit Stickerei und Fransen reich und geschmackvoll verziert sind, während Haar und Bart mit Eifer und Kunst geordnet waren (…). Die Gliedmaßen waren mit besonderer Genauigkeit gezeichnet und die Muskeln und Knochen getreu, obschon etwas zu stark markirt. Über die Sculptur lief eine Inschrift hin (…). Der Eckstein führte mich auf eine Figur von sonderbarer Gestalt. Eine menschliche Figur, bekleidet wie die schon beschriebenen geflügelten Männer, hatte oben den Kopf eines Adlers oder Geiers. Der krumme Schnabel von bedeutender Länge war halb geöffnet und zeigte eine schmale gespitzte Zunge, welche noch von roter Farbe gefärbt war. Auf die Schultern fiel das gewöhnlich auf assyrischen Bildern anzutreffende gelockte buschige Haar, und ein Kamm von Federn erhob sich oben auf dem Kopfe, zwei Flügel sprangen aus dem Rücken hervor, und in jeder Hand war das viereckige Gefäß und der Fichtenzapfen.»

Am nächsten Morgen entdeckten die Arbeiter einen monumentalen bärtigen Kopf, der sie erschaudern ließ (Abb. 27). In der bilderlosen islamischen Kunst des Nordiraks dieser Zeit waren die Moslems nicht an große skulptierte Köpfe gewohnt. Sie glaubten, vor sich den zu Stein gewordenen Geist des sa-

Abb. 27: Entdeckung des monumentalen Kopfes im Nordwest-Palast von Nimrud.

genhaften Gründers von Nimrud namens Nimrod zu sehen. Ein Arbeiter hatte, als die ersten Teile des Antlitzes freigelegt wurden, vor Schrecken seinen Korb voller Erde weggeworfen und war vor lauter Angst ohne Halt bis nach Mossul gelaufen, wo er jedem, den er sah, seine furchtbare Begegnung schilderte. Layard war während der Entdeckung gerade auf einem Höflichkeitsbesuch beim Scheich Abd-er-Rahman. Als er nach Nimrud zurückkehrte, ritten ihm zwei ebenfalls vor Angst bleiche Araber aus dem Stamm Abd-er-Rahmans entgegen und riefen ihm zu: «Eile, o Bey (Herr), eile zu den Grabenden hin, denn sie haben Nimrod selbst gefunden. Wallah! das ist ein Wunder, aber es ist wahr! Wir haben ihn mit unsern Augen gesehen! Es gibt nur einen Gott!»

Layard ahnte Schreckliches, obwohl für ihn klar war, daß es sich um den Kopf eines monumentalen geflügelten Löwen- oder Stiermenschen handelte, die wie in Khorsabad (Abb. 24) und Persepolis die Eingangstore schmückten. Doch keiner glaubte ihm. Dann erschien auch noch der Scheich Abd-er-

Rahman mit seinem Gefolge, um den schreckenerregenden Fund zu sehen. Erst nach langem Zureden von Layard wagte es der Scheich, in den Graben hinabzusteigen und den Kopf näher zu betrachten. Layard hoffte, daß der Scheich bestätigen werde, daß es sich nicht um den Geist von Nimrod handelte. Das tat er zwar schließlich, doch kam er zu einem anderen, nicht viel besseren Schluß: «Das ist kein Werk von Menschenhänden, sondern von den ungläubigen Riesen, von welchen der Prophet, Friede sei mit ihm! sagt: daß sie größer waren als die höchsten Dattelbäume; dies ist eines der Götzenbilder, welche Noah, Friede sei mit ihm! vor der Sündfluth verfluchte!» Alle glaubten natürlich dem Scheich.

Immerhin konnte Layard die Arbeiter dazu bewegen, die Grabung fortzusetzen. Am Abend fanden sie den zu dem Steinkopf gehörenden Körper. Um die Gemüter zu beruhigen, stiftete Layard am Abend eine Feier mit Hammelbraten, Musik und Tanz. Am nächsten Tag strömten von der ganzen Region Männer und Frauen (!) samt Kind und Kegel nach Nimrud, um das Furchtbare zu sehen, und in Mossul überschlugen sich die Ereignisse. Der Kadi war durch die widersprüchlichen Gerüchte im Zweifel, ob es sich bei dem Fund um die Gebeine des mythischen Jägers Nimrod oder nur um sein Abbild handelte. Auch die Beratung mit dem Mufti führte zu keinem Ergebnis. Sie gingen daraufhin zum Statthalter, der auch nicht wußte, ob Nimrod ein Prophet oder ein Ungläubiger war. Er ordnete vorsichtshalber an, daß der Fund geschützt und die Grabung unterbrochen werden müßte. Layard ritt zum Gouverneur, den er schließlich davon überzeugen konnte, daß man nur eine alte Steinskulptur ans Tageslicht gefördert habe. Doch aus Angst vor ausbrechenden Unruhen bat dieser Layard, die Grabungen noch einmal einzustellen, bis wieder Ruhe eingekehrt wäre. Layard ließ fortan nur noch zwei Arbeiter unauffällig weitersuchen, die dann Ende März auf die beiden am Anfang dieses

Kapitels beschriebenen monumentalen geflügelten Löwenmenschen stießen.

Mittlerweile war glücklicherweise aus Istanbul die Erlaubnis des Sultans eingetroffen, daß er die Grabung fortsetzen und alle Funde mitnehmen dürfe. Layard konnte in Ruhe alle Räume der Gebäude freilegen. Er förderte dadurch herrliche Reliefs zutage, darunter prachtvolle Darstellungen von königlichen Jagden und Belagerungen verschiedener Städte. Wie seltsam die gefundenen Darstellungen auf die Araber und Türken wirkten, schildert Layard:

«Die Araber erstaunten über diese seltsamen Figuren ungeheuer. Sobald ein Kopf bloßgelegt worden war, bezeigten sie ihre Überraschung durch extravagante Gebärden oder Ausrufe der Verwunderung. War es ein Mann mit einem Barte, so schlossen sie sogleich, daß es ein Götze oder Dschin sei, verwünschten ihn oder spuckten ihn an. War es aber ein Eunuch, so erklärten sie ihn für das Porträt eines schönen Frauenzimmers, küßten und streichelten die Wangen desselben (…). Die gigantischen menschenköpfigen Löwen erfüllten seine (des Paschas) osmanischen Begleiter eben so sehr mit Schrecken als Staunen und Bestürzung. ‹La Illahi il Allah› (es giebt keinen Gott außer Gott), hallte es von allen Seiten wider. ‹Dies sind die Götzenbilder der Ungläubigen›, sagte Einer, der klüger als die Andern war. ‹Ich habe viel solche gesehen, als ich mit Reschid Pascha, dem Gesandten, in Italien war. Wallah, da haben sie sie in allen Kirchen und die Papas (Priester) knieen nieder und brennen Kerzen vor ihnen an.› – ‹Nein, mein Lamm›, rief ein älterer und erfahrener Türke aus, ‹ich habe die Götzenbilder der Ungläubigen in den Kirchen von Bejoglu gesehen; die sind vielfarbig angezogen, und obgleich einige derselben Flügel haben, so haben sie doch nicht den Leib und Schwanz von Hunden; dies sind die Werke der Dschin, welche der weise Salomon, Friede sei mit ihm! zu Gehorsam brachte und unter sein Siegel verschloß.› … ‹Möge Gott alle Ungläubigen und ihre Werke verfluchen!› rief der Stellvertreter des Kadi aus, welcher den Pascha begleitete: ‹was aus ihren Händen kommt, ist vom Satan: es hat dem allmächtigen Gott gefallen, daß sie mächtiger und geniereicher auf dieser Welt als die wahren Gläubigen sind, damit ihre Bestrafung und die Belohnung der Gläubigen in jener Welt größer sein könne.›»

Aber auch Layard tappte bei der zutreffenden Deutung der herrlichen Reliefs und der monumentalen Anlage im dunkeln. Erst später sollte man in Nimrud das ehemalige Kalchu erkennen, das unter Assurnasirpal II. (883–859 v. Chr.) statt Assur die Hauptstadt geworden war. 878 v. Chr. begann die Errichtung der 360 Hektar großen Stadt mit Palästen, Tempeln und einer riesigen Stadtmauer, die unter seinem Sohn Salmanassar III. (858–824 v. Chr.) vollendet wurde. Layard hatte den Nordwestpalast des Assurnasirpal II., den Südostpalast des Assur-etel-ilani (627–625? v. Chr.), den Südwestpalast des Asarhaddon (680–669 v. Chr.) und mögliche Teile eines Palastes des Tiglatpilesar III. (744–727 v. Chr.) entdeckt. Die Reliefs datieren aus der Zeit von Assurnasirpal II. und Tiglatpilesar III.

Im Juni 1847 grub Layard auch auf dem Hügel von Kujundschik und stieß auf den Südwestpalast des Sanherib (704–681 v. Chr.), den er seit der Verlegung der Hauptstadt von Kalchu nach Ninive ab 702 v. Chr. bauen ließ.

Schließlich erhielt Layard vom British Museum in London den Auftrag und die finanzielle Unterstützung, weiterhin in Nimrud und auf dem Tell bei Kujundschik zu graben. Zwischen Oktober 1849 und April 1851 setzte er seine Unternehmungen fort. In Nimrud barg er wunderbare Kunstwerke aus Elfenbein und Bronzegefäße aus der 2. Hälfte des 8. Jahrhunderts v. Chr., die wohl bei den großen Eroberungszügen im Nahen Osten erbeutet worden waren. Auf dem Tell bei Kujundschik kamen

Abb. 28: Schwarzer Obelisk aus Ninive. Der israelische König Jehu unterwirft sich dem assyrischen König Salmanassar III. London, British Museum.

72 Räume des Südwestpalastes des Sanherib zutage, geschmückt mit zahlreichen Reliefs von atemberaubender Schönheit und 10 geflügelten Stiermenschen. Man stieß auch auf einen Obelisken (Abb. 28), der Layard viele Rätsel aufgab:

«An allen vier Seiten befanden sich Sculpturen, in Allem aber zwanzig kleine Basreliefs darauf, und über, unter und zwischen ihnen eine eingehauene Inschrift, 210 Linien lang. Das Ganze war höchst wohl erhalten; nicht ein Buchstabe fehlte der Inschriften; die Figuren waren so scharf und wohl begränzt, als wären sie erst wenige Tage vorher ausgehauen worden. Der König ist hier zweimal mit seinem Gefolge dargestellt; ein Gefangener liegt zu seinen Füßen, und sein Vezier und Eunuchen bringen Leute herbei, welche verschiedene Thiere führen, und Vasen und andere Tributgegenstände auf den Schultern oder in den Händen tragen. Die Thiere sind: der Elephant, das Rhinoceros, das baktrianische oder zweihöckerige Kamel, der wilde Stier, der Löwe, der Hirsch und verschiedene Affenarten. Unter den Gegenständen, welche die den Tribut Bringenden tragen, kann man vielleicht Elephantenzähne, Shawls, Vasen von kostbaren Metallen, Früchte, Metallstangen und Bündel von seltenen Holzarten unterscheiden. Aus der Natur der Basreliefs kann man daher schließen, daß das Monument die Eroberung Indien's, oder irgend eines weit östlich von Assyrien oder an den Gränzen der indischen Halbinsel gelegenen Landes verewigen soll.»

Rawlinson überzeugte 1850 mit der Auffassung, daß die ins British Museum gebrachte Stele die Taten von Salmanassar III. verherrliche, und Hincks erkannte 1851, daß es sich bei einem der zwei dargestellten unterworfenen Personen um den israelitischen König Jehu (842–814 v. Chr.) handelt. Hincks hatte erstmals die Existenz eines frühen Königs von Israel außerhalb der Bibel nachgewiesen. Später sollte man noch feststellen, daß auch die Unterwerfung des Ahab (873–852 v. Chr.), Königs von Israel, im Text vermerkt ist. Der Stein berichtet folglich u. a. von der Schlacht von Karkar im Jahre 853 v. Chr., in die Ahab 2000 Streitwagen und 10 000 Fußsoldaten schickte, und zeigt Jehu, der vor Salmanassar III. auf die Knie fällt. Die Stele ist damit eines der frühesten Zeugnisse von den im Alten Testament genannten Königen Israels aus dem 9. Jahrhundert v. Chr. und bildet als einzige einen israelischen König der Frühzeit ab.

Neben diesen spektakulären Werken barg Layard in den Räumen 40 und 41 die berühmte königliche Bibliothek mit Tausenden von Keilschrifttafeln. Am Tell Nabi Junus fand er Inschriften von Adad-nirari III. (809–783 v. Chr.), Sanherib (704–681 v. Chr.) und Asarhaddon (680–669 v. Chr.). Sie zeigten an, daß unter diesem Hügel weitere bedeutende Funde zu erwarten waren.

Nachdem Layard das Land verlassen hatte, entsandten die Franzosen 1851 einen neuen Konsul nach Mossul, Victor Place (1818–1875). Am 12. Januar 1852 traf er in Mossul ein und setzte zwischen dem 14. März 1853 und dem 28. Mai 1854 die Arbeit in Khorsabad fort. Schließlich waren 86 Säle des Palastes freigelegt, eine Zikkurat (Turmtempel) westlich und ein Tempel südlich des Palastes sowie drei von sieben der monumentalen Tore der Stadtmauer. Um Zeichnungen anzufertigen und bautechnische Fragen zu klären, da der Palast teilweise in Stollen ergraben worden war, reisten als wertvolle Helfer der Architekt Félix Thomas (1815–1875) und der Ingenieur Gabriel Tranchand an, dem wir die ersten Fotos aus dem Mittleren Orient verdanken. Nach langer, gut geplanter Vorbereitung wurden die prächtigen Reliefs auf Flöße geladen und auf dem Chatt-el-Arab heruntergeschifft. Dort ereignete sich das Unglück: Beduinen griffen am 21. Mai 1855 den Transport an, und fast alle Funde versanken in den Fluten. Nur spärliche Reste erreichten im Juli 1856 den Louvre. Das Werk von Victor Place war in wenigen Stunden zerstört und die Archäologie hatte einen Teil der schönsten Funde Assyriens verloren. Victor Place konnte immerhin zwischen 1867 und 1870 in drei prachtvollen Bänden *Ninive und Assyrien (Ninive et l'Assyrie)* die Grabungsresultate vorlegen. Ihm selbst war wie Botta kein schönes Lebensende vergönnt. 1870 wurde er beschuldigt, mit den Deutschen kollaboriert zu haben, und erst nach mehreren Verurteilungen 1872 begnadigt. Mittellos geworden, ging er 1873 nach Rumänien, wo er 1875 starb.

Auf britischer Seite übernahm James Felix Jones (1813/1814–1878) im Frühjahr 1852 die Grabungen von Kujundschik, blieb jedoch ohne Erfolg. Zwischen Dezember 1852 und April 1854 führte dann Henry Creswicke Rawlinson die Unternehmungen fort. Hormuzd Rassam, der schon Layard geholfen hatte, unterstützte ihn. Er war ein wohlhabender Chaldäer aus Mossul, der in Oxford studiert hatte. Auch wenn Victor Place in Khorsabad beschäftigt war, pochte er dennoch auf seine Grabungsrechte auf dem Hügel von Kujundschik. Um Streitigkeiten zwischen den rivalisierenden Engländern und Franzosen zu vermeiden, kamen Rawlinson und Place überein, den Hügel aufzuteilen: den Süden für die Engländer und den Norden für die Franzosen. Während Place beruhigt in Khorsabad weiterarbeitete, ging Rassam heimlich mit ein paar Arbeitern zum nördlichen Teil des Hügels von Kujundschik und entdeckte innerhalb von nur drei Nächten am 22. Dezember 1853 die ersten prächtigen Reliefs des Nordpalastes des Assurbanipal (668–631/627?), des letzten großen Herrschers von Assyrien. Weitere imposante Reliefs mit Jagd- und Kriegsszenen kamen zutage – schließlich sogar die königliche Bibliothek. Als Victor Place davon erfuhr, protestierte er, doch war insbesondere Rassam nicht geneigt, den Fund zu teilen. Nur das geschickte und rücksichtsvolle Verhandeln von Rawlinson führte zu einem gütlichen Ende. Victor Place durfte ein paar der schönsten Reliefs für den Louvre aussuchen. Sie gelangten immerhin unbehelligt nach Paris! Der große Rest der Reliefs und die Bibliothek gingen an das British Museum.

Die königlichen Archive von Ninive waren vereint. Es handelt sich um etwa 30 000 Tontafeln, die halfen, die assyrische Keilschrift und Sprache gänzlich zu entziffern. In zwei Räumen waren Übungstexte von Schülern, die die Komplexität und Abwandlungen der Keilschriften und Sprachen lernen sollten, gefunden worden. Es gab nämlich keine einheitlich normierte Keilschrift – so wie in den abendländischen Kulturen stets neben den lateinischen Buchstaben je nach Sprache zusätzliche Zeichen hinzukommen, wie z. B. Erweiterungen der Buchstaben (ç, š, ñ, ø) oder Zeichen für Worte (§, $, €, =, +, –, %). Auch konnten verschiedene Buchstaben oder Kombinationen gleiche Laute ausdrücken, wie im Deutschen «v» und «f» oder «ei» und «ai». Auch gab die in Südmesopotamien (Sumer) um 2700 v. Chr. erfundene Keilschrift verschiedene Sprachen wieder, wie Sumerisch (einer unbekannten Sprachgruppe in Südmesopotamien zugehörig), Babylonisch und Assyrisch (semitische, sehr ähnliche Sprachen), Hethitisch und Altpersisch (indoeuropäische Sprachen) oder Elamisch (einer unbekannten Sprachgruppe zugehörig). Des weiteren waren die Keilschriftzeichen der Entwicklung der Sprachen angepaßt. So läßt sich z. B. Babylonisch in Alt- (ca. 2000–1600 v. Chr.), Mittel- (ca. 1600–1000 v. Chr.), Neu- (ca. 1000–600 v. Chr.) und Spätbabylonisch (ca. 600 v. – 75 n. Chr.) und Assyrisch in Alt- (ca. 2000–1500 v. Chr.), Mittel- (ca. 1500–1000 v. Chr.) und Neuassyrisch (ca. 1000–600 v. Chr.) unterteilen. Die Schreibschüler von Ninive mußten die im damaligen Reich üblichen Schriften und Sprachen lernen, d. h. Babylonisch, Assyrisch und Sumerisch. Sie fertigten daher eine große Menge an Tafeln an, auf denen sie wie in einem Wörterbuch die verschiedenen Zeichen und Bedeutungen parallel niederschrieben. Diese Tafeln bildeten einen unschätzbaren Fundus für die Entzifferung der Schriftzeichen und Sprachen. Offen für die Forschung, erlaubten das British Museum und der Louvre den freien Zugang zu allen Tafeln sowie die Verbreitung von Zeichnungen der Keilschriftzeichen, so daß viele Wissenschaftler gleichzeitig an den Entzifferungen arbeiten konnten und die Fortschritte in wenigen Jahren zu besten Resultaten führten. Doch die gespannte Öffentlichkeit konnte den schnellen Ergebnissen der Forschung nicht mehr folgen und war sehr skeptisch gegenüber den angeblichen Erfolgen.

Um das Mißtrauen der interessierten Laien zu beenden, kam der Erfinder der Fotografie, William Henry Fox Talbot (1800–1877), der sich selbst rege an der Entzifferung der Keilschrift beteiligte, auf eine geniale Idee:

Als im Jahre 1855 Rawlinson dem British Museum einen Tonzylinder des assyrischen Königs Tiglatpilesar I. (1114–1076 v. Chr.) übergab, den Hormuzd Rassam 1853 in Qal'at Scherqat, dem antiken Assur, der ersten großen Hauptstadt des assyrischen Reiches, fand, war Talbot der erste, der eine Abschrift des Textes erhielt. Er fertigte eine Übersetzung an, legte sie in einen versiegelten Umschlag und sandte sie am 17. März 1857 an die Royal Asiatic Society mit der Bitte, weitere Sprachforscher aufzufordern, den Text unabhängig voneinander zu übersetzen. So geschah es. Alle vier Beteiligten – William Henry

Fox Talbot, Dr. Edward Hincks, Henry Creswicke Rawlinson und Dr. Jules Oppert (1825–1905) – kamen mit minimalen Abweichungen zu der gleichen Übersetzung. Schon im selben Jahr veröffentlichte die Royal Asiatic Society das Ergebnis. Damit war bewiesen, daß die assyrischen Keilschrifttexte lesbar geworden waren!

Der Banknoten-Stempelschneider George Smith (1840–1876) verfolgte schon als Jugendlicher mit Begeisterung die Berichte über die Entzifferung. Als junger Mann ging er in den Mittagspausen und in den frühen Abendstunden regelmäßig ins British Museum, um mit Erlaubnis von Rawlinson die Keilschrifttexte zu durchforsten, und setzte am späteren Abend seine Studien zu Hause fort. So erlernte er als Autodidakt die Keilschrift. Mit 26 Jahren publizierte er die ersten Aufsätze über noch unbekannte Keilschriftzeichen. Er las auch erstmalig die Inschrift auf einem Zylinder, die die Geschichte Assurbanipals verherrlichte. Auf Grund seiner Leistungen wurde er auf Vorschlag von Sir Henry Rawlinson zum Assistenten der Ägyptisch-assyrischen Abteilung im British Museum ernannt. Nun konnte er sich ganz auf die Übersetzung der Texte konzentrieren.

1872 stieß Smith auf eine unglaubliche Erzählung, die, wie man später herausfinden sollte, bereits in der ersten Hälfte des 3. Jahrtausend v. Chr. in Babylonien geschaffen worden war und das älteste Epos der Menschheitsgeschichte darstellt. Sie handelt vom König Gilgamesch, der wohl wirklich im frühen 3. Jahrtausend v. Chr. in der Stadt Uruk regiert hatte. Der Legende nach schufen die Götter Enkidu, um den riesenhaften, schönen, aber auch übermütigen Gilgamesch in die Schranken zu weisen. Zunächst verweilt der wilde und nur unter Tieren aufgewachsene Enkidu glücklich in der Steppe und hütet seine Herde. Einem Fallensteller gelingt es daher nicht mehr, ein einziges Tier zu erbeuten. So sendet er dem Enkidu die Prostituierte

Schamchat aus Uruk, die ihn von seiner Herde weglocken soll. Enkidu verfällt Schamchat, lernt durch sie die menschliche Zivilisation kennen und geht mit ihr, neugierig geworden, nach Uruk. Dort entbrennt ein Zweikampf zwischen Enkidu und Gilgamesch, der unentschieden ausgeht. Die zwei Gegner werden Freunde. Sie ziehen in den Zedernwald im entfernten Libanon und töten Humbaba, den Wächter von Enlil, dem Stadtgott von Nippur in Babylonien. Doch nicht genug des Frevels an den Göttern! Gilgamesch verhöhnt auch die in Liebe zu ihm entbrannte Kriegs- und Liebesgöttin Ischtar und tötet mit Enkidu den Himmelsstier, der von den Göttern auf Bitten der gedemütigten Ischtar geschickt worden war. Daraufhin lassen die Götter Enkidu durch eine Krankheit sterben. Gilgamesch, jetzt selbst in Angst vor dem Tod, sucht den Urmenschen Uta-napischti, der von den Göttern unsterblich gemacht worden ist, um das Geheimnis der Unsterblichkeit zu lüften. Auf langen Irrwegen gerät er an das östliche Ende der Welt, wo die Gipfel des Zwillingsberges den Himmel tragen. Von dort läuft er auf der Bahn der Sonne bis in den Edelsteingarten im fernen Westen. Er erreicht ein Wirtshaus am Meer, das von Siduri, deren Gestalt die Göttin Ischtar angenommen hat, geführt wird. Nachdem Gilgamesch ihr, ohne sie zu erkennen, gesteht, daß er aus Angst vor dem Tod Uta-napischti suche, hat sie Mitleid mit ihm und erzählt ihm, wie er das Meer und auch das Wasser des Todes überqueren könne. Zusammen mit Ur-schanabi, dem Fährmann des Uta-napischti, und mit dessen Hilfe treffen sie im Land der Unsterblichen ein. Dort erzählt Uta-napischti, wie er als einziger Mensch mit seiner Familie überleben durfte, als eine große Flut die Welt bedeckte, indem er eine Arche für seine Familie, Vertreter aller Künste und für alle Tierarten baute. Während alle anderen Lebewesen wegen der Gottlosigkeit der Menschen vernichtet wurden, erhielten Uta-napischti und seine Familie die Unsterblichkeit. Uta-napischti verrät Gilgamesch, daß er zwar nie die Unsterblichkeit erreichen, aber dank eines besonderen Gewächses, das unter der Erde im Süßwassermeer zu finden ist, die verlorene Jugend wiedererlangen könne. Urschanabi und Gilgamesch müssen das Land der Unsterblichen verlassen und dürfen wegen des verbotenen Eindringens von Gilgamesch nie mehr dorthin zurückkehren. Der einzige Weg zwischen den Sterblichen und Unsterblichen ist unterbrochen. Ins Diesseits zurückgekehrt, taucht Gilgamesch ins Süßwassermeer ab und findet die Pflanze, die er nach Uruk bringen will. Auf dem Weg stiehlt eine Schlange das Gewächs. Gilgamesch weiß nun, daß er sterben muß und akzeptiert sein menschliches Schicksal. So ist die Geschichte Gilgameschs letztlich ein Entwicklungsroman, der den Weg des unreifen Despoten zu einem guten König von Uruk beschreibt.

Als Smith von der Begegnung zwischen Gilgamesch und Uta-napischti und von der Flut las, die nur die Familie des Uta-napischti verschont hatte, stockte ihm bereits der Atem, aber es sollte noch besser kommen: «Als ich die dritte Kolumne betrachtete, fiel mein Auge auf den Satz der Darstellung, daß das Schiff (des Uta-napischti) am Berge Nizir zur Ruhe kam; es folgte der Bericht von der Aussendung der Taube, die keinen Rastplatz fand und daher zurückkehrte, und sofort begriff ich, daß ich hier zum mindesten ein Stück der chaldäischen Geschichte von der (Sint-)Flut entdeckte hatte.»

Als Smith am 3. Dezember 1872 einen Vortrag über das Gilgamesch-Epos bei der Biblical Archaeological Society in London hielt, waren die Zuhörer bis ins Mark getroffen. Die Bibel (Genesis 6–9) und das Gilgamesch-Epos berichteten in gleicher Weise von der Sintflut, nur die Namen der Beteiligten und Orte lauteten anders.

Die Textstelle zur Sintflut war aber nur teilweise erhalten. Smith hatte berechnet, daß einige Zeilen fehlten. Was würde darin wohl noch zu lesen sein? Die britische Zeitung *Daily*

Telegraph machte daraus eine Sensationsgeschichte. Die Inhaber der Zeitung setzten sich mit Smith in Verbindung und offerierten ihm 1000 Pfund für eine Grabung in Ninive, bei der er den fehlenden Teil des Textes finden sollte. Die Aufgabe war eigentlich unerfüllbar: Der Raum, in dem die Tafeln zum Vorschein gekommen waren, schien freigelegt. Auch war bei der Zerstörung des Palastes des Assurbanipal im Jahre 612 v. Chr. alles durcheinandergeraten, und das fehlende Fragment konnte ebensogut zerstört worden sein. Dennoch genehmigte das British Museum gern diese Unternehmung, schließlich waren weitere Funde zu erwarten, und so fuhr der in Ausgrabungen völlig unerfahrene Smith nach Ninive. Er begann am 7. Mai 1873 sowohl im Südwestpalast des Sanherib als auch im Nordpalast des Assurbanipal in Ninive zu graben. Dort waren die beiden Archive gefunden worden, die Assurbanipal mit dem ehrgeizigen Ziel hatte einrichten lassen, die gesamte Literatur und Geschichte seines Reiches zu vereinen und für immer zu bewahren. Im Nordpalast stieß Smith auf den Schacht, aus dem viele Tontafeln der vorangegangenen Grabung gekommen waren. Dieser war mittlerweile unterhöhlt worden, um Fundamentsteine für eine neu geplante Brücke in Mossul zu gewinnen. Dennoch konnte Smith weitere Tontafelreste bergen. Und es geschah das Unglaubliche: Schon eine Woche nach Grabungsbeginn hielt Smith jene Tontafel in Händen, die die fehlenden 17 Zeilen des Sintfluttextes trug. Jubelnd sandte er die Botschaft nach London. Am 21. Mai vermeldete der *Daily Telegraph* stolz, daß Smith das fehlende Stück gefunden und damit die Grabung erfolgreich zu Ende geführt habe.

Der Geldhahn war zugedreht! Smith mußte – wenngleich erfolgreich – schon nach etwas mehr als zwei Wochen die Rückreise antreten! Später hatte er als Ausgräber kein Glück mehr: Eine zweite Kampagne erbrachte so gut wie keine Ergebnisse. Am Ende der dritten Kampagne im Jahre 1876 starb er im Alter von nur 36 Jahren auf dem Rückweg nach Aleppo in einer erbärmlichen Bauernhütte an der Ruhr. Die Entdeckung des Gilgamesch-Epos sollte ihn aber im Gedächtnis der Wissenschaft unsterblich machen.

Nach drei Jahrzehnten erfolgreicher Entdeckungen war das Zweistromland aus der Versenkung der Geschichte wieder ins Bewußtsein einer faszinierten Öffentlichkeit zurückgekehrt. Prächtige Reliefs aus riesigen Palästen kündeten von der Größe des assyrischen Reiches. Sie begeisterten die westliche Zivilisation und schmücken die großen Museen der Welt. Die mesopotamischen Keilschriften waren weitgehend entziffert. Die Texte erzählten von der glorreichen Vergangenheit Mesopotamiens und erhellten die Geschichte Judas und Israels. Die Erforschung des Zweistromlandes nahm seinen Anfang und wurde neben der Ägyptens und des antiken Mittelmeerraums zum dritten wichtigen Interessengebiet der abendländischen Forscher in der Alten Welt.

Metropole und Ort des Lasters in Südirak – Babylon

«Als einen der Erholungspunkte der heißen Tage schicke ich
Euch ein naturgetreues Bild meines Salons (im Ausgrabungs-
haus von Babylon), wo ihr mich am Arbeitstisch, umgeben von
den Funden des Tages, sitzen und schwitzen seht, leicht und
luftig gekleidet, dahinter die ‹dekorierte› Wand. Die Teppiche
sind noch nicht da, so ist die Eratonfahne der einzige Schmuck,
das deutsche Fähnchen und der runde Lederschnitt am Speer
sind Geschenke der Frau Koch (aus) Aleppo; darunter ist der
Bücherschrank, die Bibliothek besteht fast nur aus Skizzen-
büchern. Schöne braune Schranktüren aus indischem Holz, die
braune Decke aus Palmstämmen, Tisch und Tischchen aus weißem Holz, Krugständer rechts – alles Arbeit unseres Tisch-
lers aus Hille. Links ist der Wandschrank, auf dem das Hemd
zum Trocknen hängt, es war durchgeschwitzt, oben steht der
Windleuchter und Koffer, unten der geheimnisvolle Sack mit
den von mir schon gezeichneten Funden. Die Kiste enthält
ebenfalls solche. Rechts steht der bekannte Koffer, jetzt gleichzeitig Geldschrank der Expedition, wo immer 2 bis 3000 M(ark)
darin liegen, außerdem die eingenähten Wintersachen. Der
Wandschrank darüber enthält Toilettenartikel, unten alle Sorten
Papier, Schrot und Schießbedarf; das Handtuch trocknet auch.
Der schlangenartige Gegenstand, der ferner an der Wand hängt,
ist Bindfaden, der viel gebraucht wird. Unten im Korb aus Palm-
blättern steht das Pensum des Tages, das zu erarbeiten ist. Dann
seht Ihr eines von den Fenstern mit selbstkonstruiertem Vor-
hang, den Wasserkrug und etwas Gelbliches, die in nasse Tücher

gewickelte Teekanne, dann den Wassereimer und die geliebte Flinte. Der Fußboden besteht aus monumentalen Fliesen; nun noch 40 Grad Wärme, und die Sache ist vollständig.»

(Brief aus Babylon von dem jungen Ausgrabungsassistenten Walter Andrae [1875–1956] an seine Eltern aus dem Jahre 1899)

*

Seit dem 16. Jahrhundert kamen immer mehr abenteuerlustige Europäer nach Mesopotamien. Sie wollten vor allem Babylon sehen – mit seiner berühmten Stadtmauer, den Hängenden Gärten und dem aus der Bibel bekannten Turm. Als «Babylon» galt lange das heutige Birs bei Bagdad, und die Reisenden besuchten diese Stätte. Der bereits in den früheren Kapiteln vorgestellte Geograph und Kartograph Karsten Niebuhr (1733–1815) war dann im Jahre 1765 einer der ersten, der die wahren Überreste von Babylon sah. Ihm folgten in den nächsten Jahrzehnten viele Reisende aus ganz Europa, darunter der Brite Claudius James Rich (1786/1787–1821) 1811 und 1817, Sir Austen Henry Layard (1817–1894) 1850 und 1851 und der Franzose Jules Oppert (1825–1905) 1852 und 1853. Außer spätbabylonischen Tontafeln, Inschriften, die Nebukadnezar II. (605–562 v. Chr.), Neriglissar (560–556 v. Chr.) und Nabonid (556–539 v. Chr.) nennen, und kleineren Gegenständen aus dem 1. vor- und nachchristlichen Jahrtausend wurde bei den kurzen Grabungen wenig entdeckt. Doch wurde klar, daß bei aufwendigeren und teureren Untersuchungen großartige Bauwerke aus Ziegelstein zu erwarten waren.

Seit den 1880er Jahren kam in Preußen immer stärker der Wunsch auf, sich dem Osmanischen Reich zu nähern und politische und wirtschaftliche Beziehungen aufzubauen. Auch auf kultureller Ebene wollte man Kontakte knüpfen. Dazu wurden 1887 das Berliner Orientalische Seminar unter der Leitung von

Professor Eduard Sachau (1845–1930) eingerichtet und das Orient-Komitee gegründet mit dem Ziel, Grabungen im Vorderen Orient zu fördern. Franzosen und Engländer hatten bereits seit den 1840er Jahren große Erfolge aufweisen können, der Louvre in Paris und das British Museum in London stellten bedeutende Funde aus, besonders aus den großen Palästen Assyriens. Der Direktor der Ägyptischen Abteilung der Museen zu Berlin, Adolf Erman (1854–1937), bewegte den wohlhabenden Baumwollhändler Louis Simon dazu, 30000 Mark für Forschungen und Grabungen zu spenden. Unter der Leitung des Orientalisten Bruno Moritz brachen der Kaufmann Ludwig Andreas Meyer und der Architekt und Archäologe Robert Koldewey (1855–1925) nach Mesopotamien auf. In Südbabylonien gruben sie in el-Hiba, dem antiken Lagasch, und Surghul, dem antiken Nina, stießen dort aber nur auf einfache Gräber. Auch fehlte dem kleinen deutschen Team – anders als ihren englischen und französischen Kollegen – die Hilfe eines Konsulates vor Ort, das ihre Arbeit logistisch unterstützt hätte.

In Nordsyrien war zwischen 1888 und 1894 der Arzt und Anthropologe Felix von Luschan (1854–1937) bei seinen Ausgrabungen erfolgreich. Er erforschte die Gegend um Zincirli, das antike Sam'al, und von 1890–1891 und 1894 unterstützte ihn Koldewey. Die Kosten dieser Ausgrabungen trug das Orient-Komitee, das die Funde zum Selbstkostenpreis an die Berliner Museen verkaufte. Die Funde waren so zahlreich, daß die Museen mit der Bezahlung immer mehr in Verzug gerieten und dem Orient-Komitee das Geld für neue Grabungen ausging.

1894 wurde endlich in Bagdad ein deutsches Konsulat eingerichtet, geleitet von Karl Richarz. Dieser setzte sich beim preußischen Kultusministerium engagiert dafür ein, daß die deutschen Ausgrabungen gefördert und die entsprechenden finanziellen Mittel bereitgestellt wurden. Eine Anfrage des Ministeriums an die Berliner Akademie der Wissenschaften wurde mit der folgenden Begründung begrüßt, die Grabungen seien «eine der wichtigsten Aufgaben der Gegenwart (...), wenn deutsche Arbeit in Zukunft nicht mehr unvertreten blieb, wo es gilt, eine im Gedächtnis der Menschheit verlorengegangene Welt wieder auferstehen zu lassen».

1897 beauftragten die Berliner Museen Professor Eduard Sachau und wiederum Robert Koldewey, jetzt ausgestattet mit 25 000 Mark von dem Baumwollhändler und Berliner Mäzen James Simon (1851–1932, dem Neffen von Louis Simon), Mesopotamien für ein halbes Jahr zu bereisen, um eine geeignete, fundreiche Ausgrabungsstätte zu finden. Koldewey hatte mittlerweile bereits vierzehn Grabungskampagnen in Italien, Griechenland, Kleinasien und Mesopotamien durchgeführt und unterrichtete seit 1895 an der Baugewerbeschule in Görlitz.

Etwa gleichzeitig, im November 1897, rief James Simon Altertumswissenschaftler und wichtige protestantische Geistliche zur Gründung einer neuen Grabungsgesellschaft für den Orient auf: Andere «Grabungsnationen» hätten «stolze Ruhmestitel erworben (...), die Säle der Museen von London, Paris und New-York zeigen der Mitwelt die Statuen der mächtigsten Herrscher jener Zeiten (...) sowie die Pracht ihrer Paläste». Auch für die Deutschen sei es wichtig, «an der grossen Arbeit der Erschliessung und Wiedergewinnung des ältesten Morgenlandes durch systematische Ausgrabungen Theil zu nehmen und dadurch der Deutschen Wissenschaft die für den Ausbau der Orientalischen Archäologie nöthigen Materialien (...) zuzuführen».

Am 24. Januar 1898 wurde in Berlin die Deutsche Orient-Gesellschaft gegründet mit dem Ziel: «das Studium des Orientalischen Altertums im allgemeinen, und im besonderen die Erforschung der alten Kulturstätten in Assyrien, Babylonien,

Mesopotamien und anderen westasiatischen Ländern, sowie in Ägypten zu fördern; die auf Erwerbung orientalischer Altertümer, Denkmäler der Kunst und im allgemeinen Kultur gerichteten Bestrebungen der Königlichen Museen zu Berlin sowie anderer öffentlicher Sammlungen im Deutschen Reich zu unterstützen». Den Vorsitz der Gesellschaft übernahm später Kaiser Wilhelm II. (1888–1918), der sich für die Archäologie begeisterte, wie er später im Exil in seinen Erinnerungen schreibt: «Ein Gebiet, das mich in den Stunden der Erholung beschäftigt hat, war die Archäologie und die Ausgrabungstätigkeit (...). Die Assyriologie erschien mir besonders wichtig, weil von ihr eine Beleuchtung und Belebung des Alten Testaments, also der Heiligen Schrift, zu erwarten war (...). (Ich) vertiefte mich in ihre (der Orient-Gesellschaft) Arbeiten, die ich nach Kräften förderte, wie ich auch nie einen ihrer öffentlichen Vorträge über die Ergebnisse der Forschungen versäumt habe.» Kaiser Wilhelm II. brachte eigene Geldmittel für die künftigen Unternehmungen ein und mobilisierte andere finanzkräftige Mäzene.

Während Sachau bei der Rückkehr aus Mesopotamien im Mai 1898 als Grabungsstätten Uruk (Warka) und Assur vorschlug, favorisierte Koldewey Babylon. In der entscheidenden Sitzung sprach sich Richard Schöne (1840–1922), der Generaldirektor der Berliner Museen, für Babylon aus, nicht zuletzt weil er drei Fragmente von glasierten Ziegeln sah, die Koldewey aus Babylon mitgebracht hatte. Auch der klingende Name Babylon, mit dem überall leicht geworben werden konnte, spielte sicherlich eine wichtige Rolle.

Offen war noch die Frage, wer die Grabung leiten sollte. James Simon als Vertreter der Deutschen Orient-Gesellschaft favorisierte Felix von Luschan, weil dieser auch Arzt war, aber Richard Schöne schlug Koldewey vor, weil von Luschan in einem seiner Museen, dem Völkerkundemuseum, beschäftigt war und er diesen wertvollen Mitarbeiter nicht längere Zeit entbehren wollte. Nachdem anscheinend der deutsche Konsul in Bagdad, Karl Richarz, James Simon überzeugen konnte, daß man in einem Notfall einen Arzt aus Bagdad schicken könnte, waren Simons Bedenken aus dem Weg geräumt.

Am 19. oder 20. September ernannte Richard Schöne Koldewey zum Grabungsleiter. Die Grabung war zunächst auf fünf Jahre angelegt und komfortabel mit 500 000 Goldmark ausgestattet. Ein Architekt und ein Assyriologe sollten Koldewey als Assisten begleiten. Als Architekten wählte man den in Anger bei Leipzig geborenen, erst 24 jährigen Walter Andrae (1875–1956) aus, der gerade an der Technischen Universität in Dresden sein Diplom als Regierungsbauführer erworben hatte und am Königlich-Sächsischen Bauamt angestellt worden war. Er sollte in den folgenden Jahren die wichtigste Stütze Koldeweys werden, auch wenn Koldewey zunächst über Andrae in einem Brief an seinen Freund Otto Puchstein (1856–1911), damals Professor für Klassische Archäologie in Freiburg im Breisgau, schreibt: «... ich muß ihm fast jeden Strich angeben, jedes Maß angeben, welches nötig ist, er kann als Neuling das Wichtige vom Unwichtigen nicht unterscheiden. Wie unverdorben dieser sonst sehr nette und offenbar gute 24 jährige Jüngling ist, magst du daraus ersehen, daß er keine Ahnung hatte, was ein Stemmloch ist! ... Aquarellieren und Zeichnen tut er famos.»

Nachdem das Geld vorhanden und das Team zusammengestellt war, blieb ein wichtiges Problem ungelöst. Es fehlte der Ferman, die Grabungslizenz seitens der türkischen Regierung. Sowohl James Simon als auch Richard Schöne versuchten auf verschiedenen diplomatischen Wegen und Umwegen – von der Deutschen Botschaft in der Türkei über Hermann von Lucanus (1831–1908), den Chef des Geheimen Zivilkabinetts von Wilhelm II., und das Auswärtige Amt –, die Genehmigung zu erhalten. Mit dessen zuständigem Referenten verhandelte Richard

Schöne am 26. Oktober 1898 wie folgt: «Wir seien zur Vervoll-
ständigung unserer Sammlungen von Antiken auf die Ergebnisse von Ausgrabungen, (…) da Italien und neuerdings Griechenland dafür nicht mehr in Betracht kämen, (…) ausschließlich
in der Türkei angewiesen. Bisher sei unsere Praxis gewesen, zunächst die Ausgrabungen vorzunehmen und erst danach wegen
Überlassung der Fundstücke zu verhandeln. Wir hätten uns
dabei ganz gut gestanden, so lange Professor (Carl) Humann
(1839–1896) mit Hülfe von Hamdy Bey (1842–1910) für uns
wirken konnte. Jetzt sei Humann todt, Hamdy Bey aber sei,
nachdem sich seine Vermögensverhältnisse verbessert, nicht
mehr so auf Gefälligkeiten angewiesen, auch habe er selbst
ein Museum in Konstantinopel (damals das Kaiserliche Osmanische Museum, heute das Archäologische Museum in Istanbul)
errichtet, dem jetzt sein Interesse ausschließlich zugewendet
sei.»

Kurz bevor Koldewey am 12. Dezember 1898 nach Babylon
aufbrach, hatte er eine Privataudienz bei Wilhelm II. im Pots-
damer Stadtschloß. Dieser war gerade von seiner großen Palä-
stinafahrt zurückgekehrt und bat Koldewey, auf seinem Weg
nach Babylon die Ruinen von Baalbek (im heutigen Libanon)
aufzusuchen, um festzustellen, ob die dortigen Tempel einer
Grabung würdig seien und wieviel ein solches Unterfangen
kosten würde. Zwischen dem 30. Dezember 1898 und dem
16. Januar 1899 unternahm Robert Koldewey mit Walter Andrae daher in Baalbek die notwendigen Untersuchungen, untersuchte einen der drei Tempel und datierte dabei die Anlage
erstmalig in die römische Kaiserzeit (1.–3. Jahrhundert n. Chr.),
sprach sich also gegen die frühere Datierung in phönizische
Zeit (1. vorchristliche Jahrtausend) aus. Als Leiter für diese Ausgrabung empfahl Koldewey dem Kaiser seinen Freund Otto
Puchstein, der dann zwischen 1900 und 1904 die Ruinen von
Baalbek freilegte.

Von Baalbek reisten Koldewey und Andrae am 17. Januar 1899 nach Beirut, wo sie den Hamburger Kaufmann H. F. Ludwig Meyer und den Assyriologen Bruno Meißner (1868–1947) trafen und gemeinsam mit ihnen weiter über Alexandrette nach Aleppo in Nordsyrien reisten, das sie am 25. Januar erreichten. Dort wurde mit der tatkräftigen Unterstützung von Martha Koch, der Ehefrau des dort ansässigen Kaufmanns Carl Koch, eine Karawane mit Pferden, Maultieren und Eseln, Personal wie Treibern, Pferdeknechten, Koch und Dienern sowie mit der nötigen Ausstattung – Zelten, Betten, Decken, Laternen, Petroleum, Holz, Kohle, Revolver, Flinten – und Nahrungsmitteln zusammengestellt. Am 8. Februar brach die Karawane mit drei türkischen Soldaten als Begleitschutz nach Bagdad auf. Nach drei Tagen erreichten sie den Euphrat. Dann ging es an seinem Ufer durch dünnbesiedelte Gegenden mit berühmten Ruinenstätten wie Zenobia (Halebiye), Dura-Europos (Salihiye – Chan Kalessi) und Mari. Tagsüber herrschten über 30 Grad, nachts aber fiel die Temperatur bis auf 4–5 Grad. Die Forscher übernachteten in Zelten. Sie jagten Rebhühner, Wachteln, Tauben, Gänse, Lerchen und Spatzen zur Nahrungsbereicherung. Wie Andrae in einem Manuskript spöttisch festhielt, hatte «vor allem der Philologe (…) einige Schwierigkeiten mit seinem kleinen Ponystütchen, auf dem er mit aufgespanntem Regenschirm zum Schutz gegen die Sonnenstrahlen sitzen zu müssen vorgab, wobei das Tier meist gescheiter lief, als der Gelehrte es wollte». Nach 26 Tagen und 900 Kilometern Wegstrecke im Sattel erreichten die Expeditionsmitglieder Bagdad. Sie blieben zwei Wochen, um die Ausrüstung zu vervollständigen. Dann ging es drei Tage weiter bis Babylon, wo sie am 22. März 1899 eintrafen.

Die ursprüngliche Bedeutung des Namens von Babylon ist unklar. Später leiteten Semiten den Namen von Bab-ili ab, was soviel wie Gottespforte heißt, was man auf den Eingang zum

Haupttheiligtum der Stadt, Esagila, dem Tempel des obersten babylonischen Gottes Marduk, bezog.

Unter dem berühmten Gesetzgeber und König Hammurabi (1728–1686 v. Chr.) wurde Babylon die Hauptstadt eines mächtigen Reiches, das wohl ganz Mesopotamien einschloß. Doch schon unter Hammurabis Nachfolgern verlor Babylon an Bedeutung. Schließlich wurde es im 16. Jahrhundert v. Chr. von den Hethitern erobert. Unter assyrischer Herrschaft kam die Stadt im 8. Jahrhundert v. Chr. zu neuer Blüte. Zwei Aufstände gegen Sanherib (705–681 v. Chr.) brachten den jähen Untergang. Nach dem ersten Aufstand wurden etwa 200 000 Babylonier deportiert, nach dem zweiten Aufstand wurde die Stadt 689 v. Chr. dem Erdboden gleichgemacht und der Euphrat über die Ruinen geleitet. Die meisten Bewohner hatte man getötet, die übrigen wurden deportiert. Als einige Jahre später Sanherib von seinen Söhnen Urdu-Mullissu und Sarezar ermordet wurde, sah man darin eine Strafe für den Frevel Sanheribs, Babylon zerstört zu haben. Sein Sohn Asarhaddon (680–669 v. Chr.) ließ zur Sühne Babylon wieder aufbauen.

625 v. Chr. eroberte der aus Südbabylonien stammende Chaldäer Nabupolassar (626–605 v. Chr.) die Stadt und in den folgenden Jahren das gesamte assyrische Reich, das bis nach Palästina und in die Südtürkei reichte. Babylon wurde zur Hauptstadt des sogenannten Neubabylonischen Reiches. Nach dem Tod von Nabupolassar wurde sein Sohn Nebukadnezar II. (605–562 v. Chr.) König von Babylon. Er baute die Stadt prächtig aus. Zwei monumentale Paläste, Stadtmauern, das Ischtar-Tor und die Prozessionsstraße wurden errichtet, die zum ausgebauten Esagila, dem Haupttheiligtum Marduks führten, in dem der berühmte Turm von Babel, der über 90 Meter hohe Tempelturm Etemenanki, vollendet wurde. Nebukadnezar II. ging aber nicht nur als Bauherr in die Geschichte ein, sondern auch als zweifacher Eroberer Jerusalems, der 587/586 v. Chr.

die Stadt zerstörte und etwa 5000 Juden nach Babylonien deportierte.

Babylon umfaßte in seiner Blütezeit im 6. Jahrhundert v. Chr. ein Gebiet von etwa 2,25 Quadratkilometern. Die Stadt war von einer monumentalen, über acht Kilometer langen Stadtmauer mit acht großen Toren umgeben. Als die ersten Ausgräber kamen, war jedoch die ganze Stadt längst von meterhohen Schuttschichten überdeckt, Palmenhaine wuchsen darüber und drei kleinere Dörfer hatten auf der ehemaligen Stadtfläche Platz gefunden.

Am Ende der kleinen Ansiedlung Kuwairisch am Euphratufer stand für die deutschen Ausgräber ein Haus des Dorfscheichs Habib el Alaui zur Anmietung bereit. Das Haus, so erfahren wir in den Berichten, besaß einen großen Hof mit Palmen, und eine Halle war aus Ziegeln aus der Zeit Nebukadnezars II. errichtet – sie waren mit Keilschrift versehen. Kurz nach der Ankunft der Forscher wurde mit dem Umbau des Hauses begonnen. Ein Baumeister aus der Umgebung wurde eingestellt. Andrae berichtet: «Er war ein würdiger Herr mit großem Turban und trug nur ein Musterbuch mit geheimen Bauschlüsseln in der Tasche. Er ging auf alle Wünsche des Bauherrn ein. Den gewünschten Grundriß zeichnete er mit dem Zollstock auf den Erdboden, begann sofort, auf diese Zeichnung Schlamm als Mörtel und Ziegel auflegen zu lassen und nach oben hin so weiter zu pappen, bis das Gewünschte dastand. (...) Das neue ‹Schloß› gedieh prächtig und wurde mit blendend weißem Gipsmörtel geputzt und hieß daher bei den Arabern Kasr-el-abiad, das weiße Schloß. In ihm gab es auch keine Flöhe mehr, sie mochten die schneeweißen gipsenen Wände nicht.»

Am 26. März 1899 begannen die Grabungen mit 66 Arbeitern auf dem Hügel el-Kasr, wo Koldewey sogleich die Prachtstraße und das Ischtar-Tor fand. Koldewey schreibt am 5. April 1899 an Otto Puchstein, daß er auf den ersten acht Metern bereits etwa 1000 Fragmente geborgen habe und mit einem Relief von 300 Metern Länge mit etwa 37 000 Fragmenten rechne.

Die Prozessionsstraße hatte Nebukadnezar II. errichtet; sie führte zum Tempel Esagila, der dem obersten Gott Marduk geweiht war. Angelegt war die Straße auf einer Ziegelschicht, die man mit Asphalt überzogen hatte. Darauf ruhte die prächtige Pflasterung: in der Mitte Kalksteinplatten mit einer Seitenlänge von etwa 1 Meter, und daran seitlich anschließend rote und weiße Brecciaplatten, die die verborgene Inschrift trugen: «Nebukadnezar, der König von Babylon, Sohn Nabupolassars, Königs von Babylon, bin ich. Die Babelstraße habe ich für die Prozession des großen Herrn Marduk mit Schadu-Steinplatten gepflastert. Marduk, Herr, schenke ewiges Leben!» Zu beiden Seiten der Prozessionsstraße erhoben sich die Fassaden mit den berühmten glasierten Reliefs. Sie zeigten auf einer Länge von über 180 Metern auf jeder Seite aneinandergereiht mehr als 60 Löwen, das heilige Tier der Kriegsgöttin Ischtar, jedes für sich 2 Meter lang.

Mit großem Eifer ging das Grabungsteam an die Arbeit. Die Mannschaft bestand aus 200 bis 250 Arbeitern, die täglich 11 Stunden das ganze Jahr hindurch mit Ausnahme des Sonntags und der beiden dreitägigen islamischen Feste arbeiteten. Die deutschen Forscher standen um 5.00 Uhr morgens auf und gingen um 9.00 Uhr abends zu Bett. Jeder von ihnen überwachte täglich für drei Stunden die Grabung und bearbeitete im übrigen die Funde.

Im Gegensatz zu anderen ausländischen Grabungen, war bei dem deutschen Team Alkohol untersagt, auch waren keine Frauen zugegen. Gerade die Abwesenheit von Frauen bei den Deutschen erstaunte nicht nur die anderen ausländischen Teams, sondern auch die Einheimischen, wie Andrae schildert: «Unsere Unbeweibtheit erregt überhaupt stets und allgemein die größte Verwunderung sämtlicher Orientalen. Diese können sich den Zustand gar nicht vorstellen, da jeder mindestens einfach, viele aber, vor allem unsere Bauern, jetzt mehrfach verheiratet sind, und zwar auf Grund der ungeheuren Reichtümer, die sie bereits infolge der Arbeit bei uns angehäuft haben. Für das verdiente Geld wird zuerst eine Flinte gekauft, dann eine Frau, dann ein Revolver, dann wieder eine Frau, dann schöne seidene Kleider zum Fest, dann eventuell noch eine Frau, und schließlich wird einmal wöchentlich Fleisch gegessen, später noch öfter.»

Ende 1899 begann man, auch die Hauptburg nordöstlich der Prozessionsstraße freizulegen. Dieser Palast war mit bis zu 17 Meter starken Außenmauern umgeben. Die Eingänge waren von monumentalen Löwen aus Basalt flankiert, die Böden der Höfe zierten Platten aus schwarzem Basalt, weißem und buntem Sandstein und Kalkstein, die Decken der Säle waren mit Zedern- und Zypressenholz und die Wände mit blauen Reliefs geschmückt. Außergewöhnliche Skulpturen fanden sich in dem Palast – so z. B. ein riesiger Löwe aus Basalt, über einem Mann stehend, der mit letzter Kraft das Maul des Löwen abwehrt. Die Hand des Mannes, aber auch die Figur insgesamt sind sehr beschädigt, hervorgerufen durch die Araber, die regelmäßig mit Gewehren und Steinschleudern auf den Mann schossen, weil sie in der Figur einen Dschin – einen bösen Geist – erblickten. Zudem trieben sie ein großes Loch in eine Flanke des Löwen, weil ein europäischer Gaukler einmal im 19. Jahrhundert in Anwesenheit von Einheimischen in einem dort befindlichen kleinen Loch einen Schlüssel steckte, ihn umdrehte und dann geschickt vorgaukelte, Goldstücke aus dem kleinen Loch herausgeholt zu haben, wonach er dann sang- und klanglos verschwand. Die Einheimischen wollten selbst an angebliches Gold kommen und trieben daher sinnlos ein tiefes Loch in die Statue, das heute mit Zement verdeckt ist.

Neben dieser Löwenfigur, die noch heute eine der Haupt-
attraktionen von Babylon bildet, entdeckte man im Palast ein
in das 9. Jahrhundert v. Chr. zu datierendes Relief, das den
hethitischen Wettergott Tessop zeigt, sowie Dioritstatuen
aus dem 3. Jahrtausend v. Chr. aus Mari und eine assyrische
Kalksteinstele des Schamasch-resch-usur, der im 8. Jahrhundert v. Chr. Statthalter von Mari und Suchi war. Die zahlreichen
Funde von Skulpturen und vielen weiteren Fragmenten, die aus
verschiedenen Regionen Mesopotamiens und verschiedenen
Zeiten stammten, ließen manche Forscher folgern, die Hauptburg sei zugleich das älteste Museum der Welt. Wahrscheinlicher
ist aber, daß die Skulpturen als Trophäen von zahlreichen Eroberungszügen stammen.

Aus Berlin kam währenddessen der Wunsch, man möge
im Interesse der Philologie verstärkt nach Tontafeln mit Keilschrifttexten suchen. Daher grub man seit 1900 nicht nur bei
der Prozessionsstraße und der Hauptburg, sondern auch am
25 Meter hohen Hügel Amran ibn Ali (benannt nach dem dort
bestatteten Heiligen Amran, Sohn des Ali), wo man auf Esagila,
das Hauptheiligtum von Marduk, und den babylonischen Tempelturm Etemenanki stieß. Koldewey gelang es auch, Teile des
südlich vom Turm zu Babel liegenden Tempels des Marduk,
Esagila («Haus, dessen Spitze hoch ist»), zutage zu fördern.
Diese Arbeit war besonders schwierig, weil die Überreste
21 Meter tief in der Erde lagen und teilweise nur durch Stollen
erschlossen werden konnten. Der Tempel maß 79,30 x 85,80 Meter und besaß im Innern einen großen Hof. Im Westen lag wahrscheinlich der Kultraum des Marduk, der aber nicht ausgegraben werden konnte. Eine Inschrift von Nebukadnezar II. läßt
den Haupttempel von Babylon für uns in seinem früheren
Glanz erscheinen: «Silber, Gold, erlesene (Edel-)Steine, Kupfer,
Musukannu- und Zedernholz, alle erdenkbare Kostbarkeit, rot-
glänzenden Überfluß, den Besitz der Berge, den Reichtum der

Meere, den gewichtigen Ertrag brachte ich als üppig gestaltetes Geschenk vor ihn in meine Stadt Babylon und legte (Marduk) im Esagila, seinen herrschaftlichen Palast, als Ausstattung nieder. Etuscha, die Cella Marduks, des Enlils der Götter, ließ ich sonnengleich erglänzen. Als ihren Wandputz ließ ich sie mit rotem Golde statt mit Gips und Asphalt (und) mit Lapislazuli und Alabaster den Kultsockel des ‹Hauses› verkleiden.»

Der griechische Historiker Herodot (um 485–425 v. Chr.) berichtet in seinen *Historien* (I 183), daß das Sitzbild mit Thron, Schemel und Tisch aus purem Gold gefertigt war, insgesamt 800 Talente (= 2400 kg). Weiter heißt es bei Herodot: «Vor dem Tempel aber steht ein goldener Altar. Es gibt noch einen zweiten Altar, einen großen, auf dem die voll ausgewachsenen Tiere geschlachtet werden; denn auf dem goldenen dürfen allein Tiere, die noch saugen, geopfert werden. Auf dem großen Altar verbrennen die Chaldäer auch tausend Talente (= 30000 kg) Weihrauch Jahr für Jahr, wenn sie das Fest ihres Gottes feiern.» Weihrauch kam damals aus dem Süden der arabischen Halbinsel, mußte mühselig mit Karawanen durch die Wüste transportiert werden und war daher sehr wertvoll.

Das Ischtar-Tor legte Koldewey 1902 frei (Abb. 29 und 32). Es bildet den Abschluß der Prozessionsstraße und ist eines der imposantesten Doppeltore, die wir aus der antiken Welt kennen. An jedem Zugang ist das Tor von zwei monumentalen Türmen flankiert, die teilweise noch bis zu einer Höhe von 18 Metern erhalten waren. Wie tief das Fundament des Tores reicht, ließ sich nicht feststellen, weil es unter dem Grundwasserspiegel liegt. Mindestens elf Reihen von glasierten Ziegeln, verziert mit Stieren oder Drachen, schmückten die Türme. Das ganze Tor zeigt mehr als 575 Tierabbildungen. Doch waren anscheinend schon damals nicht mehr alle Darstellungen sichtbar, weil die Straße mehrmals aufgeschüttet werden mußte. Die Reliefs wurden jedoch vor den Aufschüttungsarbeiten jeweils

Abb. 29: Ausgrabung des Ischtar-Tores. Foto aus dem Jahre 1902.

zu ihrem Schutz liebevoll mit Lehm oder weißem Gipsmörtel
überzogen. Der Stier war das heilige Tier des Wettergottes
Hadad, der Drache (Muschchusch = «schreckliche Schlange»)
das von Marduk. Den Körper des Drachens überziehen Tier-
haare und Schlangenschuppen. Aus seinem Maul kommt die ge-
spaltene Zunge einer Hornviper. Auf dem im Verhältnis zum
Körper sehr kleinen Kopf befinden sich zwei gerade hoch-
ragende Hörner und dahinter zwei Hautfäden, die in Spiralen
enden (im Profil ist jeweils nur einer von beiden zu sehen). Der
Schwanz schließt mit einem kleinen, nach oben gebogenen
Stachel ab. Die hohen Beine und die Vorderfüße scheinen die
einer Wildkatze zu sein, die Hinterfüße die eines Raubvogels
mit großen Klauen. Dieses Fabelwesen des Marduk war zur
Zeit von Nebukadnezar II. eine Art Wahrzeichen von Babylon,
schmückte viele andere Gegenstände wie Siegel und Grenz-
steine und ist wohl mit dem «Drachen von Babylon» gleich-
zusetzen, von dem in den Apokryphen erzählt wird.

Zwischen den beiden Toren entdeckte Koldewey die Weihe-Inschrift des Ischtar-Tores auf einem Kalkstein, in der Nebukadnezar stolz von dessen Errichtung Zeugnis ablegt: «[Ich, Nebukadnezar, der König von Babylon, der Sohn] Nabupolassars, [des Königs von Babylon, habe] das Tor der Ischtar mit [blauglasierten] Backsteinen für [meinen] Herrn Marduk [gebaut] und unge[stüme] Wildstiere aus Kupfer (= Glasur) [und zorngewaltige Schlangendrachen] an seinen Türlaibungen [aufgestellt]... Marduk, mein Herr, [... sch]enke [mir] langes Leben.»

Auf einer zweiten Steinplatte nannte Nebukadnezar II. die Beweggründe zur Errichtung und Ausschmückung des Ischtar-Tores: «Die Eingänge der beiden Stadttore von Imgur-Enlil und Nemetti-Enlil (Namen der Stadtmauern) waren durch die Aufschüttung der Straße von Babylon zu niedrig geworden. Ich beseitigte diese Stadttore und gründete ihr Fundament unmittelbar über dem Grundwasser fest in Asphalt und Backsteinen und ließ sie aus leuchtend blau glasierten Backsteinen, auf denen Wildstiere und Drachen gebildet waren, kunstvoll herstellen. Mächtige Zedern ließ ich zu ihrer Bedachung lang hinlegen. Zederne bronzebezogene Türflügel, Schwellen und Angeln aus Kupfer richtete ich in seinen Türen auf. Ungestüme Wildstiere aus Kupfer (= Glasur) und grimmige Drachen stellte ich an ihren Schwellen auf. Selbige Stadttore ließ ich zum Erstaunen der Gesamtheit des Volkes prachtvoll ausstatten.»

Koldewey begann jetzt auch, das Gelände an der sogenannten Südburg auszugraben. Sie liegt westlich an der Prozessionsstraße und dem Ischtar-Tor. Erst im Jahre 1913 konnte sie vollständig freigelegt werden. Die Mauern waren, wie sehr häufig in Babylon, durch Ziegelräuber abgetragen worden. Über 500 Ziegel sind jedoch erhalten. Noch ausführlicher als diese kündet eine Steinplatte davon, daß es sich bei der Südburg um den Palast Nebukadnezars II. handelte: «In Babylon, meiner Lieblingsstadt, die ich liebe, war der Palast, das vom Volke bestaunte Haus, das Band des Landes, der helle Wohnraum, das königliche Heiligtum auf dem Erdboden von Babylon, das inmitten von Babylon von Imgur-Elil (Name einer Stadtmauer) bis zum Libilchegalla, dem Ostkanal, vom Euphratufer bis zur Ajjibur-schabu (reicht), welches Nabupolassar, der König von Babylon, der Vater, mein Erzeuger, aus Lehmziegeln gebildet und in ihm gewohnt hatte, infolge Hochwassers war sein Fundament schwach geworden, und infolge der Auffüllung der Straße von Babylon waren jenes Palastes Tore zu niedrig geworden. Seine Lehmziegelwände riß ich nieder, öffnete seine Baugrube und erreichte die Tiefe des Wassers, angesichts der Wasser gründete ich fest sein Fundament und führte ihn mit Asphalt und Backsteinen hoch auf, gebirgsgleich. Mächtige Zedern (aus dem Libanon) ließ ich hinlegen zu seiner Bedachung. Zederne, bronzebezogene Türflügel, Schwellen und Angeln aus Kupfer richtete ich in seinen Toren auf. Silber, Gold, Edelgestein, alle erdenkbare ausgebreitete Kostbarkeit, Besitz, Eigentum, wie es des Rühmens würdig ist, stapelte ich in ihm auf, häufte, was einen herrlichen Krieger ausmacht, den königlichen Schatz, darin auf.»

Mit 51 000 Quadratmetern umgrenzter Fläche war dies die größte Palastanlage im Alten Orient. Sie besaß fünf große Innenhöfe, an die sich die privaten Wohnanlagen für das Herrscherhaus, Hofbeamte und Bedienstete sowie der Thronsaal, offizielle Empfangsräume und Bureaus anschlossen.

Nachdem man zwei monumentale Toranlagen und Höfe von Osten aus durchschritten hatte, gelangte man in der Mitte des Palastes zum größten Hof, der südlich zum größten Raum führte, dem Thronsaal, der wohl 17 Meter hoch war, was einem heutigen sechsstöckigen Haus entspricht. Der Thronsaal war allein 17 x 52 Meter groß. Drei große Tore führten zum Hof, wobei das mittlere 6 Meter breit und wohl mindestens 12 Meter hoch war. Die Tore besaßen wahrscheinlich glasierte

Reliefs, die Löwen ähnlich wie die an der Prozessionsstraße zeigten. In der Achse des mittleren Tores befand sich an der Rückseite des Saales eine große Nische, in der wohl der Thron prunkte.

Die Wand zum großen Hof hin war mit glasierten Ziegeln geschmückt. Sie zeigten auf dunkelblauem Hintergrund unten gelbe Säulen mit hellblauen Doppelvolutenkapitellen, die in weißen Palmetten enden und durch hellblau-gelb-weiße Lotusblüten miteinander verbunden sind, und darüber eine Reihe von gelb-weißen Doppelpalmetten.

An der Nordost-Ecke des Palastes lag ein Gewölbebau, der als einziger in Babylon größtenteils aus Stein errichtet war (Abb. 30). Die ganze erhaltene Konstruktion war unterirdisch angelegt und von einer sehr starken Umfassungsmauer eingefaßt. Darin befanden sich zunächst in der West-, Süd- und Ostseite mehrere kleine Räume, die sich alle zu einem etwa zwei Meter breiten Gang öffneten, der die Außenmauern des Baukerns umgab. Von einer Kammer im Westen führte eine Treppe zum Oberbau. In einer anderen Westkammer steht ein außergewöhnlicher Brunnen mit drei nebeneinanderliegenden Schächten, über die Koldewey schreibt: «eine Anlage, für die ich weiter keine Erklärung sehe, als daß hier ein mechanisches Schöpfwerk arbeitete von der Art unserer Paternosterwerke, bei dem sich die zu einer Kette vereinigten Schöpfkasten über einem am Brunnen angebrachten Rad drehten. Das Rad wird dabei durch ein Göpelwerk in dauernde Umdrehung versetzt. Die Vorrichtung, die heutzutage in dieser Gegend auch üblich ist und ‹Dolab› (= Kasten) genannt wird, ergibt einen kontinuierlich fließenden Wasserstrom.»

Den Kern des gesamten Baus bildeten zwölf gleichgroße schmale steinerne Kammern mit sehr starken Mauern, die zu beiden Seiten eines Mittelganges liegen und in Gewölben auslaufen. Am Ende des Ganges liegen noch zwei große Räume.

Abb. 30: Rekonstruktion der Hängenden Gärten durch Koldewey.

Der Bau sowie alle Räume sind schiefwinklig. Auch die Kammern sind durch sehr mächtige Mauern umgeben.

Die mächtigen Mauern, der für ganz Babylonien ungewöhnliche Gewölbebau aus Stein und die Brunnenanlage bewegten Koldewey dazu, in dieser Anlage die berühmten Hängenden Gärten zu erkennen, eines der Sieben Weltwunder der Antike. Bestätigt fühlte er sich durch die zutreffenden Beschreibungen in den antiken Quellen. Seine Vermutung wurde jedoch immer wieder bestritten.

Nach den antiken Beschreibungen müssen wir uns vorstellen, daß die Hängenden Gärten aus mehreren übereinanderliegenden Terrassen bestanden, auf denen ein Garten mit wunderbarer Bepflanzung angelegt war und zum Träumen einlud, wie der griechische Historiker Diodor von Sizilien (80–29 v. Chr.) in seinem Werk *Historische Bibliothek* (II. Buch, 10) ausführlich berichtet: «Da gab es auch den sogenannten Hängenden Garten beim Palast, und zwar nicht von Semiramis, sondern von einem der späteren Könige von Syrien, den dieser einer seiner Nebenfrauen zuliebe anlegte. Diese soll persischer Abstammung gewesen sein und voller Sehnsucht nach ihren heimatlichen Bergwiesen den König gebeten haben, mit Hilfe der Gartenbaukunst die Eigenart persischer Landschaft nachzuahmen. Dieser Park ist an jeder Seite etwa 4 Plethren (= ca. 120 m) lang (was, wenn die Größenangaben stimmen, nicht dem Gewölbebau entspricht, wenn dieser identisch mit den Hängenden Gärten ist) und zieht sich wie Berg-Terrassen über mehrere Stockwerke hinan, so daß das Ganze wie ein Theater (mit seinen ansteigenden Sitzstufen für die Zuschauer) aussieht. Unterhalb von diesen ansteigenden Lagen befanden sich Gänge, welche die Last der Gartenanlagen zu tragen hatten, jeder entsprechend der Neigung des Anstiegs etwas höher als der vorhergehende. Der oberste von ihnen war 50 Ellen hoch und trug auf sich die obersten Teile des Parks, etwa in gleicher Höhe mit der Brustwehr der Mauer. Die Stützmauern, die man für hohe Beträge errichtet hatte, waren 22 Fuß, ihre Zwischenräume aber nur 10 Fuß breit, die Decke bestand aus steinernen Quadern, die einschließlich des Spundes je 16 Fuß lang und 4 breit waren. Das Dach über diesen Quadern hatte zuerst eine Schicht aus Schilfrohr mit viel Asphalt, darüber eine doppelte aus gebrannten Ziegeln, die durch Gips verbunden waren; eine dritte Schicht bildeten Bleiplatten, damit nicht die Feuchtigkeit von der darauf geworfenen Erde in die Tiefe dringe. Obenauf lag eine Schicht Erde, tief genug auch für die Wurzeln größter Bäume.»

Keine antike Quelle spricht übrigens von den Hängenden Gärten der legendären Semiramis, der Gemahlin des Ninos. Das Vorbild für diesen von den Griechen gebildeten mythischen Namen war wahrscheinlich Sammuramit, die Gattin des assyrischen Königs Schamschi-Adad V. (823–810 v. Chr.), die nach dem Tod ihres Mannes fünf Jahre für ihren noch minderjährigen Sohn Adadnirari (809–782 v. Chr.) regierte. Der Name Semiramis ist erst in der Neuzeit mit den Hängenden Gärten von Babylon verbunden worden.

Im Jahre 1904 verschickte Koldewey die bis dahin ergrabenen glasierten Ziegel in fast 400 Kisten nach Berlin. Jede Kiste enthielt etwa 250 Fragmente, insgesamt waren es also 100 000 Fragmente.

Gleichzeitig begann er mit der Ausgrabung der inneren Stadtmauer. Sie bestand aus der Hauptmauer Imgur-Enlil («Enlil [der Gott der Stadt Nippur und Beschützer der babylonischen Könige] hat erhöht») und der Vormauer Nemetti-Enlil («Sitz des Enlil»). Beide Mauern besaßen im Abstand von etwa 18–20 Metern beiderseits vortretende Türme, die an der Hauptmauer 5,10 Meter breit und 5,80 Meter tief und an der Vormauer 9,40 Meter breit und 11,40 Meter tief respektive im Wechsel 9,70 Meter breit und 8,10 Meter tief waren, so daß die kleineren Türme von den stärker vorspringenden gedeckt wurden.

Im Sommer 1904 kehrte Koldewey erstmals nach Deutschland zurück. Wieder in Babylon, war er ein anderer Mensch, der sich mancherlei Exzessen hingab, z.B. überprüfte er, wieviel Tabak er vertragen könne. Täglich rauchte er mehr Tabak, den er genau abgewogen hatte, bis er an den Punkt gelangte, wo ihm schwindlig wurde und er Sehprobleme bekam. Dann hörte er mit dem Rauchen auf und litt unter den Entzugserscheinungen. In gleicher Weise trank er jeden Tag mehr Raki, bis er ein äußerstes Maß erreicht hatte, um fortan überhaupt keinen Alkohol mehr zu trinken. Im Sommer lief er während der größten Hitze im Mantel herum und schlief in seinem Zimmer, und im Winter hatte er Sommerkleidung an und schlief auf dem Dach, bis er den Regen nicht mehr ertragen konnte.

Warum Koldewey plötzlich diesen extravaganten Stil lebte, bleibt rätselhaft. Freunde vermuteten, daß ein Streit mit dem

Assyriologen Friedrich Delitzsch (1850–1922) die Ursache war. Dieser angesehene Gelehrte, für den die Grabungen nur wegen der Tontafelfunde überhaupt von Interesse waren, vertrat entgegen Koldeweys Meinung die Auffassung – der gerade Teile der Stadtmauer freilegte –, daß die Stadtmauer nach den Schrifttafeln eine doppelte Wehrmauer gehabt haben müßte. Philologen, insbesondere Delitzsch, waren für Koldewey ein Greuel, weil sie nach seiner Ansicht in Deutschland – fern der Grabungen – bequem an ihren Schreibtischen saßen, ohne das Terrain vor Ort zu kennen, aber große Theorien entwarfen. Während nun Koldewey in Deutschland weilte, hatte sein Assistent Arnold Nöldecke tatsächlich die zweite Mauer entdeckt. Koldewey sah seinen Ruf für immer ruiniert.

1907 wurden dann in einem kleinen Abschnitt Teile der äußeren Stadtmauer freigelegt. Die Stadtmauern zählten bei einigen antiken Autoren mit den Hängenden Gärten zu den Sieben Weltwundern. Die Mauern hatten eine Länge von ca. 18 Kilometern, eingefügt waren etwa 360 Türme. Die äußere Stadtmauer war eine mehr als 7 Meter dicke Lehmziegelmauer, davor eine etwa ebenso dicke Mauer aus gebrannten Ziegeln, der wiederum eine über 3 Meter starke Grabenmauer aus gebrannten Steinen vorgelagert war. Der gesamte Zwischenraum zwischen Stadt- und äußerer Mauer, der etwa 12 Meter betrug, war mit Erde gefüllt. Es ergab sich eine Gesamtbreite von ca. 30 Metern, so daß auf der Mauer zwei Vierspänner bequem aneinander vorbeifahren konnten. Vor den Mauern war noch ein etwa 80 Meter breiter Wassergraben angelegt. Auf der inneren Mauer befanden sich alle 33–44 Meter beiderseits vortretende Türme. Die Mauern bestanden aus quadratischen Ziegeln. Als Mörtel fungierten Lehm und Asphalt. Der Asphalt stammte aus der Gegend von Hit, einige Tagereisen nördlich von Babylon am Euphrat gelegen, wo es Petroleumquellen gab. Nach acht bis zehn Lagen setzte man Schilfrohr und gefloch-

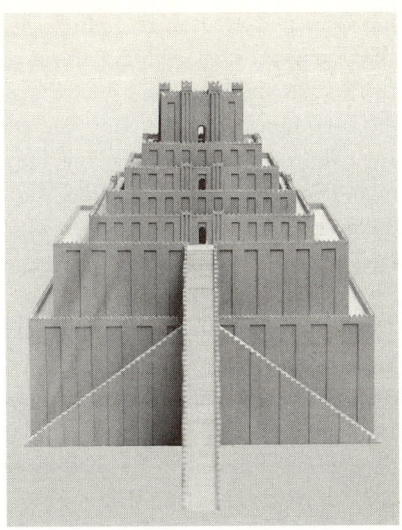

Abb. 31: Rekonstruktion des Turmtempels von Babylon durch Hansjörg Schmid.

tene Schilfmatten zum Ausgleich ein. Ungeklärt bleibt, woher man in dem baumkargen Babylonien das Brennmaterial nahm, um die ungeheure Menge an Ziegeln zu brennen.

Das Heiligtum des berühmten Turmtempels von Babylon «Etemenanki» («Haus, Fundament-Platte von Himmel und Unterwelt») legte Koldewey seit 1908 frei (Abb. 31). Der Tempel war von einer Mauer eingefaßt, besaß Unterkünfte für die Priester und zwei größere Anlagen mit großen Höfen, in denen wohl Pilger aufgenommen wurden. Mit seiner Höhe von mehr als 90 Metern war dieser Turmtempel im Alten Testament zum Inbegriff menschlicher Hybris geworden. In der von Völkervielfalt und Sprachengewirr geprägten Metropole Babylon hätten die Menschen versucht, mit diesem Bau den Himmel zu erreichen. So verkünden es auch die beiden königlichen Erbauer Nabupolassar und Nebukadnezar II. stolz in Inschriften: «Zu jener Zeit gebot mir Marduk, (…) den Turm

Babils, der in der Zeit vor mir geschwächt worden, zum Einsturz gebracht war, sein Fundament an die Brust der Unterwelt fest zu gründen, während seine Spitze himmelan strebe.» Von diesem imposanten Bau war nur wenig übriggeblieben. Mit Ausnahme des unteren Teils, einer monumentalen Vordertreppe mit kleineren Seitentreppen im Süden, waren die Ziegel des Turms beinahe vollständig abgetragen. Der Bau läßt sich daher fast nur noch durch seine Gräben rekonstruieren. An jeder Seite des etwa 90 Meter breiten, im Grundriß quadratischen Turms standen ein Eckpfeiler und an den Außenwänden leicht hervortretende Pfeiler. Laut Herodot war der Turm ebenfalls etwa 90 Meter hoch und bestand aus acht übereinandergesetzten Kuben.

Auch während des 1. Weltkrieges setzte Koldewey die Ausgrabungen fort, bis die Briten 1917 Bagdad einnahmen. Am 7. März 1917 mußte Koldewey Babylon für immer verlassen. Kurz zuvor hatte er noch 26 Kisten mit vier Steinskulpturen – die Stele des Schamasch-resch-usur, die Stele des hethitischen Wettergotts und zwei Statuen aus Mari – sowie glasierten Ziegelfragmenten und Kleinfunden abtransportieren lassen. Der größte Teil seiner Funde, insbesondere an die 300 000 glasierte Ziegelfragmente, blieben in Babylon zurück. Die von den Briten mit der Verwaltung der Antiken Iraks betraute Gertrude Lowthian Bell (1868–1926) ließ das Grabungshaus mit den Fundkisten zumauern und bewachen. Koldewey kehrte nach Berlin zurück, wo er an den Staatlichen Museen bis zu seiner Pensionierung 1921 das Referat für Auswärtige Angelegenheiten innehatte. Sein Nachfolger in diesem Amt wurde Walter Andrae. Am 4. Februar 1925 verstarb Koldewey, nachdem die vierte Auflage seines Buches *Das wiedererstehende Babylon* erschienen war.

1926 wurde beschlossen, die Vorderasiatische Abteilung im Südflügel des neu entstehenden Museumsbaus auf der Ber-

liner Museumsinsel unterzubringen. Im Frühjahr desselben
Jahres konnte Andrae die Funde aus Assur in Lissabon ein-
schiffen lassen. Sie waren zu Beginn des 1. Weltkrieges auf
dem Weg nach Berlin dort beschlagnahmt worden. Mitte 1926
wurden die Berliner Staatlichen Museen von Gertrude
Lowthian Bell benachrichtigt, daß ein großer Teil der noch in
Babylon gelagerten Fundkisten, darunter die ca. 300 000 bunt-
glasierten Ziegelfragmente, abgeholt werden könnten. Gertrude
Lowthian Bell, ehrenamtliche Direktorin der britischen
Antikenverwaltung des Irak, war die wohl faszinierendste
Archäologin des Orients. Aus adeligem Hause stammend, hatte
sie als erste Frau in der Lady Margaret Hall in Oxford Geschichte studiert und Persisch gelernt. Sie begleitete Lady
Lascelles zu deren Mann Sir Frank Lascelles (1841–1920), dem
britischen Gesandten in Persien, nach Teheran. Danach unternahm sie viele Reisen durch den Orient, bis sie 1915 als einzige Frau in den Stab des britischen Geheimdienstes in Kairo
unter Führung des Archäologen David George Hogarth
(1862–1927) kam, in dem auch der Archäologe Thomas Edward Lawrence (besser bekannt als Lawrence von Arabien,
1888–1935) tätig war. Sie waren entscheidend an der Befreiung
der Araber vom Osmanischen Reich beteiligt. Im Frühjahr
1916 kam sie mit Sir Percy Zachariah Cox (1864–1937) nach
Bagdad und nahm 1919 auch an der Friedenskonferenz in
Paris teil. Gertrude Lowthian Bell trug wesentlich dazu bei,
daß der Irak unter dem Mandat der Briten als eigener Staat entstand.

Als Walter Andrae mit seinem Assistenten Julius Jordan in
Bagdad eintraf, war Gertrude Lowthian Bell überraschend verstorben. Doch hielt sich ihr Nachfolger Cooke an die Verein-
barungen. Alle glasierten Ziegelfragmente und die beschrifteten
Tontafeln konnten nach sechswöchigem Ordnen und Packen
in 536 Kisten nach Berlin transportiert werden.

Nach dem frühen Tod von Otto Weber (1877–1928) wurde Mitte 1928 Walter Andrae Direktor der Vorderasiatischen Abteilung. Nachdem die kleinere Sendung an Ziegelfragmenten des Jahres 1903 bereits zusammengesetzt war und gemäß damaliger Fundteilung zwei Löwen, Stiere und Drachen dem Archäologischen Museum in Istanbul übergeben waren, wollte Andrae auch die aufwendige Restaurierung der großen Sendung aus Babylon in die Wege leiten und im neu zu errichtenden Museumsbau originalgetreu aufstellen lassen (Abb. 32). Zuerst mußte er aber sowohl die Baubehörde als auch das Ministerium von seinem Vorhaben überzeugen. Andrae fertigte Zeichnungen an, und die Bauleitung war sofort begeistert. Der Baurat Wilhelm Wille veranlaßte sogar, daß ein Holzmodell in Originalgröße aufgebaut und vom Kulissenmaler der Staatsoper nach der Rekonstruktionszeichnung von Andrae bemalt wurde. Als die Beamten des Ministeriums, die vorher nur die Restaurierung eines Tierpaares finanzieren wollten, die imposanten Malereien sahen, genehmigten sie die von Andrae vorgeschlagene Rekonstruktion in vollem Umfang.

Der Bildhauer Willy Struck ordnete und setzte mit bis zu dreißig Gehilfen in zwei Jahren 72 Relieftiere (30 Löwen, 26 Stiere und 16 Drachen) und zwei Teile der Thronsaalfront zusammen, nachdem die versalzten Fragmente in 200 großen Bottichen in einer eigenen großen Halle gereinigt worden waren.

Wie schwierig die Restaurierung der Ziegelreliefs war, schildert Andrae: «Welch mühselige Arbeit dieses Zusammensuchen ist, lehrt ein Blick auf die unendlich langen Arbeitstische bei Struck, auf denen wohlgeordnet alles, was zu einer und derselben Ziegelform gehört, zusammenliegt, also z. B. alle Augen mit dem Löwenauge oder mit der rechten Vordertatze des linksschreitenden Löwen. Wir wissen ja, daß alle 60 Löwen einer Straßenseite aus einer und derselben Form stammen, d. h. jeder

Abb. 32: Das Ischtar-Tor von Babylon. Berlin, Vorderasiatisches Museum.

der etwa fünfzig Ziegel von etwa 33 Zentimeter Seitenlänge und etwa 10 Zentimeter Höhe, die einen Löwen zusammensetzen, aus je einer Form, ebenso die 60 anderen Löwen, die sich von jenen dadurch unterscheiden, daß sie in der anderen Richtung marschieren und in einer anderen Fugenteilung stehen. Ebenso aber auch die zwei Arten von Stieren und Drachen. Dazu kommen Farbenunterschiede aller dieser 6 Tiergattungen. Nun muß außerdem berücksichtigt werden, daß die Ziegel bei der Ausraubung der Mauern nicht gerade glimpflich behandelt worden sind und zerborsten auf uns kamen. Dieses Zerbersten geschah in gewisser Weise gesetzmäßig an den Stellen, wo bei der Herstellung in Nebukadnezars Fabriken die Former ihre Tonbatzen beim Eindrücken in die Form zusammenstoßen ließen (…). Ganz innig haben sich diese Batzen nicht miteinander verbunden. Beim Brennen blieb da immer ein feiner Haarriß, und an diesen Stellen ist dann die Relieffläche fast immer geborsten. Wir bekommen daher eben immer etwa 6–7 Bruchstücke von jeder Relieffläche eines Ziegels, und nun muß der Zusammensetzer aus den oft in die Hunderte gehenden Möglichkeiten zwei zusammenpassende Bruchflächen herauszufinden suchen. Das gelingt in der Tat, und erst, wenn alles Suchen vergeblich ist, geht es an die Ergänzung, bei der die absolute Nachahmung des Antiken natürlich vermieden wird.»

Seit 1930, zum 100 jährigen Jubiläum der Berliner Museen, schmücken nun das restaurierte Ischtar-Tor und die Teile der Prozessionsstraße die Vorderasiatische Abteilung des Pergamonmuseums. Einige Reliefs gingen ans Archäologische Museum in Istanbul und an das Irak-Museum in Bagdad. Weitere Reliefs verkaufte Andrae mit Genehmigung des Finanzministeriums für ca. 250 000 Reichsmark an Museen in München, Dresden, Wien, Kopenhagen, Göteborg, Paris, nach Chicago und andere Museen in den USA. Mit diesem Geld richtete Andrae während der großen Wirtschaftskrise zwischen 1931 und 1932 mit Erlaubnis des Finanzministeriums, das den Erlös des Verkaufs hätte einfordern können, die übrigen 16 Räume der Vorderasiatischen Abteilung ein.

Andrae trug dazu bei, daß das Pergamonmuseum zu einem der bedeutendsten Museen der Welt wurde. Jeder Besucher kann sich dort auf eine innere Reise zu den faszinierenden Kulturen des Alten Orients begeben.

9
Heiligtum des Grauens –
Der Haupttempel der Azteken in Tenochtitlan
(Mexiko-Stadt)

«Vom Markt aus kamen wir bald in die großen Höfe, die den Haupttempel der Hauptstadt Mexiko umgaben. Sie waren größer als der Marktplatz von Salamanca. Um den riesigen Hof lief eine doppelte Mauer aus Kalk und Stein. Er war durchweg mit weißen, sehr glatten Platten gepflastert, die in bestimmtem Wechsel von einem bräunlichen Estrich unterbrochen wurden. Alles war so sauber, daß man nirgends einen Strohhalm oder ein Stäubchen sah.

Moctezuma war bei seinen Opferzeremonien hoch oben auf dem Tempel. Er schickte uns über die vielen Stufen sechs Papas (Priester) und zwei vornehme Staatsbeamte entgegen, die Cortes hinaufführen sollten. Es waren einhundertvierzehn hohe Stufen (...). Die Spitze des Cue (Tempels) war eine breite Plattform mit großen Steinen, auf welche die armen Opfer gelegt wurden. Darüber stand ein großes Götzenbild, ein Drache, umgeben von anderen abscheulichen Figuren. Überall sahen wir Spuren von frischem Menschenblut (...).

Dann führte er (Moctezuma) uns in einen Turm. Dort war ein großer Saal mit zwei altarähnlichen Postamenten und einer reichgeschmückten Decke. Auf diesen Postamenten standen zwei riesige, dicke Figuren. Die eine stellte den Kriegsgott dar, den Huitzilopochtli. Das Götzenbild zeigte ein breites Gesicht, mißgestaltete grausige Augen und war über und über mit Edelsteinen, Gold und Perlen bedeckt, die mit einem Kleister befestigt waren, den die Indianer aus einer besonderen Wurzel gewinnen. Riesige, goldene, juwelengeschmückte Schlangen wanden sich um den Leib des Ungeheuers, das in der einen Hand einen Bogen, in der anderen Pfeile trug. Ein kleiner Götze stand neben ihm und trug ihm einen kurzen Spieß und einen goldenen, mit Edelsteinen besetzten Schild. Mit blauen Steinen verzierte Masken und Herzen aus Gold und Silber hingen dem Kriegsgott um den Hals. Vor ihm standen mehrere Kohlenbecken mit Kopal, dem uns schon bekannten Weihrauch des Landes, und mit drei Herzen von Indianern, die an diesem Tag für ihn geschlachtet worden waren und nun hier als Opfer verbrannt wurden. Die Wände und der Boden waren schwarz von Menschenblut. Es stank abscheulich in diesem Tempel-raum.

Auf dem anderen Postament stand der Gott der Hölle mit einem Bärengesicht und mit leuchtenden Augen, die aus einem Spiegelglas gemacht waren, das sie in Mexiko Tezcat nennen. Auch dieser Huichilobos war über und über mit Juwelen be-deckt. Um seinen Leib wand sich ein Kreis von Figuren, die wie Teufel aussahen und lange nackte Schwänze hatten. Dem Ungeheuer waren an diesem Tag schon fünf Menschenherzen geopfert worden. Auf der höchsten Spitze des Opfertempels stand wieder ein kapellenartiger Bau aus Holz, der ganz beson-ders schön und kostbar war. Er war der Fruchtbarkeitsgöttin gewidmet. Auch sie saß erhaben da, halb Mensch, halb Eidechse. Die untere Hälfte mit den Samen aller Pflanzen der Erde war vor den Augen der Besucher verhüllt. In dem Raum war ein Gestank, schlimmer wie in jedem schlechtgelüfteten Schlacht-haus (…). Es gab dort oben auf der Plattform noch mehr Hölleninstrumente: große und kleine Höllentrompeten, riesige Schlachtmesser und die Reste von verbrannten Menschenher-zen. (…)»

Bernal Díaz del Castillo, Geschichte der Eroberung von Mexiko (1568), herausgegeben und bearbeitet von Georg A. Narciß, Frankfurt am Main – Leipzig: Insel Verlag 1988, S. 217–220

*

Der Sage nach verließen die Azteken auf Anweisung ihres obersten Gottes, des Kriegs- und Sonnengottes Huitzilopochtli («Kolibri des Südens»), ihre mythische Stadt Aztlan («Land der Reiher»), nach der das Volk seit dem 18. Jahrhundert bezeichnet wird. Die Azteken nannten sich selbst Mexica, und von diesem Namen leitet sich der heutige Landesname ab. Nach etwa drei Jahrhunderten der Wanderung kamen die Azteken nach Colhuacan («Kummer Berg»), das am südöstlichen Ufer des Sees von Mexiko liegt. Der dortige König Achitometl gab ihnen Frauen seiner Stadt zur Heirat. Eine seiner Töchter vertraute er einem Azteken-Führer an, doch dieser opferte sie den Göttern. Dieser Akt brachte die Bewohner von Colhuacan so auf, daß die Azteken fliehen mußten. Sie erreichten eine von Sümpfen umschlossene Insel am südwestlichen Ende des Sees von Mexiko. Dort fanden sie einen großen Wacholderbaum, zu dessen Füßen zwei große Felsen an einer Quelle lagen, aus der eine rot- und eine blaugefärbte Ader entsprangen. Alle Pflanzen und die Frösche, Fische und Wasserschlangen waren weiß. Als die Priester und Alten das sahen, weinten sie vor Glück, denn sie hatten den ihrem Volke lang verheißenen Siedlungsplatz endlich gefunden. In der Nacht erschien Huitzilopochtli den Priestern und sprach zu ihnen: «Erinnert euch, daß ihr auf meinen Befehl dereinst meinen Neffen Copil getötet und sein Herz herausgenommen habt. Sein Herz fiel auf einen Stein, aus dem ein schöner, großer Kaktus entwuchs, auf dem ein Adler sein Nest gebaut hat. Ihr werdet ihn jederzeit dort finden, und um ihn herum liegen viele grüne, blaue, rote, gelbe und weiße Federn von schönen Vögeln, die er getötet hat. Diesem Ort gab ich den Namen Tenochtitlan («Platz des stacheligen Feigen-kaktus»).» Am folgenden Tag kehrten die Azteken an die Quelle zurück und fanden in der Nähe den Kaktus und den Adler – der Adler auf dem Kaktus bildet daher heute das Staats-wappen von Mexiko. Als sie ihn sahen, weinten sie erneut vor Glück und waren nun gewiß, daß sie den so lange gesuchten Ort gefunden hatten. Dort gründeten sie ihre Stadt Tenochtitlan. Am Abend wandte sich Huitzilopochtli nochmals an die Prie-ster und hieß sie, im Zentrum der Stadt den Tempel und um diesen vier Wohnviertel zu bauen. So geschah es dann um 1325.

Etwa hundert Jahre später, im Jahre 1428, befreiten sich die Azteken vom Joch der Tepaneken, die nun ihrerseits gegenüber den Azteken tributpflichtig wurden. Kontinuierlich weiteten sie ihr Reich bis an den Pazifischen Ozean und den Golf von Mexiko aus. Als wiederum etwa hundert Jahre später, 1521, der Spanier Hernán Cortés die Stadt Tenochtitlan eroberte, waren den Azteken bereits 371 Stadtstaaten tributpflichtig, die ihrer-seits von einem oder mehreren lokalen Herrschern regiert wur-den. In deren Hauptorten gab es eigene Tempel, Paläste und eine ausgebildete Verwaltung, weil die Azteken nur den Tribut, nicht aber die konkrete Herrschaft über diese Gebiete bean-spruchten. Daher gab es im Reich der Azteken auch niemals eine klar definierte Grenze, kein allgemeingültiges Recht und keine zentrale Verwaltung.

Der letzte große Aztekenherrscher hieß Motecuzoma. Er hatte den Beinamen Xocoyotzin, «der Jüngere». Er scheint der oberste Regent gewesen zu sein in einem Bund von drei gleich-berechtigten Aztekenherrschern: Motecuzoma regierte über Mexiko mit der Hauptstadt Tenochtitlan, Cacama herrschte über Acolhuacan mit der Hauptstadt Tetzcoco und Tetlepan-quetza über das Gebiet der Tepaneken mit der Hauptstadt Tlacopan.

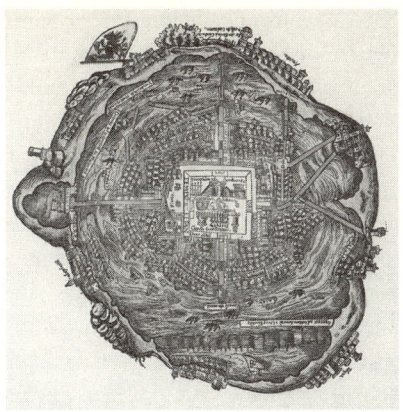

Abb. 33:
Plan von Tenochtitlan.
Holzschnitt, 1524.

Als die Spanier 1521 Tenochtitlan einnahmen, zählte die Stadt, die mittlerweile mit der noch nördlich auf der gleichen Insel liegenden Stadt Tlatelolco zusammengewachsen war, etwa 200 000 Einwohner, die auf einer Fläche von 13,5 Quadratkilometern siedelten (Abb. 33). Dammstraßen und Brücken verbanden die Inselstadt im Norden, Westen und Süden mit dem Ufer des Sees von Mexiko. Im Osten lag ein Hafen. In der Mitte stand das Hauptheiligtum, das von vier großen Stadtvierteln umgeben war, die ihrerseits in kleinere Einheiten aufgeteilt waren. Tenochtitlan besaß ein ausgeklügeltes Kanalsystem, das jeweils um einzelne größere Gebäude oder Wohneinheiten herumgezogen war. Die näher am Stadtrand gelegenen Wohnquartiere hatten im hinteren Bereich jeweils ein Grundstück, die sogenannten Chinampa, für den Ackerbau. Da die Insel jedoch nicht genügend Raum für die Versorgung der gesamten Bevölkerung bot, verdiente ein großer Anteil der Einwohner den Lebensunterhalt als Händler, Handwerker und Krieger. Das heutige Mexiko-Stadt überdeckt fast das gesamte Gebiet der einstigen Aztekenhauptstadt.

So beeindruckend die Größe von Tenochtitlan und seiner Bauten auch für die Spanier war, so erstaunlich war für sie jedoch auch das Fehlen wichtiger technischer Errungenschaften. Wie die anderen indianischen Völker kannten auch die Azteken weder das Rad noch die Töpferscheibe. Obwohl sie Schmuck aus Metall herstellten, waren ihre Werkzeuge nur aus Stein gefertigt. Gegenüber der ausgeklügelten Schrift der Maya war die der Azteken sehr primitiv. Sie verwendeten – soweit wir das heute nachvollziehen können – eine Bildersprache, die vor allem Personen- und Ortsnamen und nur wenige Gegenstände wiedergab, mit der man aber keine Sätze bilden konnte. Ihre Schriften gingen, wie die meisten indianischen Schriften, mit der Eroberung durch die Spanier für immer verloren.

Als man im Jahre 1978 in der Nähe der Kathedrale von Mexiko-Stadt das riesige Steinrelief mit der Darstellung der Göttin Coyolxauhqui («Goldene Glocken») entdeckte, war man sich bewußt, daß man am Fuße des Haupttempels der Azteken stand (Abb. 34). Denn diese Tempelpyramide symbolisierte den Berg Coatepetl. Der Sage nach hatte der Sonnengott Huitzilopochtli auf diesem Berg seine Schwester Coyolxauhqui getötet und ihren Körper zerteilt. Ihren abgeschlagenen Kopf hatte er himmelwärts geworfen, wo er als Mond erstrahlt. Die abgetrennten Glieder hatte er den Berg hinabgeworfen. Die Azteken hatten an dieser Stelle das große Relief der zerstückelten Mondgöttin aufgestellt.

Die Dimensionen des Reliefs und die ersten schnell erfolgten Sondierungen ergaben, daß der Haupttempel wesentlich größer und besser erhalten sein mußte, als man bis dahin auf Grund spärlicher Ruinenreste angenommen hatte, auf die man beim Verlegen einer Kanalisation in der 1. Hälfte des 20. Jahrhunderts getroffen war.

Nach den Berichten der Spanier Bernal Díaz del Castillo (1492–1584) und Hernán Cortés (1485–1547) muß der Tempel

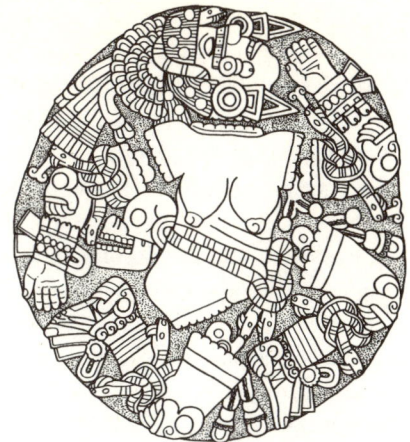

Abb. 34: Monumentales Steinrelief mit der Wiedergabe der zerstückelten Coyolxauhqui am Fuß der Treppen des Haupttempels der Azteken.

einst pyramidenförmig gewesen sein und im Westen zwei monumentale Treppen besessen haben, die zu zwei Schreinen führten. Der eine war dem Regen-, Wasser- und Fruchtbarkeitsgott Tlaloc («Herr der Erde») und der andere dem mexikanischen Stammes-, Sonnen- und Kriegsgott Huitzilopochtli geweiht, von dem wir bereits gehört haben. Sie symbolisierten und garantierten die zwei Lebensgrundlagen der Azteken – die Landwirtschaft und den Tribut unterworfener Völker.

Doch bevor man mit den Ausgrabungen beginnen konnte, mußte eine Lösung gefunden werden, wie man mit den Häusern umgehen sollte, die über dem 5000 bis 7000 Quadratmeter messenden Ausgrabungsareal lagen. Es wurde entschieden, die Gebäude abreißen zu lassen, um den Archäologen alle Möglichkeiten zur Erforschung des Hauptheiligtums der Azteken zu geben.

Ein weiteres Problem konnte jedoch nicht gelöst werden: Das Grundwasser beginnt etwa 5 Meter unter dem heutigen Straßenniveau. Hätten die Archäologen tiefer graben wollen, hätten sie in diesem Areal den Wasserspiegel senken müssen, was zu einer Gefährdung der umliegenden Gebiete geführt hätte, in denen bedeutende kolonialzeitliche und moderne Gebäude standen. Es konnten also während der Grabungen zwischen 1978 und 1982 nicht alle vielleicht noch vorhandenen Überreste aufgedeckt werden.

Die Ausgrabungen leitete der Mexikaner Eduardo Matos Moctezuma, der sich vorher schon als Archäologe in vielen der bedeutendsten Stätten Mexikos, wie Tlatelolco, Teotihuacan, Cholula und Tula, einen Namen gemacht hatte.

Insgesamt fand Matos sechs übereinander gebaute Tempel mit 86 Opferdepots, die insgesamt mehr als 6000 Objekte beinhalteten (Abb. 35).

Der früheste Tempel, der nach den literarischen Quellen bereits im Jahre 1325 entstanden war, konnte nicht erfaßt werden, weil er unter dem Grundwasserspiegel liegt. Wir können aber wohl davon ausgehen, daß ursprünglich sieben übereinander gesetzte Tempel existierten.

Der zweite Tempel, der wohl unter einem der drei Herrscher Acamapichtli (um 1371–1391), Huitzilihuitl (1391–1415) oder Chimalpopoca (1415–1427) gebaut worden war, glich bereits in seinen Grundzügen dem letzten, dem siebten Tempel, den wir aus den Beschreibungen der spanischen Eroberer kennen. Auf der Westseite des pyramidenförmigen vierseitigen Gebäudes führten zwei steile Treppen zu den beiden Schreinen, in denen die Kultstatuen von Tlaloc und Huitzilopochtli aufbewahrt wurden.

Vor dem Eingang jedes Schreins stand ein Opferstein. Einen solchen fand man noch vor dem Schrein des Huitzilopochtli. Er besteht aus Vulkangestein und mißt 50 x 45 Zentimeter. Die Azteken banden die Menschen mit dem Rücken gegen solche Opfersteine, meistens vier Männer hielten sie an den Händen und Füßen fest (Abb. 36). Ein Priester schlitzte mit einem speziellen Opfermesser die Brust auf und spießte das Herz auf, das

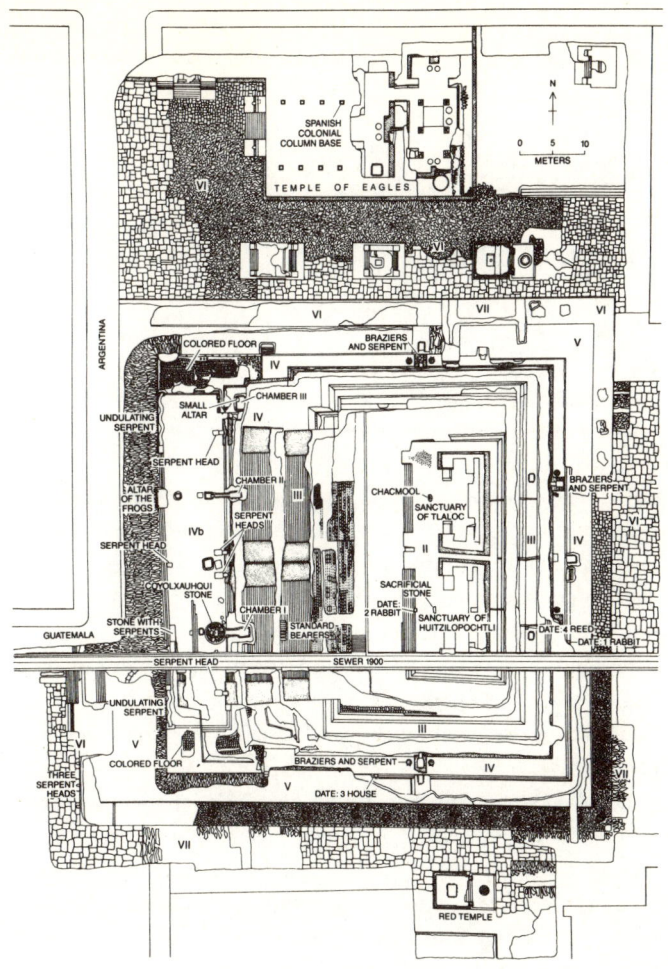

Abb. 35: Plan des Haupttempels der Azteken.

Abb. 36: Menschenopfer
auf dem Sonnenaltar
in Tenochtitlan.
Altmexikanische Malerei.

er, herausgerissen, der Sonne weihte. Danach warf man den
Leichnam, wie einst Coyolxauhqui, die Schwester des Huitzilopochtli, den Berg hinunter, wo ein Priester am Fuße des Tempels
das Opfer enthauptete. Um die Kraft der Getöteten zu bewahren, reihte man ihre Schädel zu einem Schädelgerüst, dem Tzompantli, auf. Er ist heute in Mexico-City zu sehen. Bei Einweih-
ungen oder Erweiterungen von Tempeln wurden auf diese
Weise Hunderte, wenn nicht gar Tausende von Menschen hin-
gerichtet.

Die Azteken wählten schon bis zu einem Jahr vor der Zere-
monie ein Opfer aus; je nachdem, welcher Gottheit geopfert
werden sollte, mußte es ein Krieger, ein Sklave, ein Kind oder
eine Frau sein. Die Auserkorenen wurden einer rituellen Rei-
nigung unterzogen und von da an bis zu ihrer Opferung wie
Götter behandelt. Nach dem Mythos hatten sich dereinst
auf Beschluß einer Götterversammlung viele Götter selbst geopfert, um die schon viermal durch Katastrophen untergegan-
gene Welt zum fünften Mal zu neuem Leben zu erwecken. Nun
sollten die zu opfernden Menschen die Rolle der Götter ein-

nehmen, um ein Weiterbestehen der Erde garantieren zu können. Die zu Opfernden wurden verehrt und sehr gut behandelt, bekamen viele Privilegien wie bestes Essen oder die Männer für ihr Vergnügen schöne Frauen. Sie wurden dazu gebracht, stolz zu sein und ehrenvoll zu sterben. Nach ihrer Opferung fand oft ein religiöses Mahl statt, bei dem die Angehörigen oder der Stifter des Verstorbenen eingeladen waren und zu Ehren des Toten ein Stück seines Fleisches essen durften.

Vor dem Eingang zum Schrein des Tlaloc legte man die bunt bemalte Statue eines auf dem Rücken liegenden Mannes frei, dessen Kopf dem die Pyramide Besteigenden zugewandt war und der an die Geopferten erinnerte. In den beiden ausgestreckten Armen hält er auf dem Bauch eine Kiste. In derartigen Behältern bewahrten die Azteken die Herzen der Geopferten auf. Das Innere der beiden Heiligtümer bestand aus je zwei Kammern. Am besten erhalten waren im Innern des Heiligtums des Tlaloc menschliche Figuren mit gelben Körpern, mit blauen und schwarzen Armreifen und mit Fußschmuck. Sogar Holzreste der ehemaligen Türflügel und der inneren Pfeiler kamen zutage.

Im Schrein des Huitzilopochtli barg man unter dem ehemaligen Standort der Kultstatue eine kaum zehn Zentimeter hohe Obsidianurne mit der Darstellung eines Totenschädels, in der neben den Überresten eines verbrannten Leichnams ein Goldglöckchen, Kopalharz, das die Azteken als Weihrauch für Opferhandlungen benutzten, und eine kleine silberne Maske mit knochigem Gesicht mit drei Glöckchen am Hals und Ohranhängern in Form von Klapperschlangen lagen. Unter dem Fußboden des Schreins förderte man auch noch eine 17 Zentimeter hohe Alabasterurne in Form einer menschlichen Gestalt zutage, in der sich neben den verbrannten menschlichen Überresten eine Goldglocke und zwei flache Grünsteinperlen fanden.

Vom dritten Tempelbau, der nach einer Hieroglyphe unter Itzcoatl (1427–1440) entstand, also in der Zeit, als die Azteken unabhängig wurden, zeugen nur noch wenige Spuren. Beeindruckend sind acht lebensgroße Statuen von Männern aus Vulkangestein, die am Treppenaufgang zum Schrein des Huitzilopchtli deponiert worden sind. Sie schmückten wohl dereinst andere Teile des Tempels und wurden, als man diesen überbaute, am Fuße des dritten Tempels symbolisch «bestattet».

Motecuzoma I. (1440–1471) ließ darüber den vierten Tempel errichten. Alle vier Seiten, nach den vier Himmelsrichtungen ausgerichtet, waren in der Mitte von steinernen, überlebensgroßen Schlangenköpfen und Kohlebecken mit dem Gesicht des Tlaloc oder mit der Wiedergabe von Knoten und Schleifen, die wahrscheinlich Huitzilopochtli symbolisierten, geschmückt. Daneben legten die Azteken jeweils eine Grube an, die ähnliche Weihegaben enthielt. So fand man in der untersten Schicht überwiegend Meeresmuscheln und -schnecken, in der mittleren Überreste von über 70 Krokodilen, Seeschildkröten und Fischen wie Barrakuda, Papageien, Kugelfisch, und in der obersten Schicht neben Korallen eine Boa Constrictor, Klapperschlangen, weitere Schlangenarten und Götterbilder.

Unter Axayacatl (1471–1482) wurde der vierte Tempel nur auf der Hauptseite im Westen vergrößert. Vor einer großen Plattform erhob sich nun eine einzige Monumentaltreppe, die von mehreren steinernen, bunt bemalten Schlangenstatuen eingerahmt war. Am Fuße der Terrasse, unterhalb des Schreins für Tlaloc, befand sich ein Altar mit zwei Skulpturen von Fröschen, die die Fruchtbarkeit des Regengottes symbolisierten. Zwischen diesem Altar und dem Treppenaufgang öffnete man eine Kammer, in der eine 32 Zentimeter hohe Statuette des Tlaloc und weitere 56 Masken oder Statuetten von Menschen aus Grünstein lagen. Auch zahlreiche Tierknochen wurden geborgen. Besonders bemerkenswert ist das Skelett eines Jaguars, in dessen Maul ein eiförmiger Grünstein gelegt war. Diese Weihung bezog sich wahrscheinlich auf die Legende, daß der Jaguar nur darauf wartete, den Geist eines Verstorbenen nach neun Prozessen in der Unterwelt zu verschlingen. Der Jadestein, der wahrscheinlich das Herz, den Sitz der Lebenskraft symbolisierte, sollte den Toten auf seiner Reise durch die verschiedenen Schichten der Unterwelt stärken.

Etwas weiter südlich von dieser Kammer entdeckte man auf der Terrasse vor dem Treppenanfang zwei steinerne Schlangenköpfe, die symbolisch die Schreine des Tlaloc und des Huitzilopochtli begrenzten. Zwischen beiden kam eine aus Steinen gemauerte Grube mit vielen Opfergaben zum Vorschein. Darin lagen in der Art von Masken abgespaltene Teile menschlicher Schädel, in deren Augenhöhlen Muscheln und Hämatit und in deren Münder und Nasenhöhlen Feuersteinmesser eingelegt waren. Es bleibt unklar, ob diese Schädel nur von natürlich Verstorbenen oder, was jedoch wahrscheinlicher ist, von geopferten Menschen stammten und ob sie als Ritualmasken oder Todessymbole dienten.

Am Anfang des Treppenaufgangs zum Heiligtum des Huitzilopochtli lag jener faszinierende Stein mit der Darstellung der gestückelten Coyolxauhqui, dessen Entdeckung im Jahre 1978 die Großgrabung ausgelöst hatte (Abb. 34). Daneben fand man noch vor der Treppe eine weitere Kammer, deren spektakulärster Inhalt eine 1,40 Meter lange Grünsteintafel war, auf der wahrscheinlich Mayahuel dargestellt ist, die Göttin der Agave und des Pulque, eines Rauschgetränkes, das die Azteken aus dem Saft dieser Kaktusart gewannen. Sie berauschten sich damit vor allem bei Ritualhandlungen, bei denen sie sich bisweilen Dornen der Agave in die Haut stachen, so wie es nach dem Mythos auch die Götter zum Erhalt der Welt taten.

In der Nähe des Coyolxauhqui-Reliefs kamen unterhalb der Terrassenplatten zwei schöne Tonurnen zum Vorschein. Auf beiden Urnen ist das Relief eines Mannes zu sehen, der in seinen Händen eine Speerschleuder und einen Speer hält. Er ist jeweils von einer Schlange begleitet. Da auf einem Gefäß der linke Fuß der Gottheit als Spiegel dargestellt ist, können wir ihn als Tezcatlipoca («Rauchender Spiegel») identifizieren, den höchsten Gott der Azteken. Er war der allmächtige Gott des Schicksals und der Herrschaft. Oft wurde er als Zauberer mit der Nacht und dem Mond verbunden. Sein Attribut war der Jaguar, dessen Fellflecken die Sterne symbolisieren und der die Nacht für seine Streifzüge bevorzugt. Die Identität der Gottheit auf dem anderen Gefäß bleibt umstritten. Der gestufte Brustschmuck spricht für Xiuhtecuhtli, die zwei Federn seines Kopfschmuckes für Mixcoatl («Wolkenschlange»), dem Gott der Jagd und bisweilen des Krieges, und die am Rand geöffnete Muschelschale für Quetzalcoatl («gefederte Schlange» oder «wertvoller Zwilling»), dem Gott des Wissens und der Zivilisation und dem Beschützer der Priester. In beiden Gefäßen waren neben verbrannten menschlichen Überresten noch weitere Gegenstände aufbewahrt – in der Urne mit der Darstellung des Tezcatlipoca vierzehn Obsidianperlen in Form von Entenköpfen, zwei längliche Steinperlen und zwei Speerspitzen, und in der anderen Urne ein schlangenartiger Brustschmuck aus Grünstein. Nach Angaben des Ausgräbers Matos wurden in solchen Urnen besonders ausgezeichnete Soldaten beigesetzt. Man ehrte sie, indem man sie neben dem Relief der kriegerischen Göttin Coyolxauhqui und zu Füßen des Schreins des Huitzilopochtli bestattete.

Links neben der monumentalen Treppe stand auf der Terrasse ein kleiner Altar, unter dem man die Skelette von 42 geopferten Kindern und mehrere Votivgaben, insbesondere ein Vulkansteingefäß mit der Darstellung von Tlaloc, freilegte. Darunter kam noch eine dritte Kammer mit weiteren Opfergaben zum Vorschein – Knochen, Statuen und ein polychrom bemaltes

Gefäß, das dem Tleloc geweiht war. Viele weitere Opfergaben wurden im Bereich der Westterrasse gefunden, u. a. mehrere aus Vulkanstein gearbeitete Statuen, die einen sitzenden Mann mit Kopfschmuck zeigen. Nur zwei Zähne stechen aus seinem leicht geöffneten Mund hervor und weisen auf sein fortgeschrittenes Alter. Man wollte in ihm den Gott der Erschaffung, Tonacatecuhtli («Herr der Ernährung»), oder den allmächtigen Schicksalsgott Tepeyolotl («Herz des Gebirges»), einem Aspekt des Gottes Tezcatlipoca («rauchender Spiegel»), oder den alten Feuergott Xiuhtecuhtli sehen.

Auch lebensgroße Steinmasken wurden geborgen. Die früheste fertigten die Olmeken bereits um 800 v. Chr. aus grüner Jade. Zwei andere, wundervolle Masken aus Grünstein mit eingelegten Augen schufen wahrscheinlich Künstler in Teotihuacan um 500 n. Chr. Ob die Azteken das wirkliche Alter dieser Objekte erkannten, muß dahingestellt bleiben. Sie schätzten sie zumindest so sehr, daß sie diese Werke den Göttern weihten.

Der fünfte Tempel, der unter Tizoc (1482–1486) errichtet worden war, ließ sich nur noch anhand geringfügiger Spuren orten. Zugehörige Funde sind lebensgroße Tonstatuen von Adlerkriegern, die in ihren Ausmaßen äußerst selten sind. Sie bestanden aus vier Teilen – Kopf, Oberkörper, Unterkörper und Flügel –, die fest miteinander verbunden worden waren. Die Statuen flankierten einige nur teilweise ergrabene Räume nördlich des Haupttempels, die wahrscheinlich zum Heiligtum der Adlerkrieger gehörten. Mit den Jaguarkriegern bildeten diese die höchste Kriegerkaste, es waren die tapfersten Adeligen, die sich durch die Gefangennahme vieler feindlicher Soldaten ausgezeichnet hatten. Der Adler war das Symbol der Sonne.

Vom sechsten Tempel, der unter Ahuitzotl (1486–1502) entstand, fand man bereits um 1900 bei einem Kanalbau nur noch Reste einer monumentalen Treppe.

Nördlich des sechsten großen Tempels legte man eine größere Plattform mit drei weiteren kleinen Tempeln (A, B und C) frei, die ebenfalls unter Ahuitzotl erbaut worden waren. Der Tempel A, dessen Wände mit Stuck ausgekleidet waren, hatte die Form einer kleinen Pyramide mit Treppenaufgängen auf der West- und Ostseite.

Der Tempel B besaß die Form eines einfachen rechteckigen Blocks mit einer Treppe im Osten. Die übrigen drei Seiten bedeckten Reihen von Totenschädeln, die aus Stein vollplastisch gehauen und ehemals mit Stuck überzogen worden waren. Der Bau symbolisierte jenes sogenannte Tzompantli, das Holzgestänge, auf dem die Azteken die Schädel der Enthaupteten aufstellten.

Der zur Ostseite hin offene Tempel C bestand aus einem auf der Nord- und Südseite ummauerten Vorplatz mit Rundaltar und am Westende gelegenen Schrein, der über Treppen zu erreichen war und in seiner Architektur an die Tempel von Teotihuacan erinnerte. Die Wände waren reich mit reliefiertem und überwiegend grün, rot und weiß bemaltem Stuck verkleidet. In der Nähe des Tempels kam die Statue des sitzenden Gottes Huehueteotl («Der Alte Feuergott») zum Vorschein. Auf seinem Kopf trägt er ein großes Kohlebecken. Viele dieser Abbildungen des Gottes stammen aus Teotihuacan, der größten Stadt Zentralmexikos von um 200 v. bis 750 n. Chr. Wahrscheinlich stand die Statue im Tempel C, der ja auf die Bauten von Teotihuacan Bezug nahm. Möglicherweise sollte der Tempel eine Beziehung zu der bedeutenden Stadt Teotihuacan herstellen, woher viele Götter der Azteken kamen und deren Namen soviel wie «Stätte, wo die Götter (oder Herrscher) gemacht worden sind» bedeutet. Nach dem aztekischen Mythos wurde die Sonne dort geboren, und die Götter opferten sich selbst, damit die Sonne ihr Blut aufnehmen konnte und dank deren Energie die Kraft bekam, den Himmel zu überqueren.

Die Plattform und die drei kleineren Tempel der Nordseite wurden bei der Errichtung des siebten Tempels durch eine riesige, den ganzen großen Tempel umgebende Terrasse wieder überdeckt. Von diesem letzten monumentalen Tempel ist ansonsten kaum etwas erhalten geblieben; und wir kennen ihn vor allem durch die Berichte der spanischen Eroberer. Stolz stand der pyramidenförmige Doppeltempel, der durch die stete Überbauung zu einer beachtlichen Größe angewachsen war, in der Mitte eines 25 Hektar großen heiligen Areals, das von einer Mauer umgeben war. In diesem Heiligtum befanden sich neben dem Haupttempel noch weitere 70 Gebäude, unter anderen auch die Tempel für Quetzalcoatl («Gefiederte Schlange»), eine der Schöpfergottheiten, für Xipe Totec («Unser Gott, dem die Haut abgezogen worden ist»), den Gott der Fruchtbarkeit im Frühling, bei dessen Fest den Geopferten die Haut abgezogen und einem Priester übergestülpt wurde. Weitere Heiligtümer waren für die Kriegerkasten errichtet. Neben einem rituellen Ballspielplatz, dessen Aufbau und Funktion wir schon in unserem ersten «Sternstunden»-Band im Kapitel über Copán (S. 210–211) erörtert haben, stand das Tzompantli, auf dem angeblich beim Einzug der Spanier 136000 menschliche Schädel aufgestellt waren. Diese zusätzlichen Anlagen kennen wir leider nur durch die einseitigen Berichte der Spanier, und man kann nur hoffen, daß sich vielleicht in Zukunft eine Möglichkeit ergeben wird, noch weitere Untersuchungen vorzunehmen.

Die Ausgrabungen brachten wichtige neue Erkenntnisse über den Haupttempel der Azteken. Insbesondere die reichen Opfergaben erzählen uns viel über die Religion dieses Volkes. Sie stammen überwiegend aus den Regierungszeiten von Moctecuzoma I. (1440–1469), Axayacatl (1469–1483) und Tizoc (1483–1486), unter denen das Aztekenreich am stärksten expandierte. Die Opfergaben, die etwa 80 Prozent aller Funde ausmachen, können in zwei Kategorien eingeteilt werden: Gaben der Landwirtschaft und Gaben von Tributzahlungen, die den unterworfenen Völkern auferlegt worden waren. Nach Möglichkeit errichtete jeder Herrscher ein neues Heiligtum über dem vorhergehenden. Es wurde stets den zwei Gottheiten geweiht, die den Wohlstand garantieren sollten, dem Tlaloc, dem Gott des Regens und der fruchtbaren Erde, und dem Huitzilopochtli, dem höchsten Gott der Azteken, dem Gott des Krieges und der Sonne.

Das wertvollste Geschenk, das man den Göttern machte, war die Opferung eines lebendigen Menschen. Diesen grausamsten Akt verbinden wir mit den Azteken. Er läßt uns immer wieder von neuem erschauern, wenn wir die Kultstätten der Azteken betrachten. Die Ausgrabungen des Haupttempels der Azteken legen darüber beredtes Zeugnis ab. Um so verstörender mutet es an, daß die spanischen Eroberer die ihrem Selbstverständnis nach moralisch so ungleich überlegene christlich-abendländische Kultur mit kaum weniger barbarischen Akten verbreiteten. Ein Buch über die Archäologie der Unterwerfung, Knechtung und Ausbeutung der Völker untereinander würde freilich bis in unsere Tage reichen müssen und weit mehr Platz beanspruchen, als hier zur Verfügung steht.

Literaturhinweise

Im folgenden sollen für jedes Kapitel nur einige allgemeine Literaturhinweise zum Weiterlesen und zur möglichen Vertiefung in die Themen angeboten werden.

1
Der heilige Berg der Steinzeitjäger – Göbekli Tepe

Klaus Schmidt, Sie bauten die ersten Tempel, München: C. H. Beck ²2006

Ders., The 2002 excavations at Göbekli Tepe (Southeastern Turkey). Impressions from an enigmatic site, neo-lithics. A newsletter of southwest Asian lithics research 2/2002, 8–13

Ders., Göbekli Tepe, southeastern Turkey. A preliminary report on the 1995–1999 excavations, Paléorient 26.1, 2001, 45–54

Harald Hauptmann – Klaus Schmidt, Frühe Tempel – frühe Götter? in: Deutsches Archäologisches Institut, Archäologische Entdeckungen. Die Forschungen des Deutschen Archäologischen Instituts im 20. Jahrhundert, Zaberns Bildbände zur Archäologie, Mainz: Verlag Philipp von Zabern 2000, 258–266

Klaus Schmidt, Zuerst kam der Tempel, dann die Stadt. Bericht zu den Grabungen am Gürcütepe und am Göbekli Tepe 1996–1999, Istanbuler Mitteilungen 50, 2000, 5–40

2
Monumente der Ewigkeit – Die Pyramiden von Gizeh

Peter Jánosi, Die Pyramiden. Mythos und Archäologie, München: C. H. Beck 2004

Hermann A. Schlögl, Das alte Ägypten, München: C. H. Beck 2003

Max Kunze (Hrsg.), Die Sieben Weltwunder der Antike. Wege der Wiedergewinnung aus sechs Jahrhunderten, Ausstellungskatalog Winckelmann-Museum Stendal, Mainz: Verlag Philipp von Zabern 2003

Christian Tietze, Die Pyramide. Geschichte – Entdeckung – Faszination, Potsdam: Arcus Verlag 1999

Rainer Stadelmann, Die ägyptischen Pyramiden. Vom Ziegelbau zum Weltwunder, Mainz: Verlag Philipp von Zabern ³1997

3

Faszinierende Bilderschrift –
Champollion und die Entzifferung der ägyptischen Hieroglyphen

Ernst Doblhofer, Die Entzifferung alter Schriften und Spachen, Leipzig: Reclam ²2003
Lesley und Roy Adkins, Der Code der Pharaonen. Der dramatische Wettlauf um die Entzifferung der ägyptischen Hieroglyphen, Bergisch Gladbach: Gustav Lübbe Verlag 2002
Jean Lacouture, Champollion. Une vie de lumières, Paris: Bernard Grasset 1999
Maurice Pope, The story of decipherment. From Egyptian hieroglyphs to Maya script, London: Thames and Hudson ²1999

4

Die früheste Hochkultur auf europäischem Boden –
Sir Arthur Evans und die Ausgrabung von Knossos

Ernst Doblhofer, Die Entzifferung alter Schriften und Spachen, Leipzig: Reclam ²2003
Andrew Robinson, The man who deciphered Linear B. The story of Michael Ventris, London: Thames and Hudson 2002
Sylvia L. Horwitz, The find of a lifetime, Sir Arthur Evans and the discovery of Knossos, London: Phoenix Press 2001
Harald Siebenmorgen (Hrsg.), Im Labyrinth des Minos. Kreta – die erste europäische Hochkultur, Ausstellungskatalog Karlsruhe, Badisches Landesmuseum, München: Biering und Brinkmann 2000
Joseph Alexander MacGillivray, Minotaur. Sir Arthur Evans and the archaeology of the Minoan myth, New York: Hill and Wang 2000
Maurice Pope, The story of decipherment. From Egyptian hieroglyphs to Maya script, London: Thames and Hudson ²1999

5

Der Sensationsfund als Krimi –
Die Himmelsscheibe von Nebra

Harald Meller (Hrsg.), Der geschmiedete Himmel. Die weite Welt im Herzen Europas vor 3600 Jahren, Stuttgart: Konrad Theiss Verlag 2006

Mario Renner, Der Sensationsfund von Nebra, Leipzig: Antonym Ressour-
cenmanagement Verlag 2005
Ute Kaufholz, Sterne, Mond und Sonne. Das Geheimnis der Himmelsscheibe vom Mittelberg, Leipzig: Anderbeck Verlag 2004

6
Ein vergessenes Volk im Orient – Die Hethiter

Horst Ehringhaus, Götter, Herrscher, Inschriften. Die Felsreliefs der he-
thitischen Großreichszeit in der Türkei, Mainz: Verlag Philipp von Za-
bern 2005
Ernst Doblhofer, Die Entzifferung alter Schriften und Spachen, Leipzig:
Reclam ²2003
Die Hethiter und ihr Reich. Das Volk der 1000 Götter. Kunst- und Aus-
stellungshalle der Bundesrepublik Deutschland, Bonn, Stuttgart: Konrad
Theiss Verlag 2002
Birgit Brandau – Hartmut Schickert, Hethiter. Die unbekannte Weltmacht,
München – Zürich: Piper Verlag 2001
Maurice Pope, The story of decipherment. From Egyptian hieroglyphs to
Maya script, London: Thames and Hudson ²1999
Peter Neve, Hattusa – Stadt der Götter und Tempel, Zaberns Bildbände
zur Archäologie, Mainz: Verlag Philipp von Zabern ²1993

7
Ein Volk von Eroberern –
Die assyrischen Städte Ninive, Khorsabad und Nimrud
in Nordirak und die Entzifferung der Keilschrift

Stefan M. Maul, Das Gilgamesch-Epos, München: C. H. Beck ³2006
Lesley Adkins, Empires of the plain. Henry Rawlinson and the lost lan-
guages of Babylon, London: HarperCollins 2003
Eva Cancik-Kirschbaum, Die Assyrer. Geschichte – Gesellschaft – Kultur,
München: C. H. Beck 2003
Ernst Doblhofer, Die Entzifferung alter Schriften und Spachen, Leipzig:
Reclam ²2003
Josef Wiesehöfer, Das frühe Persien. Geschichte eines Weltreichs, München:
C. H. Beck ³2006
Paolo Matthiae, Ninive. Glanzvolle Hauptstadt Assyriens, München:
Hirmer Verlag 1999
Maurice Pope, The story of decipherment. From Egyptian hieroglyphs to
Maya script, London: Thames and Hudson ²1999

Heidemarie Koch, Es kündet Dareios der König ... Vom Leben im persischen Großreich, Mainz: Verlag Philipp von Zabern [2]1996

Austin Henry Layard, Niniveh und seine Überreste. Nebst einen Bericht über einen Besuch bei den chaldäischen Christen in Kurdistan und den Jezidi oder Teufelsanbetern sowie einer Untersuchung über die Sitten und Künste der alten Assyrer, Leipzig: Verlag der Dyk'schen Buchhandlung 1854

8
Metropole und Ort des Lasters in Südirak –
Babylon

Michael Jursa, Die Babylonier. Geschichte – Gesellschaft – Kultur, München: C. H. Beck 2004

Max Kunze (Hrsg.), Die Sieben Weltwunder der Antike. Wege der Wiedergewinnung aus sechs Jahrhunderten, Ausstellungskatalog Winckelmann-Museum Stendal, Mainz: Verlag Philipp von Zabern 2003

Ernst Walter Andrae/Rainer Michael Boehmer, Bilder eines Ausgräbers. Die Orientbilder von Walter Andrae 1898–1910, Berlin: Gebrüder Mann Verlag [2]1992

Robert Koldewey, Das wieder erstehende Babylon, hrsg. v. Barthel Hrouda, München: C. H. Beck [5]1990

Walter Andrae, Lebenserinnerungen eines Ausgräbers, Berlin: Walter de Gruyter & Co 1961

9
Heiligtum des Grauens –
Der Haupttempel der Azteken in Tenochtitlan (Mexiko-Stadt)

Hanns J. Prem, Die Azteken. Geschichte – Kultur – Religion, München: C. H. Beck 1996

Bernal Díaz del Castillo, Geschichte der Eroberung von Mexiko (1568), herausgegeben und bearbeitet von Georg A. Narciß, Frankfurt am Main – Leipzig: Insel Verlag 1988

Eduardo Matos Moctezuma, The Great Temple of the Aztecs. Treasures of Tenochtitlan, London: Thames and Hudson 1988

Eduardo Matos Moctezuma – Johanna Broda – Davíd Carrasco, The Templo Mayor of Tenochtitlán, Los Angeles: University of California Press 1987

Hernán Cortés, Die Eroberung Mexikos. Drei Berichte an Kaiser Karl V., Frankfurt am Main – Leipzig: Insel Verlag 1980

Bildnachweis

Abb. 1, 2, 3:   Klaus Schmidt, Berlin

Abb. 4, 7:   © DAI, Berlin (Photo: Klaus Schmidt)

Abb. 5:   © DAI, Berlin (Photo: Irmgard Wagner)

Abb. 6:   © DAI, Berlin (Photo: Christoph Gerber)

Abb. 8:   akg-images/Suzanne Held

Abb. 9, 11:   Aus: R. Stadelmann, Die ägyptischen Pyramiden, Philipp von Zabern, Mainz 1997, S. 107, Abb. 30 und S. 106, Abb. 29

Abb. 10, 12, 16, 29, 31, 33, 36: akg-images

Abb. 13:   Aus J. Lacouture, Champollion. Une vie de lumières, Grasset, Paris, 1988, Abb. zwischen S. 366 und 367

Abb. 14, 17, 22, 23, 24, 28, 32: akg-images/Erich Lessing

Abb. 15:   akg-images/Nimatallah

Abb. 18:   © Landesamt für Denkmalpflege und Archäologie Sachsen-Anhalt (Photo: Juraj Lipták)

Abb. 19:   © Landesamt für Denkmalpflege und Archäologie Sachsen-Anhalt (Grafik: Klaus Pockrandt)

Abb. 20:   Aus Die Hethither und ihr Reich, Ausstellungskatalog der Kunst- und Ausstellungshalle der Bundesrepublik Deutschland Bonn, Stuttgart 2002, S. 157, Abb. 1 (Karte: DAI, Istanbul, Jürgen Seeher)

Abb. 21:   Photo: Peter Oszvald, © Kunst- und Ausstellungshalle der Bundesrepublik Deutschland GmbH, Bonn

Abb. 25:   akg-images/Gérard Degeorge

Abb. 26, 27:   Aus A. H. Layard, Niniveh und seine Überreste, Leipzig 1854, Abb. 1, 2 und 5.

Abb. 30:   Aus W. Ekschmitt, Die Sieben Weltwunder, Philipp von Zabern, Mainz 1984, S. 45, Abb. 9.

Abb. 34:   Aus Michael E. Smith, The Aztecs, Blackwell, Oxford, 1998, S. 209, Abb. 9.1 (Zeichnung von Emily Umberger)

Abb. 35:   Aus E. Matos Moctezuma u. a., The Great Temple of Tenochtitlan, University of California Press, Berkeley 1987, S. 31, Abb. 3

Archäologie bei C. H. Beck
Eine Auswahl